全国教育科学“十三五”规划2017年度教育部重点课题“现代学徒制背景下高职生职业素养有效性培养探究 ”(课题批准号：DJA170324)研究成果

学校与职场的互换

——现代学徒职业素养研究

汪福秀　余秋菊　著

XUEXIAO YU ZHICHANG DE HUHUAN

WUHAN UNIVERSITY PRESS
武汉大学出版社

图书在版编目(CIP)数据

学校与职场的互换:现代学徒职业素养研究/汪福秀,余秋菊著.
—武汉:武汉大学出版社,2020.8
ISBN 978-7-307-21727-0

Ⅰ.学… Ⅱ.①汪… ②余… Ⅲ.高等职业教育—学徒—教育制度—研究—中国 Ⅳ.G718.5

中国版本图书馆 CIP 数据核字(2020)第 152619 号

责任编辑:罗晓华　　责任校对:汪欣怡　　版式设计:马　佳

出版发行:**武汉大学出版社**　(430072　武昌　珞珈山)
(电子邮箱:cbs22@ whu.edu.cn　网址:www.wdp. com.cn)
印刷:广东虎彩云印刷有限公司
开本:720×1000　1/16　印张:17.75　字数:247 千字　插页:1
版次:2020 年 8 月第 1 版　2020 年 8 月第 1 次印刷
ISBN 978-7-307-21727-0　定价:52.00 元

绪　言

在“合作办学、合作育人、合作就业、合作发展，创新体制机制，深化教育教学改革”的高职办学思想指导下，为实现专业设置与产业需求对接、课程内容与职业标准对接、教学过程与生产过程对接、毕业证书与职业资格证书对接、职业教育与终身学习对接，提高人才培养质量并适应针对性的高职教育人才培养模式的改革需求，2014 年 8 月，教育部印发了《关于开展现代学徒制试点工作的意见》，确定在深化产教融合、校企合作，进一步完善校企合作育人机制，创新技术技能人才培养模式上进行现代学徒制试点工作。

试行现代学徒制的意义在于：坚持应用型人才培养的高职办学方向，加强制度建设，形成有效培养高素质技术技能人才的长效机制。试行现代学徒制不能简单理解为有效促进学生就业的一种政策举措，而应把现代学徒制的试行看作现代职业教育适应智能化时代的技术转型，以及提升高职学生综合素养，使他们具有终身发展意识和能力的有益尝试。

试行现代学徒制，要防止技术实用主义的倾向，认真践行现代职业教育的办学理念。

职业教育是经济社会发展的产物，不可避免受到经济、文化、政治的影响。1999 年 6 月 13 日国务院发布了《关于深化教育改革，全面推进素质教育的决定》，提出“要大力发展高等职业教育，培养一大批具有必要的理论知识和较强实践能力，生产、建设、管理、服务第一线和农村急需的专门人才”。2011 年 9 月 29 日教育部发布了《关于推进高等职业教育改革创新，引领职业教育科学发展的若干意见》：“当前，我国正处于从经济大国向经济强国、人力资源大国向人力资源强国迈进的关键时期。高等职业教育必须准确把握定位和发展方向，自觉承担起服务经济发展方式转变和现代产业体系建设的时代责任，主动适应区域经济社会发展需要，培养数量充足、结构合理的高端技能型专门人才，在促进就业、改善民生方面以及在全面建设小康社会的历史进程中发挥不可替代的作用。”

但这些政策表述也反映出了一些不足的地方，如对学习者的个人兴趣与需求反映较少。“以服务为宗旨、以就业为导向”的办学方针，催生出实用技术主义的就业指导取向。“用什么就学什么，就业岗位需要什么就开设什么课程”的办学实践，便是这种教育取向的集中体现。

职业教育应该回归到教育本质，关注学习者的生存与发展，注重学习者的个性及创造力，充分发挥学习者的潜能，注重学习者的精神需求，提升学习者的文化内涵，为其实现自我价值奠定基础。

2014 年 6 月，国务院印发《关于加快发展现代职业教育的决定》，提出“到 2020 年，形成适应发展需求、产教深度融合、中职高职衔接、职业教育与普通教育相互沟通，体现终身教育理念，具有中国特色、世界水平的现代职业教育体系”。其指导思想的表述中，把“以服务为宗旨、以就业为导向”扩展为“坚持以立德树人为根本、以服务发展为宗旨、以促进就业为导向”。其中，“服务发展”包含服务人的全面发展需求的基本内涵，“促进就业”是在终身教育理念下，不断提升职业素养的更有效、更有发展潜力的就业。因此，“完善职业教育人才多样化成长渠道，健全‘文化素质+职业技能’、单独招生、综合评价招生和技能拔尖人才免试等考试招生办法，为学生接受不同层次高等职业教育提供多种机会”，就更好地体现了现代职业教育体系构建的社会价值。同时，试行现代学徒制为真正实现校企合作办学、合作育人、合作就业、合作发展的高职教育理想，更好地促进学生就业，更好地适应经济发展方式转变和产业结构调整要求，提供了有力的制度保障和机制创新活力。

建立现代学徒制是职业教育主动服务当前经济、社会发展要求，打通和拓宽技术技能人才培养和成长通道的战略选择；是推进工学结合、知行合一的有效途径；是提高职业技能和培养职业精神高度融合，培养学生社会责任感、创新精神、实践能力的重要举措。然而，现代学徒制在教学管理和教育实践中所遵循的“招生即招工，入学即就业”的制度模式，强调学生在实践中以工作任务为纽带，以岗位职责和技术要求为依托，企业师傅侧重于学生的专项技能培养，很容易陷入岗位技术机械训练、工作任务冲击学习反思的实用主义泥潭。

为了更好地实践现代学徒制工学结合、知行合一，职业技能和职业精神高度融合的制度设计理念，积极探究在现代学徒制背景下，完善和提升培养高职学生职业素养的有效途径，便成为人们应该充分关注的课题。

试行现代学徒制，要在职场和学校的相互转换中，坚持学生全面发展、终身发展的教育取向，以工匠精神为纽带，滋养和完善高职学生的职业素养。

现代学徒制的试点工作已经在全国高职院校全面铺开，到目前为止，已有三批410所高职院校参与现代学徒制的试点工作。在校企合作办学、合作育人的深度融合中，各高职院校对现代学徒制背景下的人才培养目标、课程设置、专业教学、教育管理、学业评价等方面均进行了有益的探索和实践。在具体的办学模式上，有先在学校集中学习一年通识课程和专业核心课程，后两年进入企业在岗位上以师徒形式帮带学习的“校企分段式”教育管理模式；也有在校内生产性实训基地与校内课堂分学期集中学习的“工学交替式”教育管理模式；还有学生直接到企业上班，学校组织教师到企业巡回教学的“学做交融式”教育管理模式。不论是那种模式，最大的变化或困境就是学校与企业作为专业学习的客观环境和教育条件，存在组织和文化氛围的相互转换或相互脱节问题。

学校是一种正式的教育场所，是因专业课程学习和训练的客观需求而组织的教育场所，其环境和设施是从科学育人的角度经过选择和精心配置的；企业是以产品生产和商业经营为客观需求组织的工作场所，是以生产流程和规范操作为依据而构建的。对于培养人的学校而言，不是一种经过选择和合理配置的教育场所，因此，学校的教育氛围与企业的职场氛围对于高职学生来说，是一种差别明显的空间转换。

众所周知，学校教育的意义不仅仅在于专业课程的学习和训练，其人文精神的传承、社会伦理的习得、人格理想的建立都是在学校人际互动和师生交往中，经历了潜移默化的隐性积淀和滋养孕育的内化过程。

高职院校在培养高素质技术技能人才的办学实践中逐步从单纯的职业技能教育扩展开来，融入人文精神教育，全面提高学生文、史、哲、艺等各方面的人文素养，并在此基础上完善学生的价值观念、诚信意识、职业道德以及创新能力。特别是在现代职业教育办学思想的引导下，高职教育坚持以立德树人为根本、以服务发展为宗旨、以促进就业为导向的办学方针，树立全面发展、综合教育和可持续发展的教育理念，不断探索适合高职办学目的和教育特点的人文教育模式，统筹推进活动育人、实践育人、文化育人，完善全员、全程、全方位育人格局，不断提升和完善高职学生的职业素养。可以说，我国高职教育在培养高素质技术技能人才的实践过程中，形成了具有“职业形态”的人文教育模式。

企业也有文化影响力。企业文化是由一个企业的历史传统、企业制度、文化环境、企业产品凝聚而成的有利于企业发展的文化氛围。企业文化具有导向、约束、凝聚、激励、辐射等功能并彰显企业的市场形象，如海尔公司“日事日毕，日清日高”的管理观；格力公司“忠诚、友善、勤奋、进取”的格力精神；汇源集团“勤奋、务实、高效、创新”的企业精神等无不体现出各自企业的经营理念和市场辐射效应。企业文化说到底是商业文化，以制度和效率作为其内在根源，执行力是它的集中体现。因此，企业文化对于学徒身份的高职学生来讲，其行为塑造力和职业影响力具有一定的指向性和多元性，但缺乏学校教育对人才培养在目标指向上的系统性和全面性。

现代学徒制的制度设计，正是为了防止形成学校教育与企业实践在人才培养目标和岗位培训中的“两张皮”：技能训练与人文教育的内容相分离，专业学习与职业精神的养成相脱节。现代学徒制在校企深度融合中实行“双导师”“双主体”“双重身份”的制度构建和管理，就是要以工匠精神为纽带，使高职学生在学校通识课程学习的基础上，孕育和滋养爱岗敬业、精益求精、坚忍不拔、合作共赢、求实创新的职业精神，提升高职学生职业规划、价值追求、行为判断、执行能力的水平和品质，在全面发展的基础上，具备可持续发展、自主发展的内驱力，也就是终身发展的能力和素养，使高职学生真正成为现代企业和经济转型所需求的高素质人才。

因此，我们主张现代学徒制的实践过程必须坚持学生全面发展、终身发展的教育取向，真切关注、合理处置高职学生学习与工作、学校与职场空间转换的教育一致性、互补性、多元性问题，有效提升高职学生的职业素养，保证高素质人才培养的质量。

目　　录

第一章　拓展与重构：高职院校学生职业素养的构成与特征

第一节　职业素养成为高职教育培养高素质人才的基本内涵

一、职业教育不能局限于职业技能教育

(一)职业教育的政策演变

近年来，我国对职业教育的发展越来越重视，发展职业教育始终被摆在突出的位置。自改革开放以来，国家从社会主义现代化建设的高度确立了大力发展职业教育的政策，党中央和国务院教育行政部门高度重视职业教育的发展，明确提出了发展职业教育的决定，为发展职业教育确定了一系列的重大战略部署。

长期以来，我国始终坚持大力发展职业教育，加快建设现代职业教育体系，以培养高素质劳动者和技术技能人才为根本任务。自改革开放以来，依据职业教育发展的阶段性特征并顺应重大政策颁布的时间，我国职业教育的变迁过程可以划分为中等教育结构调整阶段(1978—1998年)、职业教育多样化探索阶段(1998—2010年)、建立现代职业教育体

系阶段(2010年至今)三个阶段①。

1. 中等教育结构调整阶段(1978—1998年)

1978年，邓小平在全国教育工作会议上指出，要使各级各类教育协调发展，必须建立中专、职业学校。中国的教育事业进入了一个新的历史时代。教育部在全国教育工作会议的指导下，开始了中等教育结构调整的试点工作。

1985年，《中共中央关于教育体制改革的决定》提出，要调整教育结构，建立一个从初级到高级，行业配套、结构合理，又能与普通教育相互沟通的职业技术教育体系。1991年，国务院发布的《关于大力发展职业技术教育的决定》提出，在未来的10年，要初步建立起具有中国特色的，从初级到高级、结构合理、行业配套、形式多样，又能与其他教育相互沟通、协调发展的职业技术教育体系基本框架。

1978—1995年，国家采取了一系列措施改革中等教育结构，相继出台了《关于改革城市中等教育结构、发展职业技术教育的意见》《关于中等教育结构改革的报告》《大力发展职业技术教育的决定》《关于加强和改革农村学校教育若干问题的通知》等文件②。

2. 职业教育多样化探索阶段(1998—2010年)

随着社会、经济的高速发展，国家经济、社会对高技能型人才的需求越来越多，对职业教育的结构与类型要求也越来越多样化。1998年对我国高职教育而言是一个具有特殊历史意义的年份。在这一年，根据中共中央和国务院的决定，教育部对多种办学形式的高职教育提出了“三教统筹”的管理思路，从管理体制上初步实现对职业技术学院(含职业大学、举办高职的民办高校和五年制高职)、高等专科学校和成人高等学校的资源整合，也就是以多种办学形式朝着共同的方向发展，共同

① 祁占勇，等．我国职业教育政策的变迁逻辑与未来走向[J]．华东师范大学学报(教育科学版)，2018(1)：104-111.

② 李倩．改革开放以来我国职业教育政策：发展历程、变迁逻辑及未来展望[J]．中国职业技术教育，2018(6).

探索培养高等职业技术应用型人才的目标、规格和模式①。在接下来的时间里，高等职业教育开始统一以高等教育的一种类型出现在社会中，形成合力奋进、办学形式多样的新型格局。在职业教育层面上，也在不断大力推动中等职业教育的发展，对高等职业教育的发展也愈加重视和支持。在职业教育类型上，不仅公立学校得到快速发展，民办学校等私立学校也在国家的支持和鼓励下逐渐起步。此外，国家出于对农村经济建设的考虑，特别强调要重视农村职业教育的发展，对农村职业教育的办学形式、师资、资金等都作出了新的规定，相继出台了《加强高等职业(高专）院校师资队伍建设的意见》《中华人民共和国职业教育法》《关于加快少数民族和民族地区职业教育改革和发展的意见》《关于大力推进职业教育改革与发展的决定》等法律法规和政策文件，这标志着职业教育政策进入了多样化探索阶段。

3. 建立现代职业教育体系阶段(2010 年至今)

随着经济的高速发展、产业结构调整和产业升级转变，对人才的技能和素质提出了新的要求，社会迫切需要高素质人才。要想适应经济发展状况，就必须大力发展职业教育，建立现代职业教育体系。《国家中长期教育改革和发展规划纲要(2010—2020 年)》指出，现代职业教育体系必要具备三个基本属性：要反映职业教育的系统性；要反映经济发展的需求性；要反映终身学习的开放性。2014 年 6 月，国务院发布《关于加快发展现代职业教育的决定》，明确提出“到 2020 年，形成适应发展需求、产教深度融合、中职高职衔接、职业教育与普通教育相互沟通，体现终身教育理念，具有中国特色、世界水平的现代职业教育体系”。这标志着我国职业教育政策发展进入了关注现代职业教育体系建设时期。

现代职业教育体系的制定和建设对职业教育的发展提出了更高的要

① 杨金土 . 20 世纪我国高职发展历程回顾[J]. 中国职业技术教育，2017(9)：49.

求，现代职业教育体系的构建规划反映出灵活性、完备性、开放性、发展性等特征。灵活性表现在随着普通教育和职业教育的连通，职业教育和普通教育开展了学分互认等制度。完备性表现在职业教育不仅和普通教育相融合、相沟通，而且职业教育要建立由本科、研究生、中职、高职等相互衔接的完整体系，使受教育者在职业技术教育体系上有更高的追求和更多的发展。开放性表现在职业教育要依据社会、经济的发展情况，对人才培养的目标、结构等进行相应的调整，并且，职业教育也将面向各种各样的人，应该贯穿人的一生。发展性表现在职业预备教育和职业继续教育都贯穿人的职业发展，不仅有利于学习者职业能力的发展、职业技能的提升和职业的转换，还有利于满足学习者不同阶段的需求，促进个人可持续发展。所有这些都表明，职业教育更加关注和重视内涵发展，致力于使人民满意的，具有中国特色和世界水平的现代职业教育体系正在逐步形成中。

(二)职业教育人才需求的变迁

21 世纪是知识经济高速发展的世纪，世界各国之间综合国力的竞争主要是经济和科技实力的竞争，其中，市场竞争将更加激烈和残酷。归根结底，世界经济的竞争就是人力资源的竞争，现代社会不仅需要大量的具有较高技术理论的设计型和研究型的科技人才，更需要大批实践经验丰富、敬业勤奋的高技能型人才。

近几十年来，随着高等职业教育理念和政策导向的转变，社会和企业对人才的需求也在逐步发生变化。现分别从改革开放以来职业教育变迁的三个阶段来分析人才需求的变迁。

1. 中等教育结构调整阶段的人才需求

20 世纪的最后 20 年，我国进入改革开放和社会主义建设高速发展的新时期，产业发展的科技含量越来越高，国际化程度也越来越强，对外开放的领域从一般加工业扩展到基础工业和高新技术产业，并引进大量先进设备和技术。因此，各行各业各领域都对一线技术型、技能型人才的数量和质量提出了更高的要求，并且更加注重职业技能的培养。职业技能教育在促进就业、提高劳动者素质、实现经济增长方式转变和缓减就业压力、延迟就业、促进地方经济社会发展、增进社会和谐稳定中所起的作用日益明显。

2. 职业教育多样化探索阶段的人才需求

自1999年以来，中国的高等职业教育发展特色与思路逐渐清晰，人才需求和培养目标逐渐明朗。

1999年6月13日发布的《中共中央国务院关于深化教育改革，全面推进素质教育的决定》指出，“高等职业教育是高等教育的重要组成部分。要大力发展高等职业教育，培养一大批具有必要的理论知识和较强实践能力，生产、建设、管理、服务第一线和农村急需的专门人才”。同年11月8日，第一次全国高职高专教学工作会议确定了今后高职高专教育教学改革和建设工作的思路和主要任务，明确高职教育的基本培养目标是：“培养拥护党的基本路线，适应生产、建设、管理、服务第一线需要的，德、智、体、美等方面全面发展的高等技术应用性专门人才。”

2001年，教育部首次提出了职业教育要“以培养高等技术应用性专门人才为根本任务”，依据经济发展方向和企业需求制定人才培养目标，形成具有中国特色的职业教育人才培养模式。

2005年10月28日，国务院发表《关于大力发展职业教育的决定》，进一步明确指出，要大力发展职业教育，形成“满足人民群众终身学习需要，与市场需求和劳动就业紧密结合，校企合作、工学结合，结构合理、形式多样，灵活开放、自主发展，有中国特色的现代职业教育体系”。坚持“以服务为宗旨、以就业为导向”的职业教育办学方针，大力推行工学结合、校企合作的培养模式，与企业紧密联系，加强学生的生产实习和社会实践，改革以学校和课堂为中心的传统人才培养模式。

2006年，教育部《关于全面提高高等职业教育教学质量的若干意见》指出，“要全面贯彻党的教育方针，以服务为宗旨、以就业为导向，走产学结合发展道路，为社会主义现代化建设培养千百万高素质技能型专门人才，为全面建设小康社会、构建社会主义和谐社会作出应有的贡献”。

2001—2010 年，高等职业教育的培养方针都是“以服务为宗旨、以就业为导向，走产学研结合的发展道路，依据经济发展方向和企业需求制定人才培养目标”。

3. 建立现代职业教育体系阶段的人才需求

2011 年 9 月 29 日，教育部《关于推进高等职业教育改革创新，引领职业教育科学发展的若干意见》指出：高等职业教育具有高等教育和职业教育双重属性，以培养生产、建设、服务、管理第一线的高端技能型专门人才为主要任务。按照“到 2020 年，形成适应经济发展方式转变和产业结构调整要求、体现终身教育理念、中等和高等职业教育协调发展的现代职业教育体系”的要求，必须坚持以服务为宗旨、以就业为导向，走产学研结合发展道路的办学方针，以提高质量为核心，以增强特色为重点，以合作办学、合作育人、合作就业、合作发展为主线，创新体制机制，深化教育教学改革，围绕国家现代产业体系建设，服务中国创造战略规划，加强中高职协调，系统培养技能型人才，努力建设中国特色、世界水准的高等职业教育，在现代职业教育体系建设中发挥引领作用。

2014 年，《国务院关于加快发展现代职业教育的决定》提出，“坚持以立德树人为根本，以服务发展为宗旨，以促进就业为导向，遵循人才成长规律和职业教育规律，深化体制机制改革，健全现代职业教育体系，面向经济、社会发展需要和生产服务一线培养数以亿计高素质的劳动者和技术技能人才”。

2017 年，中共中央办公厅、国务院办公厅印发的《关于深化教育体制机制改革的意见》提出，“全面实施素质教育，全面落实立德树人根本任务，系统推进育人方式、办学模式、管理体制、保障机制改革，使各级各类教育更加符合教育规律、更加符合人才成长规律、更能促进人的全面发展，着力培养德、智、体、美全面发展的社会主义建设者和接班人。强调要健全德技并修、工学结合的育人机制，着力培养学生的工匠精神、职业道德、职业技能和就业创业能力。坚持学中做、做中学，推动形成具有职业教育特色的人才培养模式”。

在建立现代职业教育体系阶段过程中，逐渐从“坚持以服务为宗旨、以就业为导向”，向“坚持以立德树人为根本，以服务发展为宗旨，以促进就业为导向”进行转型升级，越来越侧重人的全面发展和综合素养的培养，对职业素养的要求也越来越高，强调要培养可持续发展的德艺兼备的高素质技能型人才。

（三）职业教育不能局限于职业技能教育

纵观改革开放以来职业教育变迁之路，在中等教育结构调整阶段，由于社会主义建设进入改革开放的新时期和快速发展的阶段，专业技能型人才相对稀缺，因此，职业教育的人才培养模式多侧重于专业知识和技能的机械式培养。在多样化探索阶段，强调“以服务为宗旨、以就业为导向，走产学研结合的发展道路，依据经济发展方向和企业需求制定人才培养目标”。在新建立的现代职业教育体系阶段，则更多地强调“坚持以立德树人为根本，以服务发展为宗旨，以促进就业为导向”。

当前的高等职业教育过度重视对学生职业技能的培养，忽视了对学生包含职业素养在内的综合素质的培养。现阶段，我国的经济发展主要以质量和特色取胜，随着我国经济模式的转变和产业结构的调整，企业对人才的要求不断提高。高职院校在这样的大环境下，要想适应科技发展和经济建设的要求，就需要加强对人才培养质量的重视，紧跟我国产业振兴和调整、升级与发展的步伐。在科技日新月异、现代经济发展快速、职业变动频繁的情况下，专业技术人员或者技工在其职业生涯中，必然要不断学习职业技能，而要具备这样的学习和适应能力，就需要高职院校的学生具备适应社会不断发展变化的能力和可持续发展的能力，而这些能力则依托于学生所具备的较高的综合素质。在“十二五”时期，我国加快了经济发展方式转变，对经济结构进行了战略性调整并且创建现代产业体系，进一步地给高等职业院校教育提出了新的要求和方向，使其不仅专注于对工作岗位知识和技能的教育，更加注重专业素养的教育，使这些专业知识和专业技能能够更好地发挥作用。由此可见，现代职业教育已经不仅仅局限于职业技能教育，而是更加关注人的终身发展和整体全面发展。

二、现代职业教育更加关注人的终身发展

（一）职业教育的工具性

“工具理性”一词最早出现在著名社会学家马克斯·韦伯的社会学论述中。马克斯·韦伯在研究人类社会活动的合理性时，把哲学上的“理性”区分为工具理性与价值理性两种，简称为“二元理性”。工具理性是一种不讲求目的是否恰当，而只关注手段是否合适与有用的理性。即“通过对外界事物的情况和其他人的举止的期待，并利用这种期待作为‘条件’或者作为‘手段’，以期实现自己合乎理性所争取和考虑的作为成果的目的”①。

改革开放初期，我国经济和社会发展的价值取向为“效率优先，兼顾公平”。在此价值理念的指导下，国家所制定的很多教育政策，其指导思想大致上都是为经济建设和社会发展服务的，特别强调效率和速度。从职业教育政策的背景中分析，我们可以看到“职业教育是建设……的基本要求”“职业教育是推动……的重要力量”“职业教育是为……服务”等诸多类似表述，这些表述背后所蕴涵的基本要义就是将职业教育仅仅看作一种工具，没有考虑到个人的兴趣和需要，这就很明显地表现出职业教育的“工具价值”倾向。

① 马克斯·韦伯．经济与社会（上卷）[M]．林荣远，译．北京：商务印书馆，1997：56.

随着技术的发展和科学的进步，工具理性的地位不断提高，在一定程度上提高了人类认识自然和驾驭自然的能力，且人们的物质生活水平也得到了相应提高和改善。但是，随着工具理性的进一步发展，它逐渐演变成为人类开展实践活动过程中唯一信奉的理念和依靠的力量，尤其是当今资本主义社会几乎把工具理性置于人类精神世界的统治地位。在资本主义社会，人们对工具理性盲目崇拜，不断追求最大的生产效率和最高的生产利润，而人则逐渐成为了生产的工具，丧失了人所应当具备的主体性和主观能动性，完全忽视了人最基本的精神需求和内心的感受。工具理性的影响力不断扩大，社会的诸多领域都受到了工具理性的侵蚀，这其中也包括职业教育领域。

从某种程度上来说，职业教育的技术性特征决定了其应该讲求一定的工具理性，但如果将工具理性过于片面地强加在职业教育上，却会产生适得其反的效果。因为，过于强调工具理性，就会容易导致职业教育忽视人的存在与发展，而“人是教育的对象。教育一旦离开了人，将不复存在。离开了教育的个体价值……也就不能充分实现教育的社会价值”①。然而，从职业教育发展的现实情况来看，工具理性在职业教育领域还是占据着比较重要的位置。人们往往会过分地讲求职业教育工具性的特征倾向，把职业教育单纯地看作为社会发展服务的工具，认为职业教育的技术性仅仅体现在职业教育是技术传播的重要工具，它所培养的人也只是满足社会需求的“工具人”。

职业教育的有用性越来越多地出现在人们的言语与实践中，职业教育的重要性正被越来越多的人广泛提及。在实际的教育实践中，人们往往过度追求职业教育的工具性，他们认为职业教育是满足社会发展的工具，教育只是知识甚至就是技术传播的工具，人们之所以接受职业教育，无非就是为求职做准备，学生只不过是被社会意志和知识

① 庞学光. 一个理想的教育世界——学校教育哲学导论[M]. 天津：天津教育出版社，2011：54.

锻造的“材料”。人们对于知识和教育的功能的理解局限于短期的工具性之上，这种工具性的内涵非常狭隘。当人们关注职业教育的时候，工具性就是实际的操作技能、知识、经验，再加上职业资格证书考试中规定的考试要点。在工具理性的统治和支配下，高等职业教育出现了一种功利倾向。完整的高等职业教育逐渐演变为纯粹的技术教育，价值教育和人文精神教育在高等职业教育中应有的地位被逐渐边缘化。

长期以来，职业教育为社会输送了大量的“以技能为本”的“工具人”，这些“工具人”在社会生产、管理和服务领域的第一线工作的确在一定程度上缓解了当今社会对技术人才的需求，但从长远来看，这种价值取向是有失偏颇的。职业教育的这种“工具化”倾向使人们盲目地追求职业教育的功利性和工具性，教育过程更注重培养学生的职业技能，而忽视了作为“本体人”的学生的个人生存与全面发展。职业教育成了仅用于传播专业知识与技术的工具，缺少对学生的人文教育和人文关怀。技术高而素质低的技能人才不是职业教育所要培养的人，而既有技术，又有人文精神和职业道德的、全面发展的人才是职业教育应该培养的人。正如爱因斯坦所说：“用专业知识教育人是不够的，通过专业教育，他可以成为一种有用的机器，但是不能成为一个和谐发展的人，要使学生对价值有所理解，并产生强烈的感情，那是最基本的，他必须对美和道德上的善有鲜明的辨别力，否则他连同他的专业知识就更像一只受过很好训练的狗，而不像一个和谐发展的人。”因此，职业教育过程中，不能只考虑社会生产与经济发展的现实需要，更要关注学生作为“本体人”的生存需求和价值所在，重视学生个体的全面、和谐发展，这才是职业教育的根本所在。

（二）职业教育的社会本位性

工具理性指导下的职业教育崇拜工具和技术主义的价值观，主张个人要服从于社会发展变革的需要，教育教学过程应该按社会对人才的需求来设置与更新专业和课程①。很多有关职业教育目标的表述中，都提及职业院校的办学目标是为社会培养急需的人才。无论是从国家发布的有关职业教育的法律法规和文件中，还是从各个职业院校提出的自身办学目标和定位中，我们都不难发现职业教育目标的社会性“身影”。如2005年国务院发布的《关于大力发展职业教育的决定》就强调了职业教育要以服务社会主义现代化建设为宗旨，培养数以亿计的高素质劳动者和数以千万计的高技能专门人才，为我国走新型工业化道路、调整经济结构和转变增长方式服务；为农村劳动力转移服务；为建设社会主义新农村服务；为提高劳动者素质特别是职业能力服务。2011年出台的《教育部关于推进高等职业教育改革创新　引领职业教育科学发展的若干意见》同样也强调了这一思想理念，提到“高等职业教育必须准确把握定位和发展方向，自觉承担起服务经济发展方式转变和现代产业体系建设的时代责任，主动适应区域经济、社会发展需要，培养数量充足、结构合理的高端技能型专门人才，在促进就业、改善民生方面以及在全面建设小康社会的历史进程中发挥不可替代的作用”。

社会本位是指以社会为本位的价值取向，认为社会利益高于一切，要求个人的发展必须无条件服从社会的发展要求，认为人活动的唯一目的就是为社会服务②。社会本位的教育价值取向在职业教育发展过程中充分地表现出了教育所具有的工具性或功利性特点。从萌芽期师承徒习的形式发展到了学校现在的教育形式，职业教育本身所具有的发挥技术技能传承的作用、推进经济社会快速发展、促进个体谋生就业的功能都说明了其培养目标主导价值的社会本位取向。由于职业教育定位于培养应用型人才类型，这便使得职业教育必须以经济建设与社会发展需要为目的，根据产业兴衰、技术升级、岗位变化等社会、经济的发展形势修订培养目标，从而提高人才培养的岗位针对性，让职业教育所培养的人

① 唐锡海．职业教育技术性研究[D]．天津大学教育学院，2014.

② 刘宇文．论社会本位思潮对教育的影响[J]．高等教育研究，2005(9)：40-45.

才能够更好地适应社会的需求，进而有力地促进经济、社会的快速发展。因此，在长期的教育实践活动过程中，职业教育培养目标的主导价值一直都呈现出鲜明的社会本位特征。在社会生产力发展水平相对不高的情况下，职业教育作为与经济建设关联最为密切的教育类型，其培养目标的主导价值在传统上所具有的社会本位取向有其历史传承性和时代合理性，在一定时期内可以充分满足经济、社会发展对各种应用型技术技能人才的需求，在维护社会和谐稳定、推动经济建设快速发展的过程中发挥着极为重要的作用。

随着社会在文化、政治和经济等方面的发展，人们对教育也提出了新的要求。最初的教育价值取向正因为社会的发展逐渐改变。职业教育的“社会性”已经被大家所默认，促进社会发展和经济发展是每一所职业院校办学的基本出发点和落脚点。事实上，强调职业教育的“社会性”本身并没有错，在工具理性指导下的职业教育重技术、重实用，确实在一定程度上缓解了当前中国社会普遍存在的技能人才紧缺的问题。而且，职业教育的工具理性还帮助诸多职业院校学生找到了工作，提高了职业院校的毕业生就业率。但是，倘若工具理性的职业教育过于追求“社会性”，而忽视职业教育内在的主体价值，忽视学生的个人发展，无疑是不正确的。因为社会是由一个个的个体组成的，而个体需要是社会需要的重要组成部分，个体发展是社会发展的基本前提条件。如果职业教育只强调社会性，那么职业教育将演变成为功利性的职业教育。并且随着科学技术的不断发展，人类对于未知事物的认识水平早已到了一种新的高度，人们对于教育属性的思考不断深化，与此同时，教育主体对教育的需求也日益多样化，因而出现了教育价值取向的多元化。符合时代要求的教育价值取向不仅应该关注社会，更要关注个人的发展；不仅要满足社会现实的需要，更要满足个人未来发展的需要。

职业教育是与个人生活和社会发展最密切相关的教育类型，职业教育的功能不仅仅体现在对经济和生产力发展的贡献上，同时职业教育也肩负着教育活动最核心的职能——促进人的发展，并以此推动社会的稳定发展①。因此，职业教育在注重为社会发展服务的同时，还要关注个体的发展。

(三)现代职业教育更关注人的终身发展

使人真正成为拥有理想、价值和丰富的精神世界的人是教育的基本要求，而这一过程应在顺应人的天赋基础上挖掘一个人的潜能，完整而全面地促进人的发展，而教育的根本也是以人为本。学生在接受这样的教育之后不仅拥有知识和技能，更拥有较高的精神境界和追求，不仅能够得以生存，更能明白为何生存和如何更好地生存。

联合国教科文组织成人教育局局长、法国的保罗·朗格朗提出的"终身教育"概念掀起了全球化的教育改革思潮。"终身教育"强调教育应贯穿人的一生，主张人要不间断地进行学习和受教育，提高自身的应变能力，以适应不断变化的现实生活以及日渐提高的自我实现要求，并通过对人格涵养、个性发展、个人潜在素质与能力的挖掘，实现个人的全面和可持续发展。这就意味着教育不再仅限于某个阶段性知识的相应传递，更要培养人们面对环境变化的主动适应性及自我发展的素养。对于高等教育来说，培养大学生的职业能力，开展职业素养教育，使大学生具备持续自我发展的能力迫在眉睫。

职业教育是终身教育的基础，将职业教育与继续教育、远程教育等教育资源协调发展，是实现我国专业技能人才可持续发展，满足社会需求的根本途径，是终身化技能提升的战略核心。2018 年 2 月，教育部职业教育与成人教育司印发《职业教育与继续教育 2018 年工作要点》，明确提出要将教育终身化的特色理念融入多种职业教育过程中。同时，从职业教育终身化角度进行分析，要建设创新型国家，必然会面对多领域及多学科的交叉，这就需要职业教育从不同阶段和不同层次对专业技

① 廖忠明. 论当代职业教育实现社会本位与个人本位价值取向的统一[J]. 职教论坛，2010(10)：75.

能人才进行优化培训及相关领域的转型指导，加快实现职业教育的终身性。

习近平总书记注重职业教育的技能技术积累和多样化人才的培养，强调通过职业教育促进国家繁荣和民族振兴的国家梦想，并通过职业教育实现个人成才、生涯进步、职业成功和生活幸福的个人梦想，国家梦和个人梦都是职业教育作为教育的最终发展的宗旨与意义所在。这一理念实现了职业教育发展中长期存在的社会本位论与个体本位论的统一。人才是第一资源，是衡量一个国家综合国力的重要指标。人人皆可成长、人人尽展其才的理念，不仅有利于职业教育提升其社会影响力和吸引力，更有利于整个社会形成以能力为本位的人才发展观。从以促进经济发展为主要目的，到把社会公平、人的幸福和可持续发展作为重要关注维度，我国职业教育理念在不断走向成熟，逐渐回归到教育的本位。

党的十八大提出，要积极发展继续教育，完善终身教育体系，建设学习型社会。《中共中央关于全面深化改革若干重大问题的决定》进一步强调终身学习理念，推动全民学习、终身学习。《决定》指出，要拓宽终身学习通道。要以提高质量为核心，建立健全国家制度，创新体制机制，促进人才培养模式改革，建立与行业、企业合作办学的新体制、新机制，切实深化产学研结合，高度重视技术技能人才培养。习近平总书记强调，要"因应信息技术的发展，推动教育变革和创新，构建网络化、数字化、个性化、终身化的教育体系，建设'人人皆学、处处能学、时时可学'的学习型社会"①。因此，现代职业教育体系建设必须以终身学习为关照维度。一方面，要注重培养人的职业迁徙能力，培养和训练一个人具备从事多项工作的能力；另一方面，要求一个人在生命的不同阶段，不断地接受职业技术的训练和教育，遵循职业流动的特点，享受终身教育。

---

① 李玉静."中国特色、世界水平"职业教育体系的应为与何为[J]. 职业技术教育，2014(34)：1.

三、职业素养是高素质人才的基本内涵

培养什么样的人、如何培养人以及为谁培养人这个根本问题，是教育目的或宗旨问题，关系到教育实践的价值取向和具体内容、实施与评价的安排。

(一)人的全面发展

人的全面发展理论是马克思主义理论体系的重要组成部分，主要包含两方面内容，一是全社会人即人类的自由全面发展，这是社会发展的最终目标；二是自然人即个人的自由全面发展，这是个人发展的最高目标。个人的自由全面发展是指个人的需要、个人的本质、个人的能力与素质各方面得到均衡发展、和谐发展、协调发展，是个性得到充分的自由发展。个人的自由全面发展构成人类的自由全面发展，人类的自由全面发展也可以促使个人的自由全面发展，二者是辩证统一的关系。人的全面发展是一个动态发展过程，不同阶段有不同的发展目标和手段①。人的一生和社会发展的整个阶段都是在追求人的自由全面发展。因此，全面发展不仅指个人素质的全面发展和提高，还包括个人自由发展自己的素质和能力。

1951 年 3 月召开的全国中等教育会议上提出，普通中学的宗旨和教育目标是使青年一代在智育、德育、体育、美育各方面都获得全面发展，使之成为新民主主义社会自觉积极的成员。

1952 年教育部颁发的《小学暂行规程(草案)》也规定在小学实施德、智、体、美全面发展教育。1957 年 2 月，毛泽东在最高国务会议上的讲话中提出了新的教育方针："我们的教育方针，是使受教育者在德育、智育、体育几方面都得到发展，成为有社会主义觉悟的有文化的

① 王凤基．基于人的全面发展理念的高职教育课程体系构建与实践[J]．高等职业教育探索，2018(17)：72-73.

劳动者。”

《中华人民共和国宪法》(1982 年)第 46 条规定：“国家培养青年、少年、儿童在品德、智力、体质等方面全面发展。”《中华人民共和国教育法》(1995 年)第 5 条规定：“教育必须为社会主义现代化建设服务，必须与生产劳动相结合，培养德、智、体等方面全面发展的社会主义事业的建设者和接班人。”

我国近现代职业教育的理论家和奠基者黄炎培认为职业教育是“用教育的方法，使人人依其个性，获得生活的供给，发展其能力，同时尽其对群之义务”的教育。职业教育的目的，是“使无业者有业，使有业者乐业”；职业教育的宗旨和功能，表现为“为个人谋生之准备”“为个人服务社会之准备”“为国家及世界增进生产力之准备”三个方面。由此看来，高等职业教育应该从对学生的谋生培训教育逐步转向人生的全面发展和综合性能力的培养。

党的十八大报告指出，“要坚持教育优先发展，全面贯彻党的教育方针，坚持教育为社会主义现代化建设服务、为人民服务，把立德树人作为教育的根本任务，培养德、智、体、美全面发展的社会主义建设者和接班人。全面实施素质教育，深化教育领域综合改革，着力提高教育质量，培养学生的社会责任感、创新精神、实践能力”。

教育部《关于全面深化课程改革 落实立德树人根本任务的意见》(2014 年)提出，“立德树人是发展中国特色社会主义教育事业的核心所在，是培养德、智、体、美全面发展的社会主义建设者和接班人的本质要求”。

2017 年中共中央、国务院发布的《关于深化教育体制机制改革的意见》对职业教育培养目标提出了明确要求。坚持德育为先，切实加强和改进体育，改变美育薄弱局面，深入开展劳动教育，加强心理健康教育和国防教育。在培养学生基础知识和基本技能的过程中，强化学生关键能力培养。培养认知能力，引导学生具备独立思考、逻辑推理、信息加工、学会学习、语言表达和文字写作的素养，养成终身学习的意识与能力；培养合作能力，引导学生学会自我管理，学会与他人合作，学会过集体生活，学会处理好个人与社会的关系，遵守、履行道德准则和行为规范；培养创新能力，激发学生的好奇心、想象力和创新思维，养成创新人格，鼓励学生勇于探索、大胆尝试、创新创造；培养职业能力，引导学生适应社会需求，树立爱岗敬业、精益求精的职业精神，践行知行合一，积极动手实践和解决实际问题。很显然，这些目标要求的表述也充分体现了人的全面发展理念。

十九大报告指出，要全面贯彻党的教育方针，落实立德树人根本任务，发展素质教育，推进教育公平，培养德、智、体、美全面发展的社会主义建设者和接班人。

从上述表述中可以看出，自中华人民共和国成立以来，我国一直把人的全面发展作为教育的目的、宗旨或教育的方针。人的全面发展理论为高职教育培养目标的定位提供了科学的理论依据。十八大以来，我国的发展已经站在一个新的起点上，经过40多年的改革开放，我国已经告别以满足温饱为目标的生存型发展阶段，跨入以人的自身发展为重要目标的发展型新阶段。这一阶段，实现人的全面发展是社会发展的终极目标。

教育对促进人的全面发展起着至关重要的作用，而高职学生的全面发展是指学生在各种基本素质协调发展和人格健全的基础上，获得个性、能力和知识的协调发展。高职教育要想实现学生在个性、能力和知识三者上的协调发展，不仅需要传授学生具体的知识技能，更需加强培养学生的职业素养，使得学生在全面发展的过程中，高效率、高质量地实现自我价值和社会价值。

我国职业教育的教育目的和教育本质是培养全面发展的“职业人”。然而“职业人”首先应具备普通公民的基本素养，即德、智、体全面发展。作为从事某种特定职业的人，还必须具备与其职业活动相适应的综合素质，主要包括完成职业活动所需要的知识储备和技术能力，以及与职业活动相匹配的思维方式和职业人格、与职业活动相适应的职业态度和职业精神等。职业教育具有传承职业精神，帮助学生形成职业道德意识、树立职业态度、发展职业关键能力的职责。因此，要全面提高技能型人才的职业素养。职业素养的提升有利于个体职业的发展、个人价值的实现以及职业性文化的传承与发展。职业教育能够塑造个体相对完善的职业人格。技能型人才通过提高自身的职业素养，可以激发强烈的职业热情，从而产生内生性的职业生涯发展需求，这样才能具有持续不断、刻苦钻研专业技能的内驱力，拥有持续关注与自己职业有关的新信息、新技术的热情和可持续发展的潜力。人的全面发展要求教育深刻审视培养出来的人才在职业实践活动中的优势与缺陷，以更好地改进和完善教育过程中的不足，从而推动个人与职业的进步。

（二）人的可持续发展

当前，我国正处于从经济大国向经济强国、人力资源大国和人力资源强国迈进的关键时期。高等职业教育必须准确把握定位和发展方向，主动适应区域经济、社会发展需求。

可持续发展作为一种新的社会发展观，其基本含义是促进人类社会进一步和谐稳定发展。提升高职学生的可持续发展水平，是贯彻《现代职业教育体系建设规划》(2012—2020)、推进高等职业教育可持续发展的重要体现。培养高职学生可持续发展能力，对于提高高职学生竞争力、促进其全面发展、实现高职教育的健康发展具有重要意义。

联合国开发计划署在其《关于人的发展报告》中，将人的可持续发展定义为“既能满足当代人的需要，又能满足今后继续发展需要的能力，保证身心和谐、均衡、持久的发展动力不受外界损害的状态”。人的可持续发展强调的是个体在一定生命周期内与经济、社会的平衡发展，与经济、社会、科技发展不断融合以及在职业岗位中不断提高专业素质的过程。学校教育一方面要遵循教育目的，培养德、智、体等全面发展的合格人才，使学生通过在校学习的几年，学业和身心等都达到合格，这是一种相对静态的发展观；另一方面，社会是不断进步的，人的发展也应是不断持续的，学校教育必须为人的可持续发展和人的可持续性学习奠定基础，这是一种相对动态的发展观。人是社会活动的主体，个人的可持续发展是人类社会可持续发展的前提。尤其是在人口众多的中国，只有重视个人的可持续发展，才能减少失业人口，把沉重的人口包袱变为创造财富的人力资源。

随着时代的迅速发展，可持续发展观逐渐得到人们的认同，实现经济、社会的可持续发展也变得越来越重要。然而，要想实现经济、社会的可持续发展，就需要增加社会和教育的可持续性。实现职业教育现代化技术技能人才培养的可持续发展，已成为职业教育发展的基本价值取向，它的基本要求是培养教育者和学习者相关的可持续发展能力，促进我国经济高质发展，创新经济发展方式，优化经济结构转型，实现人与社会的可持续发展。而高等职业教育的可持续发展能力是指坚持以人的发展为核心，遵守教育整体发展的规律，正确处理自身和社会发展之间的关系，建立科学、可运行的发展机制，使得高等职业教育可持续发展始终保持活力。

党的十九大以来，中国特色社会主义进入了新时代，十九大报告明确提出，“要坚定实施可持续发展战略”“要加快生态文明体制改革”“推进绿色发展”“建立健全绿色低碳循环经济体系”。职业教育必须为新时代绿色经济和可持续发展提供重要的人力资源保障，未来职业教育的基本定位和发展方向要转为全面可持续发展的教育。培养具有可持续发展技术技能的人才，是职业教育转型发展的重中之重，要将可持续发展教育的理念和实践全面推广到职业教育领域。根据我国推出的国家教育的发展纲要，高等职业教育接下来的发展路线就要走可持续发展道路。

可持续发展作为一种职业教育理念，就是要求教育坚持以人为中心，遵循职业教育发展的客观规律，正确处理职业教育自身发展与经济、社会发展的相互关系，构建和谐的发展运行机制，在教育实践和经济建设中充分挖掘人的潜力，充分实现人力资本价值，使职业教育始终保持可持续发展的生机和活力，培养具有可持续发展能力的人才。

一个人要适应社会、经济发展不断增长的需要，确保个人素质发展与社会、经济发展不断融合，始终成为一个合格的劳动者，就必须通过不断学习，随时调整自身的知识结构，丰富新的知识，掌握新的技能，自觉适应经济和科技发展。要想对从业者素质不断提出新要求，始终保持个人与工作岗位相匹配，就必须具备这种可持续发展能力，终身都不断地学习、不断地创造、不断地提高。

职业素养是个人在社会职业活动中得以持续发展的关键，是个人发挥主体能动性的结果。以"可持续发展"的教育理念作为职业素养教育的价值导向，才能更好地促进高等教育在教育教学过程中，切实关注人的持续发展因素和人的社会动态发展能力的培养，引领学生学会理性正确地看待自身存在的价值性，坚定他们自我发展的可能性；致力于培养每一个人可持续发展的意识和能力，充分发挥每一个人的主体性，通过在教学活动中充分发挥受教育者的能动性，激发其自身发展的愿望，使其形成可持续发展所需要的科学知识、学习能力、生活能力、价值观念和道德品质，并在满足自身多样化发展需要的同时，以实际行动影响周围人的思想和行为；指导学生在教育过程中主动挖掘自身的潜力与素质，有效地把职业活动的基本素质结合起来，使其自主产生职业情感，自觉树立职业意识与职业理想，为未来从事社会职业和自身发展打下基础。

职业素养是大学生得以持续发展的关键因素，是学会生存的基石，是立足社会的前提，其中，高等教育负有重要责任。高校要实行人才培养的新转向，需大力加强大学生职业素养教育，把培养高素质、复合型人才作为教育改革目标，把学生持续发展能力的培养作为教育改革重点，重视影响大学生生存与发展的职业能力，培育大学生适应未来职业活动的复合能力和职业素养，从根本上提高高校人才培养的质量。

第二节　高职院校学生职业素养的构成要素与主要特征

一、关于职业素养概念的一般理解

（一）素养

“素养”和“素质”是近义词，“素质”偏重于静态的度量，“素养”则强调动态的修身养性。“素养”是一个社会人通过长期的理论学习与工作实践，在某一方面所修炼达到的程度，包含了“教育、训练、培养”之意。因此，“素养”可以理解为“素质的养成”。“素养”较之于“素质”，强调了后天的教化与培养，强调了动态养成的过程。

“素养”在《汉书·李寻传》中有这样的表述：“马不伏历，不可以趋道；士不素养，不可以重用。”“素养”一词在《现代汉语词典》和《新华字典》里解释为“平日的修养”，《辞海》里解释为“经常修习培养”。从词的本意角度来说，“素养”从字面上可以理解为“平素”的“修养”或“素质”的“养成”，强调后天的教化和培养，即个体在日常生活中表现出来的行为举止、仪表、仪态、礼貌以及在知识、技能、思想等方面培养、学习和修炼的功夫，是个体通过长期学习和锻炼，获得的某种能力、态度、精神状态等方面的综合品质①。

（二）职业素养

关于职业素养，《新华字典》解释为“个人服务社会并作为主要生活来源行为中体现出的修养”。《现代汉语词典》解释为“受教育者从事某

① 杨宏．基于就业导向的高职学生职业素养培养研究［D］．山东师范大学，2014.

一职业需要具备的素养，以满足职业需求和岗位要求”。但职业素养目前还没有一个统一的、权威性的概念，国内外教育家都有自己不同的见解。

国外对职业素养方面的研究起源于20世纪70年代。研究职业素养的鼻祖San Francisco在其著作《职业素养》中这样定义：职业素养是人类在社会活动中需要遵守的行为规范，是职业内在的需求，是一个人在职业过程中表现出来的综合品质。职业素养具体量化表现为职商(Career Quotient，CQ)，体现一个社会人在职场中成功的素养及智慧。

San Francisco认为，职业素养涵盖的内容非常广泛，个体行为的总和构成了自身的职业素养。从表现形式上分为内化素养和外化素养。内化素养是职业素养中最根基的部分，包含个人的世界观、价值观、人生观等范畴；外化素养是指计算机、英语、建筑等属于技能范畴的素养，是通过学习、培训比较容易获得，在实践运用中日渐成熟的。并且San Francisco认为，职业素养是一种养成教育。职业素养的修炼需要经历以下七道关：印象关——初入职场形象管理；心态关——学生向社会人转变；道德关——职场安身立命之本；沟通关——打造职场“人气王”；专业关——“菜鸟”变“大虾”；诚信关——取得职场长期居住证；忠诚关——走进高层核心圈。这七道关的培养能够帮助个人具备良好的职业素养，快速融入职场，实现人生价值。

1973年美国著名心理学家麦克兰提出了非常具有代表性的“素质冰山”模型理论。该理论认为：假如把一个人的全部才能看作一座冰山，浮在水面上的是他所拥有的资质、知识和技能，这些是显性素养，能够用客观指标进行衡量，也容易受到外部环境影响而发生变化；而潜在水面之下的部分是隐性素养，主要包括职业道德、职业意识和职业态度等。隐性素养是内在的无法用尺度进行衡量的，也不会轻易受到外界环境的影响而发生变化，此隐性素养即可被称为职业基本素养。显性素养和隐性素养(即职业基本素养)的总和就构成了一个人所具备的全部职业素养。如同冰山约有 7/8 存在于水底一样，约 7/8 的隐性素养支撑了一个人的显性素养。所以，一个人的隐性素养对一个人未来的职业发展至关重要，它对人的整体职业素质表现起关键性作用。

我国学者在职业素养方面也做了较为深入的研究。现代学者一般认为，职业道德、职业行为、职业技能、职业态度、职业意识、职业作风等都是职业素养，其中，职业道德、职业态度、职业意识、职业作风是职业素养的核心问题，也是企业选人用人的重要衡量标准。大部分学者将职业素养等同于职业素质进行全面概括，如刘晓波、吴小平、张敏敏等人认为，职业素养是完成和发展职业活动所必需的基本意识、能力和知识的集合，反映了从业者在从业过程中的精神状态和能力水平。裘燕南认为职业素养是职业人在从事某种职业时所必须具备的综合素质，不仅包括专业知识和专业技能，而且包括社会适应能力、社会交往能力、社会实践能力、自学能力等职业素养。贾义保从社会的角度将职业素养定义为职业素质的养成，即一定的职业要求和规范在从业者个体身上的内化，是从业者生理结构及潜能向着一定社会职业对人的行为要求与规范的定向发展与开发，属动态过程。也有学者认为职业素养不包含职业技能，黎光明认为职业素养主要是指从业者的精神文化潜质，是后天养成的且不同职业的从业者具有某些相同的素养要求。

关于职业素养的研究专著、教材也比较多。如《职业素养提升》(宁焰等)、《职业素养修炼》(梁枫)、《职业素养基础》(杨千朴)、《职业素养提升》(杨俭修等)、《安身立命之本：职业基本素养》(刘兰明等)、《职业素养与职业发展》(毛庆根)、《基本职业素养》(马蜂等)、《职业院校学生职业素养通用读本》(朱芹)、《通用职业素养训练》(史晓鹤等)。

但从众多已有的职业素养研究文献来看，人们关于职业素养的内涵还没有统一的界定，现从以下几个方面来列举和分析各位学者研究的观点，以期进一步明晰职业素养的内涵。

1. 侧重综合品质的观点

人们对职业素养的界定，比较集中于“综合品质”的观点，但对综合品质的内涵表述并不一致，存在差异。如王志平(昆山登云科技职业学院机电工程系)认为，职业素养是指就业者在一定生理和心理条件的基础上，通过教育、劳动实践和自我修养等途径形成和发展起来的，在职业活动中发挥重要作用的内在基本品质。职业素养是劳动者对社会职业了解与适应能力的一种综合体现，是在职业过程中表现出来的综合品质。职业素养内容主要包括职业认知、职业规划、职业理想、职业道德、职业态度、职业技能、职业行为、职业作风和职业意识等方面。

张钊和姜凤艳(河北体育学院)等人认为，职业素养即满足职业及其所在岗位的规范与要求，是人们从事职业所应具备的素养。学术界所指的职业素养，是人类在社会活动中需要遵守的行为规范，是职业内在的要求，是一个人在职业从事过程中表现出来的综合品质，体现一个社会人在职场中成功的素养和智慧。简而言之，就是职业人在从事职业中尽自己最大的能力把工作做好的素质和能力，通常包括合作素养、创新素养、道德素养、专业素养等方面。职业素养教育则是一种养成教育。

张雅文(上海师范大学)认为，职业素养是职业内在转化的要求和规范，是职业人在工作过程中所表现出来的综合素质。职业素养高的工作者能较好地掌控和完成工作，取得满意的业绩；职业素养偏低的工作者往往达不到既定目标，表现也不尽如人意。概括而言，职业素养包括职业道德、职业思想、职业习惯和职业技能等方面。

肖润花(江西旅游商贸职业学院)认为职业素养是人类在社会活动中需要遵守的行为规定，是职业内在的规范和要求，是个体在职业过程中表现出来的生理和心理条件基础上的综合品质，主要包括职业道德、职业技能、职业行为、职业作风和职业意识等方面。

高绣叶(淮北师范大学)认为职业素养是学生在工作环境中所表现

出来的一系列的综合品质，包括职业道德、职业意识、职业行为习惯和职业技能等。

左卫青(淄博职业学院)认为职业素养是职业内在的规范和要求，是企业员工在工作过程中表现出来的综合品质，包含职业道德、职业技能、职业行为、职业作风和职业意识等。

庞捷敏等(台州职业技术学院)认为职业素养是个体在从事职业活动过程中表现出来的综合品质。童革、闵清等也认为职业素养是“综合品质”。他们虽然都倾向于“综合品质”，但有的认为是“职业活动”中要求的，有的认为是“工作过程”中要求的，有的认为是“工作环境”中要求的。

而蒋乃平、王存国等(中国职教学会德育工作委员会)认为职业素养属于“综合素质”。张琼(江苏财经职业技术学院人事处)认为职业素养属于“心理特征”。王红岩(东北师范大学)认为职业素养属于“行为规范”。陈鑫(江苏省盐城纺织职业技术学院经贸系)认为职业素养属于“品质和能力”。许亚琼(华东师范大学)认为职业素养属于“品质的集合”和“职业世界要求”。罗箭华(柳州师范高等专科学校)认为职业素养属于“素质和修养”。宁焰等(空军工程大学)认为职业素养属于“个性特征和行为能力”。朱芹(嘉应学院)等认为职业素养属于“品质和修养”。

杨千朴(扬州大学政法学院)认为职业素养是特定人群成为一定职业的合格劳动者，在一定人文知识、科学知识、职业技能、职业活动的领悟力、生产服务流程、工艺原理、行业规章、职业理想、职业道德等方面所进行的勤奋学习与涵养锻炼的工夫，以及在所有这些方面已达到的水平。

沈文英(苏州旅游与财经高等职业技术学校)认为职业素养是通过学习和锻炼，人们从事某种工作、专门业务或完成特定职责所具备的专业技能和道德操守的总和，即人们从事某种职业所必须具有的职业理想和信念、职业态度与兴趣、职业责任与纪律、职业技能与职业情感等。

其所界定的范畴非常广泛，与其他研究者界定的差别较大。

2. 侧重职业能力的观点

杨宏（山东师范大学）认为，职业素养是指为适应社会、经济的发展及岗位的需求，自身需要具备的职业技能、职业道德、职业意识、职业责任等。职业技能是职业素养的基础，通过学习可以熟练掌握，并通过实践应用检验技能水平，而职业道德、职业意识、职业责任属于价值观、人生观、就业观等意识范畴，需要在长期的学习和工作中逐渐培养出来并具有一定的发展延续性。

许亚琼（华东师范大学）也认为职业素养是对职业能力概念的提升和深化，使职业能力培养中不可忽视的因素重新得到人们重视。职业素养作为个体的心理特征，是一种“元能力”，是调控人们运用职业能力完成工作任务的“能力”。职业能力决定了能否完成工作，职业素养直接决定了工作质量。“元能力”概念是借用心理学中“认知”与“元认知”的概念，认为具备职业素养的人往往会给顾客愉悦感及对所提供的产品或服务的认同感。

3. 侧重职业显隐性素养的观点

张琼（江苏财经职业技术学院人事处）将职业素养分为显性素养（专业知识、专业技能、专业创新能力）和隐性素养（道德意识、诚信意识、职业认同意识、责任意识、独立意识、团队意识、服务意识、吃苦意识、奉献意识、抗挫折意识、竞争意识等），并且认为显性素养是专业素养，隐性素养是非专业素养。

张金磊（北京理工大学教育研究院，北京工业职业技术学院）认为职业道德、职业思想、职业行为习惯等是隐性素养，职业技能是显性素养。

而童革（柳州城市职业学院公共管理系）则认为职业心态、职业作风、职业意识属于隐性职业素养，职业技能、职业行为属于显性职业素养。

4. 侧重职业基本素养与职业特有素养的观点

杜新安(北京工业职业技术学院)在总结多位研究者研究结果的基础上提出职业基本素养，认为职业基本素养是在众多的职业素养中最为基础的、最为核心的素养。包括道德品质(诚信意识、公德意识)，职业态度(敬业、务实、坚持、团队)，职业能力(执行力、表达能力、学习能力、创新能力、情绪控制能力、适应能力、抗挫折能力)。

刘兰明、陈蕊花等(北京工业职业技术学院)认为职业基本素养包括学习能力、意志品质、进取心、组织协调能力、敬业精神、责任意识、沟通能力、团队意识等。

陈宏武(盐城纺织职业技术学院)将职业素养分为职业基本素养和职业特有素养。认为职业基本素养是现代从业人员必须具备的素养，对一个人的职业素养发展终身起作用(如爱岗敬业、吃苦耐劳、诚实守信、遵纪守法等)；职业特有素养是相应职业岗位(群)工作必备的素养(如企业岗位中的质量意识、市场意识、成本意识、服务意识、创新意识、参与管理意识)，它是从业者生存与发展的核心素养。

在此类研究中，有学者把某项素养认为是职业基本素养，也有人认为是一般职业素养，而且对职业基本素养内涵认识不一致。

二、高职学生职业素养的构成要素

(一)国内外职业素养结构研究分析

人们普遍认为，职业素养是在先天遗传基础上受后天教育的影响，通过自身的认识活动和实践活动逐步形成的相对稳定的基本个性品质，具有结构性特点。职业素养结构实质是指构成某职业素养的各种要素集合，在职业素养结构中各种要素是相互作用且相互影响的。对于高职学生职业素养结构与层次划分的研究，国内外学者观点不尽一致。有的把职业素养与专业素质、职业品质等同起来；有的用实证调查法；有的通过经验总结法；有的采取历史学的方法归纳；有的从中职学生承担的任务和角色出发进行演绎；还有的把研究点集中在高职学生的性格特征，或者认知类型、价值取向上。

国外学者的研究成果，例如，韩国学者认为学生的职业素养应该包括基础素养和专业素养两个层面。其中，基础素养主要指个人基础能力。20 世纪 90 年代，美国学者持新职业能力观，主张职业素养不应仅限于具体岗位专业知识与技能，而更多的是多种能力和品质的综合，要求具有掌握和使用新信息和新技术的能力，具有个体学习能力、适应性能力、应变性能力以及良好个人品质，为个体终身发展奠定基础。

国内学者的研究成果，例如，我国学者姜大源教授在《基于全面发展的能力观》一文中提出了职业能力包括专业能力、方法能力和社会能力的主张。朱斌在《试论高技能型人才素质培养的三个层次》一文中提出了高技能型人才培养由低到高的三个层次：职业技能素养、职场应变素养、专业创新素养。白学伟、李文涛提出高职院校学生的素质结构的核心灵魂是思想道德素质，身体心理素质是载体，人文素质是基础，专业文化素质是内核。学者蒋乃平主张，职业综合素养是分别从基本层次和较高层次构成的四个要素的共同体，基本层次的从业能力包括方法能力和专业能力，而高层次的职业能力是跨职业的能力，是个体谋求发展所需要的能力，也叫关键能力，包括社会能力和实践能力。

一些学者侧重职业素养是职业能力内化的结果。例如，谭庆龙和尹孝玲(湖南安全技术职业学院)等人认为，职业素养主要包括三个方面，即职业知识技能、职业信念以及职业行为习惯，其中职业信念是职业素养的核心。它又包含职业道德、职业心态和职业价值观念意识三个方面。职业知识技能是职业素养的基础，包含专业技能和专业知识面两个方面。职业行为习惯又包含职业纪律和职场礼仪两个方面。职业知识技能是由学习、培训所获得的系统性的技艺，它可以通过几年甚至几个月的培养，来满足企业用人岗位的需求。职业信念及职业行为习惯则需要相当长时间的培养，在潜移默化的过程中形成。

还有学者进一步细分职业素养结构，主张个体职业素养由基本从业素养与关键素养构成。其中，基本从业素养包括专业能力素养、方法能力素养和社会能力素养；专业能力素养由专业知识与专业技能素养构成，方法能力素养由制订计划、解决工作问题的思路、新技术的获取等素养构成；社会能力素养由人际交往、沟通协作、环境意识、职业道德等素养构成。关键素养则由专业层面的经济意识、安全意识、质量意识，方法层面的逻辑思维能力、信息获取能力、分析解决问题能力、创造力，以及社会层面的团队合作能力、社会责任感、自信心、工作积极性等具体素养构成。

比较一些具有代表性的研究成果，如彭娟、宗美娟、张成涛、肖润花等人对职业素养的结构进行的详细的划分，下面将分别阐述各位学者的观点。

1. 彭娟的观点

彭娟(广东工贸职业技术学院)认为职业素养包含的内容涉及与职业相关联的诸多隐形素质。根据我国高等职业教育职业素养培养目标，其核心内容主要包括职业态度、职业道德和职业意识三方面，每一则内容以社会主义核心价值观为基础又包含特定的培养要素。其中，职业态度包含吃苦耐劳、团结协作、积极进取和创新开拓四个方面；职业道德包含敬业精神、遵纪守法、诚信公正、奉献精神和服务精神五个方面；职业意识包含职业定位、职业价值观、职业管理意识和职业理想四个方面①。

2. 肖润花的观点

肖润花(江西旅游商贸职业学院)从心理素养、思想素养、行为素养、专业素养和社交素养五个方面分析了职业素养所包含的要素内涵，从而构建起高职院校学生职业素养培养的内涵体系。心理素养包含进取

① 彭娟．论高等职业教育职业素养培养目标与结构要素[J]．高教论坛，2012，8(8)：125-126.

心、意志力、抗挫折能力；思想素养包含品德素养、政治素养、职业理想；行为素养包含敬业精神、团队合作精神、责任心；专业素养包含专业基础、文化知识、创新能力、专业技能；社交素养包含沟通能力、交际能力、组织协调能力①。

3. 宗美娟的观点

在合理借鉴国内外教育方案的基础上，宗美娟和张成涛(淄博职业学院)将职业素养的理论模型确立为“四素养七能力立体融合”的形式。“四素养”包括职业道德素养、大学文化素养、身心素养、职业意识；“七能力”包括沟通协作、英语应用、信息处理、创新实践、就业创业、管理学习、数学应用的能力。“四素养”搭建了高职学生职业素养培育和提升的平台，“七能力”是对职业素养能力的具体表达，两者相辅相成、相互依存，它们共同构成了高职学生职业素养能力模型的框架②。

综观上述关于职业素养结构的研究，基本上是围绕职业素养的认知、情感、态度、意识及操作行为技能等多维度进行素养要素和层次划分的。

(二)职业素养基本构成要素内涵

职业素养以科学性、民族性和时代性为基本原则，以培养“全面发展的人”为核心，分化为专业习得、职业操守、社会能力和人文情怀四个方面。综合表现为专业认知、专业技能、专业意识、职业情操、职业品质、职业规划、生存能力、合作能力、创新能力、人生理想、处世态度、审美情趣十二大核心要素，具体细化为三十六大基本要素。职业素养的结构框架如下图所示：

---

① 肖润花．高职院校学生职业素养培养的内涵体系构建[J]．江西青年职业学院学报，2014，23(2)：57-59.

② 宗美娟．论高职学生职业素养的内涵及其实现[J]．职业时空，2013，9(6)：14-18.

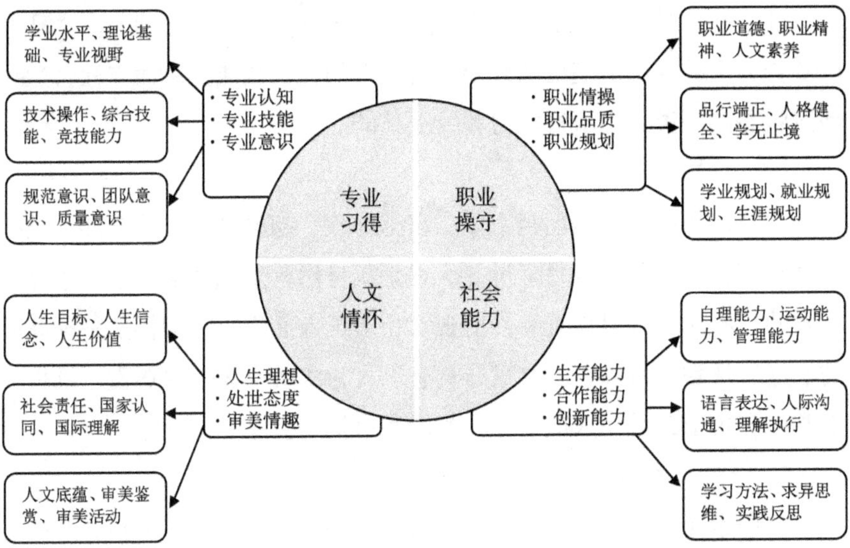

职业素养结构框架图

1. 四大重点要素

根据本课题组研究的成果，最终将职业素养划分为专业习得、职业操守、社会能力和人文情怀四个重点要素。

(1)专业习得

专业指专门从事某种学业或职业，即学生进入社会，适应社会发展需求的敲门砖、炼金石。它重在强调专业认知、专业技能和专业意识，要求熟练掌握各个领域的知识和技能，并能将这种专业性培养发展成为一种本能意识，从而获得专业成就感，从外至内促进职业素养的形成。

(2)职业操守

职业操守是指人们在从事职业活动中必须遵从的最低道德底线和行业准则。它具有基础性、制约性，凡从业者必须做到。它既是对从业人员在职业活动中的行为要求，又是对社会所承担的道德、责任和义务。一个人不论从事何种职业，都必须具备良好的职业操守，否则将一事无成。

(3)社会能力

社会能力是人们为了在社会上更好地生存而进行的心理上、生理上以及行为上的各种适应性的改变和所学习的社会技能，从而与社会达到和谐状态的一种适应执行能力和社会技能。

(4)人文情怀

人文的核心命意是超越个体、超越种族、超越国家，从全部人类社会甚至宇宙整体的角度思考世界，它是从自然科学和社会科学的边界处出发的一种超越性思想观和价值观。相对于人文来讲，情怀是一种高尚的心境、情趣及胸襟。人文情怀具有以人为本的意识，它尊重、维护人的尊严和价值，关切人的生存、发展和幸福等。

2. 十二大核心要素

根据本课题组研究的四个重点要素，最终确定了以下十二大核心要素。

(1)专业习得—专业认知

认知是认识、思维或知觉的自身发展，它可以帮助人们理解和进行逻辑推理，由此获得专业理论基础知识，专业领域、行业的认识和感知，这便是专业认知。

(2)专业习得—专业技能

专业技能是指在教育者的指导下，通过学习和训练逐渐形成的操作技巧和思维运转能力。它是专业知识的实践应用，更是完成职业岗位工作任务的必备技能。是否具备良好的专业技能直接决定了未来的专业发展。

(3)专业习得—专业意识

专业意识是自我对专业潜在的一种感知、认识和了解。它是由大脑思维活动自发的一种本能行为，也是实践的结果。

(4)职业操守—职业情操

职业情操是人们在进行职业活动过程中，由情感和思想综合起来，不轻易改变的一种有意识的主观心理状态。

(5)职业操守—职业品质

职业品质是人们在进行职业活动过程中表现出来的某种固有的品质和特征。

(6)职业操守—职业规划

职业规划是职业人对其职业生涯乃至人生进行的持续的、系统的计划过程。职业规划的好坏也必将影响职业人未来的发展状况。

(7)社会能力—生存能力

人必须是自己生命的主人，自力更生，发挥自己的主观能动性。生存能力是一种生存本领，可以主宰命运、决定人生。生存能力也是一种技巧，可以克服困难、突出重围。生存能力更是一种追求，可以决定未来的人生质量。

(8)社会能力—合作能力

合作能力是指工作、事业中所需要的协调能力和协作能力。良好的合作能力可以事半功倍，更快速、更高效地完成工作。

(9)社会能力—创新能力

创新能力是生活和各种实践活动领域中不断提供具有经济价值、社会价值、生态价值的新思想、新理论、新方法和新发明的能力。当今社会的竞争，与其说是人才的竞争，不如说是人的创造力的竞争。

(10)人文情怀—人生理想

一个人活在世上，不能仅仅满足于物质上的享受和感官上的愉悦，更需要有崇高的精神寄托。崇高的理想、坚定的信念，就是人生的精神支柱。人有了理想，就如草木有了阳光。只有确立正确的人生方向，并坚持自己的理想信念，才能实现人生的价值，到达理想的彼岸。

(11)人文情怀—处世态度

不同的人在不同的阶段和境遇下，会有不同的选择。而处世态度则是一个人为人处世的方式、方法与态度，有积极的，也有负面的。不同的处世态度决定了不同的人生。

(12)人文情怀—审美情趣

审美情趣又称审美趣味，是以个人爱好的方式表现出来的审美倾向性。审美情趣来源于人的审美理想，它决定着人的审美标准，也是能够改变生活品位的一种极为高尚的精神品质。审美情趣是艺术知识、技能与方法的积累。一个有审美情趣的人能理解和尊重文化艺术的多样性，具有发现、认识、欣赏、判断美的意识和基本能力，具有健康积极的审美价值取向，以及艺术表达和创意表现的兴趣和感知，能在生活中拓展和升华美等。培养良好的、健康的审美情趣，对于一个人的价值取向和社会主义精神文明建设有着重大意义。

3. 三十六大基本要素

十二大核心要素还可以具体细化为学业水平、综合技能、职业道德、理解执行、审美鉴赏等三十六大要素，各要素内涵如下所示：

(1)专业习得—专业认知

学业水平：学习态度积极端正；学习成绩保持良好；各门学科均衡发展。

理论基础：能运用专业理论分析具体案例；能从专业视角撰写市场调查报告；能根据专业知识完成毕业设计。

专业视野：关注和了解行业发展动向；能收集和分析企业对专业人才的需求信息；能通过互联网资源自主学习。

(2)专业习得—专业技能

技术操作：熟悉工作岗位的具体工作职能；了解工作岗位操作工具的基本性能，具备完成岗位工作任务的基本技能。

综合技能：能够承受外界压力，具备一定的耐挫力；能够客观评价自我能力，完成力所能及的工作；能够通过社会考试，获得相应专业资格证书。

竞技能力：能够刻苦学习专业技能，积极参与技能竞赛选手选拔活动；参加专项技能培训，努力完成技能竞赛的训练任务；以稳定和积极的心态参与竞赛并获得优异成绩。

(3)专业习得—专业意识

规范意识：掌握工作标准，具备规则意识；做好工作计划，强化程序意识；明确岗位责任，具有纪律意识。

团队意识：善于合作，能够处理好人际关系；性格开朗，能够积极融入团队；刻苦上进，善于倾听不同意见。

质量意识：按时完成任务，坚持工作效果的高标准；恪守岗位职责，自觉做好分内工作；力求优化工作过程，具有目标意识。

(4)职业操守—职业情操

职业道德：热爱专业，对职业前景具有认同感；遵纪守法，对社会义务具有责任感；热情执著，对优质服务具有满足感。

职业精神：求真求善，坚持职业操守；任劳任怨，崇尚奉献精神；精益求精，笃信细节决定成败。

人文素养：有关注时事的人文情怀；有广泛的阅读兴趣；有一定的艺术鉴赏和表现能力。

(5)职业操守—职业品质

品行端正：工作态度诚恳，言而有信；做事有始有终，责任担当；能够实事求是，明辨是非。

人格健全：自信自爱，尊重生命；坚韧乐观，幽默大方；情绪稳定，心理健康。

学无止境：好学上进，善于吸收身边的经验；积极尝试，善于利用环境资源；紧随时代，熟练运用信息技术。

(6)职业操守—职业规划

学业规划：有课程学习目标，坚持全面发展；有个人成长计划，明确拓展方向；有丰富的课余生活，坚持社会实践。

就业规划：设定就业岗位，参加职业资格考试；寻求兼职岗位，增加实践经验；有计划地整理求职资料，做好充分的就业准备。

生涯规划：选择适合自己的辅修和选修课程，为职业发展奠定基础；评估就业环境和自己的职业倾向，明确自己的职业发展目标；规划好就业和升学的关系，合理设定自己的人生理想。

(7)社会能力—生存能力

自理能力：个人生活有条不紊；保持良好的卫生习惯；有较强的安全意识。

运动能力：有积极锻炼身体的习惯；热爱一项以上体育项目；竞技能力达到一定水平。

管理能力：能稳定和调整自我情绪；能合理计划和支配学习时间；能筹划和协调工作内容。

(8)社会能力—合作能力

语言表达：能够用清晰明了的语言表达自己的意思；语言表达过程中能够控制好语调和情绪；能够层次清楚、流利顺畅地用书面表达自己的思想。

人际沟通：能在合适的场合和氛围下表达自己的观点；能认真并关注地倾听别人讲话；能尊重和理解与自己不同的价值观念，与人融洽相处。

理解执行：能迅速理解工作要求；能坚定执行有困难的工作任务；对偶发事件能独立作出行动决策。

(9)社会能力—创新能力

学习方法：阅读或浏览图书、文字材料时，习惯动笔记下重点和可供借鉴之处；对没有弄懂的问题，能够自己上网查阅理解；喜欢与人讨论并吸收别人有价值的观点。

求异思维：能换位思考和分析问题；能用辩证的、发展的眼光看问题；能够坚持不同意见，发表不同的观点。

实践反思：能独立思考问题，有反思的勇气和毅力；能用开放的心态接受别人的批评；敢于用行动去实践自己的理想。

(10)人文情怀—人生理想

人生目标：能够理性地思考和规划自己的未来；能够选择适合自己的职业和生活；能够设定人生的日常目标、近期目标、中期目标、远期目标、总体目标和终极目标，并且能够脚踏实地、一步步地实现目标。

人生信念：有坚定的信念，迎难而上，不屈不挠，坚持到底；有正确的信仰，坚守自己的原则，积极自信；能够做到意志坚强，行为果敢，矢志不渝。

人生价值：有着真、善、美的人生价值标准，懂得如何去衡量一切事物的是非、善恶和美丑。

(11)人文情怀—处世态度

社会责任：自尊自律，文明有礼，诚信友善，待人宽和；孝亲敬长，有感恩之心；热心公益和志愿服务，敬业奉献，具有团队精神和互助意识；能积极主动，履职尽责，对自我和他人负责；能明辨是非，具有纪律与法治意识，积极履行公民义务，理性行使公民权利；崇尚自由平等，能维护社会公平正义；热爱并尊重自然，具有绿色生活方式和可持续发展理念及行动等。

国家认同：具有家国意识，了解国情历史，认同国民身份，能自觉捍卫国家主权、尊严和利益；具有文化自信，尊重中华民族的优秀文明成果，能传播弘扬中华优秀传统文化和社会主义先进文化；了解中国共产党的历史和光荣传统，具有热爱党、拥护党的意识和行动；理解、接受并自觉践行社会主义核心价值观，具有中国特色社会主义共同理想，有为实现中华民族伟大复兴的中国梦而不懈奋斗的信念和行动。

国际理解：具有开放的心态和全球意识，了解人类文明进程和世界发展动态；能尊重世界多元文化的多样性和差异性，积极参与跨文化交流；关注人类面临的全球性挑战，理解人类命运共同体的内涵与价值等。

(12)人文情怀—审美情趣

人文底蕴：具有古今中外人文领域基本知识和成果的累积；能理解和掌握人文思想中所蕴涵的认识方法和实践经验等。

审美鉴赏：具有欣赏、鉴别、批判美丑的能力；具有审美知觉力、感受力、想象力、判断力和创造力。

审美活动：具有敏锐的感觉力和深刻的直觉力；拥有丰富的想象力

和理性的知解力，能够捕捉到流动于对象中的旺盛生命活力和真切的美感意境；热爱生命，热爱人生。

三、高职学生职业素养的主要特征

在社会发展的不同阶段，高职学生所表现出来的职业素养的主要特征也是不同的。根据现阶段经济、社会的发展需求，高职学生的职业素养具有综合性、能动性和发展性这三个主要特征。

（一）综合性

职业素养是个体在职业行为中显现出来的一种综合特质，主要呈现为个体遵循职业内在要求，在个人世界观、价值观、人生观以及拥有的专业知识、技能基础上表现出来的作风和行为方式，涵盖职业道德、职业操守、职业规划、职业能力、职业行为、职业审美等诸多方面的观念意识及其相应的作风和行为习惯。同时，职业素养也是个体在日常职业活动中完成工作任务时所表现出的一系列习惯性行为特点，是肢体活动中多个动作要素综合作用的产物，良好的职业素养对于提高工作任务完成的质量、加快工作任务完成的速度具有极大推动作用。职业素养是个体的心理活动和肢体活动综合作用的结果，因而具有综合性。

（二）能动性

目前，高职院校越来越注重工学结合。工学结合教育是指职业学校与企业开展紧密合作，以培养学生的综合素质、综合能力和就业竞争力为重点，利用学校和企业相互补充的教育环境和教育资源，采取课堂教学与学生参加实际工作的实践教学有机结合，培养适合不同用人单位需求的、具有较高创新意识和实践能力的人才的教育活动。

基于工作和生活实践的体验能够使学生学习更有目标和针对性。例如，在顶岗实习等客观真实的实践环境中，可以充分激发学生职业素质培养的主观能动性。现在的学生大部分是独生子女，普遍缺乏吃苦耐劳的精神，在实习过程中可能需要面临和应对各种挑战，如高劳动强度、人际关系紧张、心理落差大、严格的等级制度、单调重复的工作等。顶岗实习为学生提供这样的真实实践环境，可以让学生在个人的职业发展需要和身体力行的氛围中体验、感受和学习，从而激发自身奋发向上的求知欲，在环境的熏陶中，潜移默化地进行着自我塑造、自我完善、自我发展。这种基于工作和生活实践的体验能够使学习有明确的目标和针对性，充分激发学生职业素质培养的主观能动性。而职业素养的能动性主要包含自主性和内化性。

1. 自主性

学习不仅是知识的获取，更是一种创造与构建个体自身和组织发展的过程。学生职业素养的养成，以及对职业价值的认同，都需要在具体的实践过程中一点一滴地、逐步地来形成。命令式、填鸭式的教育方式已经无法达到令人满意的效果，只有激发学生的自主性，才能使他们取得良好的成绩。要立足于学生的自身成长、反映学生群体认同以及谋求职业发展的意愿，并将其更多地融入教学过程中，纳入职业素养教育的培养体系中。在职业素养教育过程中，要搭建学生成长和职业发展的桥梁与纽带，必须体现出更多的人文关怀。因此，在实施职业素养教育的过程中一定要注意学生的自主性。

高职院校应培养学生自觉树立自我教育意识。职业意识是高职学生职业素养自我养成的第一步，即学生在校期间通过认识自己的个性特征与个性倾向，清楚地了解到自己的优势与不足，然后结合外界环境，确定自己的发展方向和行业选择范围，并对自己的未来有意识地作出规划。高职学生要有意识地加强自我修养，在思想、体魄、意志、情操等方面进行自我锻炼，培养良好的心理素质，增强抗压力和抗挫折的能力，善于从逆境中寻找转机，发挥主观能动性，自觉养成实现个人发展所需的职业素养。

2. 内化性

学校教育的意义不仅仅在于专业课程的学习和训练，其人文精神的传承、社会伦理的习得、人格理想的建立都是在学校人际互动和师生交往中，经历了潜移默化的隐性积淀和滋养孕育的内化过程。

所谓内化，是指将外部客体的东西转化为内部主体的东西。我国著名教育家王守仁认为，学习知识要有认知消化的过程，把学习比作吃饭，只有得到消化，才能长成发肤，不然，堵在肚里，身体就会不舒服。学习也是同样道理，只有将知识转化为主体的认知，才能变成无形的财富。不然，“博学多识，滞留胸中”，只会得“伤食之病”，学了反而有害。从业人员在长期的职业活动中，经过自身认识、学习、思考和亲身体验，知道怎样做是对的，怎样做是不对的，能更准确地判断职场对自己职业素养的要求和期待，从而有意识地内化、积淀和升华为自身的职业素养。

行为主体只有不断地将外界客体的事物转化为主体自身的事物，才能算是教育活动中真正意义上的行为主体，这是职业素养内化论教育思想的内涵与核心。职业素养内化论强调，培养对象的素养是由外界的客观事物转化的，缺少这种转化就构不成真正意义上的素养养成。要使职业素养教育切实有效，应该使培养对象自觉、有意识地完成心理内化。因此，职业素养内化的本质就是要使培养对象获得生存和发展的能力，将学科知识结构、操作技能、创新能力、伦理道德和团队精神等转化为自身的素质，争取让自己成长为社会发展所需要的人才。

（三）发展性

社会的不断发展对人们也提出了新的要求。人们为了更好地适应和满足社会发展的需要，也应不断提升自身的素养。职业素养需要根据时代的发展、经济社会对职业教育的要求以及学生的发展诉求不断改革创新内涵与指向。因此，从这一角度来说，职业素养具有发展性。而要使高职学生的职业素养具有可持续发展性，需要培养以下几种能力：

1. 高职院校学生应具有接受终身学习的能力

高等职业教育作为教育的一种类型，是以培养高素质技能型人才为宗旨，是与社会经济发展、人民生活密切相关的一种教育。随着高等职业教育办学能力的提升，校企合作、产教结合的不断深入，行业、企业参与度不断加强，高职教育的发展成效极为显著。高等职业教育通过适当的教育教学形式和方法，使高职学生既学到了专业技能，适应了经济、社会的发展，又具备了良好的理论知识和综合素养，对于个人的终身发展也有很大帮助。我们每个人，不管在生活的哪个阶段，都必须不断学习，充实自己，要始终拥有继续学习的想法、态度和能力。高职教育作为教育的主体，应该注重培养和提高学生的自主学习能力。自主学习即在某一特定的条件下，学习者可以自主地、独立地按自己的意愿，有选择性地、主动地进行学习的过程。自主学习能力也叫自学能力，它是多种心理机能参与组合的一种综合性的能力，包括思考能力、分析能力、判断能力等。宏观意义上的自学能力指的是学习者在已有知识技能的基础上，一般不依赖于他人而能够运用一定的学习方法，独立地获取知识、发现问题的一种学习能力。狭义的自学能力指的是学生阅读教材的能力。当今社会飞速发展，要使知识结构更完善，高职院校学生必须培养自主学习的能力，终身充电，终身学习，使自己的知识结构满足社会需要。

高职院校学生应学会学习，为可持续发展提供终身学习的能力。当前，科学技术和生产工艺日新月异，越来越多的人难以适应新的生产秩序，新的产品生产技术对劳动者素质提出了新要求，解决这个问题最有效方法就是学习。可持续性学习是可持续性发展的前提，要保证可持续发展，就要持续学习输入。

2. 高职院校学生应具有创新精神与创新能力

创新是一个民族进步的灵魂，是一个国家兴旺发达的不竭动力。提高民族创新意识，增强民族创新能力，关系到中华民族和整个社会主义事业的兴衰成败。高职院校要不断输送出能适应各个行业、领域的综合型人才，这些人才所拥有的精神及能力对于未来企业的发展是非常重要的。要实现《现代职业教育体系建设规划》(2012—2020)的目标，增强自主创新能力，就应该培养出一群具有创新素质及能力的专业人才，高职院校在这一方面有着不可忽略的作用。而对于高职学生来说，创新精神与创新能力的养成对其以后的可持续发展也显得尤为重要。拥有了创新精神和创新能力，不仅能够为其以后的发展奠定良好的基础，还可以在促进个人进步的同时实现社会的发展。作为可持续发展能力的核心能力之一，创新精神与创新能力的培养十分必要。

高职院校学生应学会创新，为可持续发展提供不竭动力。21 世纪是知识经济时代，而创新是知识经济的时代灵魂，创新是企业和国家竞争战略的核心。在当今时代，一个人要适应社会发展要求，就必须具有创新精神与创新能力。学校教育的任务，就是要培养学生具有把创造力当作人的生存必不可少的条件、不断进取的意识和精神；就是要发展学生个性才能，通过在教育教学活动过程中对创造力的挖掘、训练、强化和加强学生创造性因素的训练和非智力因素的培养，提高学生的创造力；就是要教育学生具有不怕困难、不怕失败、自主创业、敢为人先的勇气和毅力。企业和社会要不断地创新，必然需要大量具有实际动手能力与创新能力的人才，高职学生只有具备创新精神与创新能力，才能适应发展对创新人才的要求。

3. 高职院校学生应具有生存、适应社会发展的能力

随着经济、社会的腾飞，高职教育逐渐转变为一种全新的教育形式，目的是为促进全民素质进一步提高，为社会培养和输送出更多能满足实际发展需求的，具有高水平、高素质、专业性强的行业人才，它的教育对象是现代人，是有创新能力的人。高职教育并不等同于教学生某项职业技术，在整个教学工作中，技术方面的知识也不是高职教育的唯一内容。新时期下，高职学生除了要学习先进的科学知识和技术，还应不断提高自身专业技能及综合素质，进而推动社会更和谐稳定地发展。

职业适应性是个体能稳定地从事某种特定职业，应对和解决困难，获得职业发展和个人成长的必要心理素质，如果高职学生的职业适应性不强，在就业和上岗之后就会对其职业以及工作环境不适应，产生离职

率高、工作绩效低、工作满意度低等不良影响。

高职院校学生应学会自我调适，为可持续发展提供适应社会体制不断变革的心理素质和能力。高职院校职业教育必须以学生心理素质教育为重点，优化学生个性心理品质，增强他们的心理调节能力和对社会生活的适应能力。要注重对学生进行理想与现实教育，培养他们具有自觉解决因主体需要与客观环境之间的矛盾带来的心理冲突的能力；要教会他们客观分析自我，准确自我定位，选择最佳个人事业模式；要注意培养学生的应变能力，帮助学生学会正确判断形势，科学分析情况，积极适应环境，增强在纷繁复杂的世界中独立生存、捕捉机遇的能力；要引导学生树立调整情绪的自觉意识，正确处理人际关系，学会与人合作，与人共事。不管日后企业环境发生什么变化，高职学生如果具备良好的职业适应能力，就可以根据变化及时调整自身定位，并积极适应新的职业角色。

第三节　有效培养高职学生职业素养的现实意义与教育价值

随着社会的不断发展和进步，当前职业教育以技能为本位的人才培养目标已不能完全适应现代企业的需求。高职院校作为为社会各行各业直接输送从事生产实践活动或服务活动的技术人才、管理人才的主要基地，必须贴近市场需求，把切实提高学生的职业素养作为重要的工作来抓。高职学生职业素养的培养不但关系到为社会培养和输送人才的质量，也关系到学校的社会声誉，更关系到学生的就业和自身发展。

职业素养的高低将直接影响高职学生日后的就业质量，随着高校毕业生人数的逐年增加，就业竞争日益激烈，高职学生想要获得更好的就业机会，就需要学会迅速适应从学校环境到企业氛围的转变。这种转变是否成功主要取决于学生是否具有企业所需要的职业素养。当然，职业素养并不是一朝一夕可以形成的，需要通过长时间的培养和历练。因此，高职院校必须把学生职业素养的培养放在重要位置，对学生职业素养的有效性培养(有效性培养在本书中特指高职学生职业素养培养方法、策略、路径的合理性，即人才培养目标最优达成度的效果)需要不断的探索与实践，提升高职学生职业素养培养的实效性，是高职院校在发展中面临的一个重要课题。

一、培养高职学生职业素养应注重实效性

现代职业教育旨在培养全面、可持续发展的高技能人才。在市场经济条件下，人才市场是竞争性市场，高职学生必须具备良好的职业素养，以增强就业的砝码，加大就业机会。培养高职学生职业素养是社会对培养现代职业人的迫切需求，也是职业院校亟待培养现代职业人的客观目标，更是广大学生迫切希望成为现代职业人的内在追求。为了能够把高职学生培养成为真正受到用人单位欢迎的人才，职业院校应该将职业素养的培养作为现代职业教育的首要任务。因此，高职院校在培养高职学生职业素养时应注重其实效性。

(一)职业素养培养目标的实效性

职业素养培养目标要与专业属性对接。不同专业有不同的特点，对职业素养的要求必然也有所不同。比如，管理类专业一般对沟通与协作能力、社会交际能力等要求相对较高；艺术类专业往往鼓励独立、创造、自由、个性；公共服务类专业大多强调责任、耐心、奉献等。因此，要根据不同的专业特点设计学生职业素养培养的目标，在培养所有专业学生都应该具备的通用职业素养的同时，更要注重对接专业特点，培养相应专业要求的特定职业素养。与此同时，职业素养教育必须紧贴行业、产业的发展趋势，突出从事相关行业所需的基本职业素养，从而帮助学生提高与职业相关方面的道德品质和行为修养。

（二）职业素养培养内容的实效性

职业素养培养内容要与职业要求相匹配。高职学生从毕业到职业生涯结束要经过漫长的过程，可分为就业、岗位适应和职业发展三个阶段。三个阶段并非自然连续的，具备完善的职业素养的人才能走完三个职业阶段。例如，只有具备了就业竞争力，才能获得工作机会，进入岗位适应阶段；只有具备了岗位适应力，才能更好地扮演某个职业角色，进入职业发展阶段；只有具备了不同程度的职业发展力，才能获得相应的长远发展。就业竞争力在职业素养维度主要表现为职业兴趣、可塑性、发展潜力、职业性格倾向和道德品质等，岗位适应力在职业素养维度主要表现为职业行为习惯、规则意识、学习能力等，职业发展力在职业素养维度里主要表现为选择与判断能力、综合素质、抗压能力、创新和解决问题的意识与能力、岗位迁移能力、责任感、奉献精神等。职业素养具有内隐性，一些职业素养在某个阶段并不要求显现，而需要提前培养一种意识，引导一种倾向性、品质和性格，为将来的需要做好准备。在高职学生职业素养培养过程中，首要注重就业竞争力方面的职业素养培养，为提高就业质量做好准备；但不能仅限于此，还要培养岗位适应力和职业发展力方面的职业素养，为保障学生在就业后顺利完成学生角色到员工角色的转变，适应和胜任岗位，乃至为岗位迁移、职位晋升、职业发展、自主创业提供更大的可能性。

目前高职院校职业素养教育课程理论色彩浓重，内容乏味枯燥，与学生的学习生活关联不紧密，高职院校应增加生活化的职业素养培育内容。

一方面，要在课堂教学中增加生活化职业素养培育内容。在思想理论课程教学方面，必须改变传统的单向灌输教学方法，多增加时代感强、关注度高、社会影响力大的案例，利用案例分析、任务驱动、情景模拟等教学手段增加学生在理论课堂中的积极性和参与度。思政课教师在备课时要充分做到“备教材”与“备学生”相结合，根据学生的专业背景对教学内容做出相应调整，增加与学生专业特点相关的典型事例，突出职业意识、职业道德、职业态度等的培养，使职业素养理论教学真正落到实处。在专业课程教学方面，应该充分发掘专业课程的德育资源，以职业素养培养为核心，加强学生在知识技能掌握过程中对职业素养的习得，使学生提前熟悉和体验所学专业的职业要求。职业院校可以聘请在学生群体中认可度较高的行业名人对学生进行指导教学，通过榜样的力量对学生言传身教，以他们自身的人格魅力和职业信念感染、激励在校学生，从而达到最佳的培育效果。

另一方面，要在实践中增加生活化职业素养培育内容。企业是高职学生职业素养培育实践的阵地，在企业生产环境的影响下，学生更容易投入专业实践中，不管是参观、实训还是顶岗实习，企业里的每个人都可以成为高职学生的教师，他们的工作状态可以给高职学生留下最直观的职业印象，对高职学生职业意识具有榜样示范作用，在无形中影响学生职业素养的养成。企业有足够的生产设备，他们的生产活动是最直接、最接地气、最真实的教育资源，优秀的企业导师对学生职业素养的养成有潜移默化的作用，他们的一言一行、一举一动都可以作为职业素养的良好范本，对高职学生起到榜样示范作用，而且由他们给予的专业技术指导更直观、更具针对性，也比学院派教师的指导更具含金量、更有说服力，更能打动和影响学生。高职院校要结合从业标准和学生实际发展水平开展校企联合培育，拓宽高职职业素养培育的广度、增加其深度，切实全面促进学生思想道德素质和职业素养的养成。

此外，还要在校园文化建设中渗透生活化职业素养培育内容。校园文化建设一直以来被认为是促进学校职业素养培育效果的重要手段，但高职院校的传统校园文化建设形式相对较守旧单一，缺乏创新。开展丰富多元的校园文化活动，因地制宜地选取与学生校园生活相关的素材，设计彰显具有专业特点、职教特色的校园文化建设活动，是高职院校训练和提升学生职业素养的良方。各高职院校也可以根据自身的专业特色，建设凸显专业特色的校园文化内容，并把触觉延伸至相关行业、合作企业的内部，丰富学生对行业特色、企业文化的了解与认识，促进学生职业素养的全面提高。

(三)职业素养培养方式的实效性

职业素养培养方式要与教学资源对应。培养方式的差异性决定了教学资源的差异。不同于知识教学重视记忆、演绎和归纳以及技能教学重视强化训练，职业素养培养更关注道德、意识、认识等精神层面的培养，需要学生发自内心地接受并自觉践行。职业素养培养要求教学资源开发系统化，同时也讲求使用灵活性和碎片化。要系统开发职业素养培养教材、微课资源、数字平台、评价系统等教学，以确保这些教学资源能够以碎片化的方式融入学生的学习过程、实习实训、校园生活、社会实践等全过程①。

职业素养教育重在丰富学生的内心世界，通过知识学习和环境熏陶内化形成积极的人生观、世界观与价值观。因而教师在对学生进行职业素养培养时不能仅靠满堂灌、填鸭式的口耳讲授，要注重学生主体性的发挥。

首先，教师要改变师道尊严的传统师生观，由传统的传道授业解惑者转变为教育的组织者、引导者和参与者，主动关心学生、尊重学生、聆听学生，营造宽松自由的学习氛围，充分发挥学生主动性和个性，为学生人文意识的确立提供良好的土壤。

其次，丰富课堂教学方法。多样的教学方法有助于激发学生的学习兴趣，提升学生学习的积极性与主动性，从而提高教育的效果。教师可以根据不同教学内容采取不同的教学方法。例如，案例教学法能够充实课堂内容，形象生动的案例能吸引学生的注意力和学习兴趣，这样的教学方法比起直白、枯燥的讲解式教学方法效果更好。注意讲解时，案例

① 毕树沙．论职业院校学生职业素养培养的十大关系[J]．长沙航空职业技术学院学报，2018，18(2)：1-3.

一定要与时俱进，最好是众所周知或者是当前社会的热点，在讲授时也要通俗易懂，使学生易于理解。情景教学法通过创造学生感兴趣或熟悉的情境让学生感同身受，融入其中，达到情感与意志的共鸣，比如在讲职业生涯规划类课程时可让学生模拟求职情境，分角色扮演求职者和招聘者，在一问一答中讲解出求职所需的注意事项、需具备的素质等。此外，还可以采用活动组织法或者个别教学法，利用网络、期刊、报纸等多种渠道，因材施教，进一步保证教育效果的全方位性和有效性。

最后，还要注意实践与理论相结合。实践出真知对于职业素养教育同样适用。课堂教学与实践训练是相辅相成的两个环节，在理论中获得职业知识，在实践中内化为职业情感和精神，再外化为职业行为。例如，提供给学生实习的机会，让学生在实际操作中培养爱岗敬业、吃苦耐劳、严谨细致的品质和合作精神等。利用校企合作的方式让学生在学习技术的同时体验不同的企业文化，萌生集体荣誉感和社会责任感。

（四）职业素养培养评价的实效性

职业素养培养应与评价统一。培养基于评价，评价为了培养，二者有机结合，缺一不可。培养是评价的主要目的，评价具有优化作用，评价的意义在于检验成果、反思工作、指导进步，全面客观的评价能在职业素养培育工作中起到科学性和规范性作用，因此，评价结果必须真实反映高职学生职业素养水平，并能够全面诊断学校的培养效果；评价结果是改进培养的参照，要能够推动有的放矢地开展培养。科学的评价体系不仅能对学生职业素养发展程度作出合理评价，还能对职业素养培养效果本身作出自我评价，它作为一种教学反馈，能及时对职业素养培养作出合理的过程性管理，还能成为职业素养培养模式改革和设计的现实依据，促进高职院校继续强化和改良职业素养教学和职业素养培育活动。

实施评价主体多元化，把学生和行业、企业也纳入评价主体中，立场不同的主体可以从不同的视角对学生的能力和水平作出合理的判断和评定，这样就可以更好地对高职学生的职业素养和基本道德真实水平作出更准确的判断。例如，学校教师评定学生对理论知识掌握的熟练程度；企业指导老师评定学生在实训课堂的表现，在专业技能、职业意识、职业态度、职业行为习惯等方面的综合表现；企业员工评定学生在团队合作中体现出来的人际交往、沟通协调能力的水平高低；学生自评经过长时间学习和积累后获得的进步大小，由此形成一种全面、客观的多主体评价体系。

高职院校现行的德育评价形式单一，无法真正反映高职院校的职业素养培育成效。因此，需要拓展多样化的评价形式，在多元主体综合评价的前提下，把高职院校职业素养培育评价融合到培育的各个环节，把学校与企业评价、结果性评价与过程性评价综合在一起考量，纵向把握学生的思想品质、心理素质的发展变化轨迹，横向把握学生综合素质拓展的变化，使职业素养评价尽可能地真实反映学生职业素养的发展水平。

二、培养高职学生职业素养的现实意义

职业素养是高职院校毕业生走向工作岗位的“敲门砖”，特别是在强调团队合作、竞争共赢的市场经济环境下，企业越来越看重应聘者的职业素养，即不再单纯地需要技术型人才，而是需要具备扎实的基本功、吃苦耐劳的精神、良好的人品、强烈的责任心、不断创新的意识和团队协作能力以及有明确追求目标的技术技能型人才。

从教育服务个人发展角度出发，注重职业素养培养能更好地帮助高职学生养成高水平的综合职业能力，为未来的就业和创业打下扎实的基础；从教育服务社会发展角度出发，注重职业素养培养则有利于解决当前我国社会面临的结构性就业难题，缓解高职学生就业意愿和就业现实的矛盾，促进社会稳定与和谐发展。因此，注重高职学生职业素养的教育培养，不仅可以从根本上提升高职学生的核心竞争力，还具有深刻的现实意义。

（一）有利于职业化发展

随着我国社会、经济的快速发展，改革开放的不断深入，我国的人才市场日益趋向职业化。现代企业需要的现代职业人必须是职业化人才，要求从业人员具备优秀的职业素养是目前人才市场职业化的主要体现，从业人员只有具备了较高的职业素养，才能更好地为企业、为公司的发展作出贡献，而这样的人才在任何企业都会十分受欢迎。

高职院校在培养高素质技术技能人才的办学实践中逐步从单纯的职业技能教育扩展开来，融入职业素养教育，不断完善学生的价值观念、职业道德、诚信意识以及创新能力。特别是在现代职业教育办学思想的引导下，高职教育坚持以立德树人为根本、以服务社会发展为宗旨、以促进就业为导向的办学方针，树立全面发展、综合教育和可持续发展的教育理念，不断探索适合高职院校办学目的和教育特点的职业素养教育模式，统筹推进活动育人、文化育人、实践育人，完善全程、全员、全方位育人格局，不断提升和完善高职学生的职业素养。总的来说，我国高职教育在培养高素质技术技能人才的实践过程中，形成了具有“职业形态”的职业素养教育模式。

职业素养是一种隐性素质，它是任何一个职业人都应该具备的基本职业品质。从某种角度来说，可以将职业素养分为一般意义的职业素养和具体专门的技术工作领域中应该具有的技术素养。一般意义的职业素养是具有共性特征的基本素养，是各行各业都应具有的素养。如遵纪守时、忠于企业、诚实守信等品质；一般的人文社会常识，以认识问题为核心的思维能力，解决一般工作中问题的能力，与人沟通合作、承受压力与挫折等的个性心理素质，以及对工作的正确认识等。专门技术素养是指特殊行业或特殊职业岗位的素质要求，具有个性特点，只适应特殊的岗位。如航天员坚强的意志、精准熟练的操作技能、坚韧果断的品质、沉着冷静的个性心理等，教师为人师表、以身作则、热爱学生、乐观向上的职业品质等。

可以说，“职业化”是职业素养的表现。职业化是工作状态的标准化、专业化和制度化。它包括工作中应遵循的行为准则、专业习得和匹配的职业技能。也就是说，在正确的时间、正确的地方，用正确的方式，在适当的时候，做正确的事情。高职学生的职业化发展是实现从“社会人”到“职业人”的转变。

（二）有利于提升职业竞争力

职业能力的内涵正随着技术的快速变化而处于巨大的变动之中。职业能力不是技能和知识的简单叠加，如果我们将职业能力只是理解为技能的训练，就只会在学校内进行知识传授或者技能实训，就不会关注职业活动的发展和职业世界的特征，在此基础之上形成的职业素养就会变得毫无价值。因此，职业素养的培养必须符合职业世界的需要。职业素养彰显了人在职业世界的重要性和本体特性，即具备职业能力只是我们所追求的基本目标，培养具备职业素养的人才是我们追求的终极目标，这样的人才才是最有竞争力的。

从高职学生职业竞争力来看，只有具备良好的职业素养，才能更快适应社会、经济发展和岗位需求，实现职业理想。学生核心竞争力的优势往往不仅仅指职业技能本身，还体现在是否具备良好的职业素养。职业素养与就业竞争力成正相关。就业竞争力是指从业者在就业和择业时对于从事的工作所掌握和具备的各种能力的总和。有学者将其划分为软性素质和硬性素质。软性素质体现的是隐性的竞争力，它跟情商关系密切，主要在与人沟通交流中得以显现，不仅反映了个人的适应、应变等各方面能力，更深层次地揭示了个人的价值观、精神面貌和自我发展的潜力。在许多发达地区，一些技术工人和高级技术工人的工资已经超过博士、硕士，高能力、高水平的中等层次的劳动者严重短缺初见端倪。因此，就业竞争力是各种素质和能力的综合体现①。

---

①　杨玉芹．从职业能力到职业素养：当代职业教育发展的价值超越[D]．渤海大学，2012.

面对逐年上升的就业压力，高职学生必须熟练掌握专业知识和专业技能，具有吃苦耐劳、诚实守信、团结协作的职业道德，具备应对形势变化的能力，只有这样，才能承受激烈的就业竞争压力，弥补文凭上的不足。并且，现代用人单位不仅重视员工的专业技能，更加在意员工的整体素质。高职学生必须加强自身素质建设，完善职业道德，这样才能在择业、就业过程中加分加码。良好的职业素养不仅有利于提高学生就业时的竞争能力，也是学生走向职场的“通行证”，是学生成功和学校发展的基础。高职学生提高自身的职业素养对职业竞争力的提升具有重要意义。

（三）有利于完善课程建设

科技的高速发展带来了整个时代的大的转向，也带来人们对就业、择业观念的转向，这样的转向最直接反映在工业社会中，职业岗位变动频率明显加快，这需要综合型的人才加以应对。随着经济改革的不断推进以及产业结构的调整与快速发展，人们对就业的观念在不断改变，社会职业岗位的不确定性和人才流动的动态性越来越明显。那种一个人一辈子都固守在一个单位、一个岗位的“铁饭碗”时代已经在逐渐退去，社会劳动成员正逐渐从传统的以单位为集结地的“单位人”走向现代的“社会人”“市场人”。诚然，职业岗位和就业观念的变化自然而然对职业教育的观念、内涵和目标等提出了新的要求。职业岗位的频繁变换，需要从业人员具备综合的知识、技能、能力、职业道德等素质以适应职场的日益发展和激烈竞争。

由此可见，伴随着知识经济时代而来的现代化的人，是需要各方面均衡发展的综合型的高素质的人。在新形势的要求下，培养职业素养需要注意职业素养与企业有更高的岗位匹配度，高职教育在人才培养方面需要更多注重学生的创新、实践、合作等多方面能力，以便适应行业、企业需求。基于这样的缘由，在进行高职课程体系构建时，需要在关注职业能力的基础上，注重培养学生的全面素质，培养他们思考和解决问题的能力，注重健全人格，培养可持续发展的完整的人。同时，产业结构升级、一系列职业观念变动以及对人才全方位素养要求的提高，使得对于职业教育的要求也有所提升和转变，职业教育需要通过具体的课程来实现更为具体的职业目标的转型等多方面的可能性，同时在这样的过程中提高学生的职业观念，完善相关的职业诉求。面对这种形势，重视职业素养的整体提升便成为高职院校完善课程建设的基本趋势。

三、培养高职学生职业素养的教育价值

当前，世界新一轮科技革命和产业变革与我国产业转型升级形成历史性交会。在新一代信息技术、智能制造技术的推动下，现代产业体系正在加速重构，产业智能化、数字化、网络化程度越来越高，产业边界逐渐模糊，融合发展趋势不断显现，新产品、新业态、新技术、新模式频频涌现，这对于职业教育的人才培养具有深远的影响。

高职学生必须有及时提高和更新所学技术的能力，否则就会因不适应新技术而被淘汰；更要有很强的岗位迁移能力，因为工作岗位随时可能被智能机器人所取代，甚至从产业体系中消失。在这样的背景下，技能教学的意义已经发生了变化，从“为了掌握技术而学习”转向“为了全面发展和适应变化而学习”。前者仅仅意味着掌握一门技术，预期获得一份工作；后者则意味着通过学习一门技术或者在学习一门技术的过程中形成稳定的、高水平的职业素养。职业院校要为中国制造强国建设提供技术技能型人才支撑，助力“一带一路”倡议的实施。毕业生没有一技之长是不行的，但仅有一技之长是远远不够的。职业院校要努力构建专业技能教学和职业素养培养两个体系，实现“技能+素养”双轮驱动、融合发展，培养具有工匠精神、精湛技艺、信息搜集与处理能力、岗位迁移能力、交往能力和学习能力的高素质技术技能型人才。

高职学生职业素养培育既是市场经济发展追求的核心价值，也是职业教育发展的内在价值，简言之，培养高职学生的职业素养是符合教育发展规律的，高职院校应重视学生职业素养的培育，这对职业教育的发

展具有重要意义。

(一)高职学生职业素养具有高等教育性

职业教育作为高等教育的一个类型，是我国高等教育的重要组成部分。高职院校承担着为社会各行各业培养高技能人才的任务，而职业素养教育是高职院校培养适合社会需求的专门型技术人才的重要内容，也是高职教育的特色，更是学生就业、择业的必然选择。

高等职业教育的发展需要关注两个维度："质"和"量"，实现"量"的发展是扩张，实现"质"(内涵发展)的发展是控制。高等职业教育的发展是永恒命题，然而要实现"量"的增长，其"质"的提升是关键。此种发展模式不仅有助于两者的和谐发展，更有助于高职和谐校园的建设。根据"内涵"一词的含义解释，它主要是一种抽象的概念，一种可给人内在美感的认知，是内在的、精神层面的东西，需要探索与挖掘。因此，高职内涵的提升需要精神文化工程的建设，给予其发展正确的理念指导与文化熏陶，具体涉及正确处理几对关系，即技术教育与人文教育的关系、硬件设施与软件设施的关系以及质量效益与规模发展的关系。简而言之，高职内涵的发展首要关注的是人的和谐发展，要建设充满人情味的高职校园。

随着社会主义现代化、教育现代化进程的加快，我国高等教育的人才培养模式由精英化走向大众化。在此背景下，20 世纪末刚起步的高等职业教育的发展规模日益扩大，目前已成为我国高等教育的重要组成部分，占据高等教育的半壁江山。如此规模的成就充分展示出高职的市场吸引力，但是其发展规模的背后也出现了许多人才培养"质"的问题：高职坚持单一就业导向的价值取向，重视硬件工程建设，忽视自身可持续发展前景展望，更准确地说是忽视了学生的终身性发展。

高职的发展特色与本质属性应始终坚持高素质、高技能。根据《国家教育事业发展第十二个五年规划》对高职院校人才培养目标新的定位，按照强调技术、注重技能、兼顾人文、关注创新、综合发展的思路，重新规划高等职业教育的发展思路、人才培养方案务必成为高职发展的关注点。近两年来，教育学者提出我国职业教育领域要创建“一流职业院校”，该提法表明了高职人才培养模式定位：培养“一流职业人才”，熟练掌握市场所需求的技术技能，具备终身可持续发展的能力，即人格健全、精神丰盈、全面发展的人才。当今高职院校的发展定位为“量”走向“质”的跨越阶段，要始终着眼于人的和谐发展，营造和谐发展的校园氛围，构建技术教育与人文教育融合发展的课程体系以及人力保障体系，不断增强内涵式发展能力，提升自身的竞争力，创建特色办学模式，争做兼备技术与人文融合教育的示范学校。

高职教育是以服务为宗旨、以就业为导向、以能力为本位，为社会主义现代化建设培养千百万高素质的高端技能型专门人才。无论是高职教育的人才培养目标还是各高职院校在进行教育教学改革的过程中，都始终把培养高职学生的职业素养放在了最重要的位置并且提出了明确的具体要求，强化职业素养，明确职业目标，在专业教学的过程中融入职业教育的理念，从课堂教学出发强化职业素养教育的重要性。尤其是“教会学生做人”比“教会学生做事”更为重要的职业教育理念的推广，提高学生素质、教会学生学习已成为各高职院校教育者的共识。因此，开展职业素养教育是高职教育的本质特征和内在要求。各高职院校有责任、有义务把学生职业素养的培养放在职业教育工作的首位。职业素养培养是一种养成教育，各高职院校要始终把培养学生的职业素养作为工作的重中之重，贯穿于高职学生整个学习和生活过程中，这样才能培养出高素质的高端技能型专门人才。

（二）职业素养彰显职业院校办学特色与质量

变化是世间万物的总则，教育也需要与时俱进。职业教育是与经济、社会发展关系最密切的教育类型，我国正处于经济快速增长的发展时期，市场瞬息万变，高职院校办学如果能做到紧贴社会现实需求甚至预见产业发展趋势，适时调整和完善育人模式，就能为推动社会发展发挥最大功能。在工业化和新型城镇化进程不断加快的大背景下，人的自主意识和创造能力越来越受重视，这也给现阶段的高职教育提出了新的要求。高职教育应该从传统的操作技能培养模式向创新型人才培养模式转移，高职院校的发展方针也应从早期的办学规模扩张回归到育人本质上，以促进学生能力发展为主。

在目前高职院校的教学体系中，德育与智育相比，德育的滞后性要明显得多。高职院校要实现内涵式发展，办学特色和育人质量是关键，要做到这两点，光靠智育显然是不行的。德、智、体、美、劳全面发展不仅是衡量学生发展水平的标准，也是学校改进教学方式、改善育人模式的标准，必须抓住职业教育的人才培养重点，协调好德育与其他方面教育的关系，这样才能使高职院校的育人模式更加科学化、本土化，满足学生个人职业诉求和社会的发展需要。

职业素养有效性培养是高等教育的最终目标，也是高等职业教育人才培养质量的具体体现。高职院校有效培养高素质人才，进一步彰显了职业教育人才培养模式的特色和质量。

（三）职业素养是高职学生可持续发展的原动力

职业教育的根本任务是培养适应建设、服务、管理等活动所需要的应用型人才，其根本属性和基本功能是促进人的可持续发展。职业教育不仅仅要面向学生，还要面向社会，更要面向未来，强调发展和创新，使学生具有应有的职业素养。在技术快速更新的今天，只有注重专业技能的教育观念，才能增强高职学生持续发展的核心能力。通过职业教育的培养，不但使培养对象具备为社会服务的本事，还要使培养对象全面可持续发展，做到随着职业教育和社会、经济的发展及时调整自我，不断完善。现代职业教育应该为高职学生后续的职业发展奠定坚实的基础。推动职业教育适应社会发展，使学生具备全面可持续的发展能力，职业素养便是高职学生可持续发展的原动力。

从高职学生发展的角度看，掌握了扎实的专业知识和技能是学生发展的基础，而职业素养是学生发展的动力。这其中包含高职学生的自我可持续发展能力和高职学生适应社会可持续发展的能力。一方面，对学生个人而言，职业素养可以弥补学生学力和能力的不足，俗话说，"勤能补拙"，积极的职业态度、责任心、强烈的进取心和坚强的意志力是帮助学生战胜困难的法宝。这就是学生的自我可持续发展能力。高职学生的自我可持续发展能力与学生的基本素质密不可分，往往与他们的学习能力、实践动手能力有关。因此，高职院校在培养学生的过程中，要注重专业知识的培养，另外更要注意学生基本素质的养成和提高，学生基本素质的高低往往决定了他们今后的工作能力和未来的可持续发展能力。另一方面，对企业而言，强调的是责任和奉献，对于团队成员而言，强调的是合作和整体的力量，在群体力量的整合过程中，团队成员的职业素养显得格外重要。这是高职学生适应社会可持续发展的能力。这种能力要求学生在今后的生活、工作和学习中，能够正确认识人、自然和社会三者之间的多层关系。要达到这样的境界，要求高职学生具备完善的人格，具有包括道德、哲学、伦理、文学、历史、艺术等稳定的内在品质。

1. 职业素养是完成与发展工作任务的必备要素

职业素养是职业人发展和完成职业行为所必备的基本知识、意识和能力的综合，集中反映着职业人在实践过程中的精神面貌和工作实力。当代社会对高职学生职业素养的要求越来越高，用人单位也在加大职业素养在考核中的比例。职业素养反映的是行为主体的心理特征，可以被称为元能力，是掌控职业的能力和促进工作完成的能力。它使高职学生在竞争实力、适应能力和就业创业方面都有加分。打个比方说，职业技能负责建造房屋，而职业素养则负责对房屋进行加固和装饰。即前者负责完成工作，后者负责工作完成的质量。

2. 职业素养是高职学生修身处世的营养基

职业教育在向高职学生传授职业技能的同时，也要着重培养高职学生良好健全的品格和价值观，为其一生的持续发展提供营养基。当今社会分工的不断细化要求从业者必须具备快速精通岗位职责的能力。再加上处于学习型社会的大环境下，从业者还要不断学习甚至敢于创业自立，勇于掌握自己的命运。而良好的职业素养会让每一位从业者用良好的态度，用心去做每一份工作，对待每一次机会。

3. 职业素养让高职学生明晰职业生涯规划

职业规划的好坏直接影响着高职学生未来的工作。清华大学樊富珉教授指出，在校生的职业规划不明晰，在就业时很容易心生压力。所以，学校应该在高职学生入学时就不失时机地对其进行针对性的教育，如可以让高职学生了解本专业的发展趋势，弄清楚本专业的培养目的，明确自己要达到什么样的层次，及早规划好自己的职业生涯。

第二章　积淀与孕育：影响职业素养有效形成的相关因素分析

第一节　影响高职学生职业素养形成的一般因素

职业素养是职场员工适应社会能力的综合反映。它是通过不断积累和长期学习逐步形成的一种综合素质。培养学生未来就业所应具备的职业素养与提高他们现有的职业素养，是人才培养计划中培养职业素养的两个非常重要的方面。在人才培养方案设计过程中应开设与其相关的课程，组织日常生活中的相关活动，逐步培养学生良好的职业素养，实现学习与就业的完美对接。而影响高职学生职业素养形成的一般基本因素主要包括学校环境、课程教学和情感体认三个方面。

一、学校环境

职业素养是在特定的职业情境下，通过特定的具体职业行为体现出来的。因此，知识、能力和技能自然成为其发挥时不可缺少的因素。例如，我们判断一个人是否具有良好的团队合作精神，主要决定于他在职业行为中是否体现出这种职业素养。如果要达到这一职业素养，首先要掌握一定的职业能力，如完成这项任务所需的专业知识，与同事、领导及其他相关人员相处的交际能力，对团队合作重要性的认识等；其次，要能够独立思考和判断，具备一定的专业能力，准时完成工作任务，和同事相处融洽，能选择合适的合作方式和合作时间；再次，还应具有正确的职业价值观、良好的职业态度和团队合作意识等，这是在参与团队工作和发挥团队合作意识等方面所要求的基本素养。这就像是一个健康完整的人，离不开身体的每个器官的均衡发展和良好协调。要想充分发挥职业素养的作用，就要对所需要的基础要素进行全面的调控和运用才能得以完成。

职业素养的形成和情境相关。例如，在拆卸某些特别复杂的机器时，应特别注意拆卸的顺序和小部件的放置位置，这就需要十分认真和细致的工作态度，并且对其动作技能、注意力和记忆力提出了较高的要求。而对于比较简单的拆装，则不需要特别注意。也就是说，不同情况下所要求的个人行为都是不同的。一个具有良好职业素养的人知道在什么样的情境下需要具备什么样的素养，并能够指导自己的行为。职业素养只有在指定的职业情境中培养，才能在相应的职业情境中得以体现出来。因此，职业素养培养要细致到职业活动的每个环节，不仅仅是在完成具体工作任务的过程中，而是从进入工作场所到离开工作场所的所有过程，并对每一个过程都要提出细致的要求。

环境指的是以个体为主体的外部影响因素，能够对个体发展产生影响的外部条件。而学校环境作为校园中每一个人的日常学习环境和工作环境，对高职学生职业素养的形成具有最为直接的影响。学校环境主要包括人际环境、人文环境和物质环境。物质环境包括对学生职业素养培养形成构成影响的教学环境、教学设施、食宿条件等。人文环境包括学校氛围、学校文化、学校领导的影响等因素。人际环境则是高职学生在学习、生活和工作等环境中的人际交往氛围。高职院校在培养学生职业素养时所处的学校环境可以分别从这三个方面来概括。

（一）物质环境

学校环境的整体布局和总体规划能够体现出现代职业教育的教学理

念和办学特色，可以显示出职业素养培育的明确主线，能够完全体现环境育人的功能。校训、校风、教风和学风也可以体现在学校的硬件设施上，例如学校绿化美化、学校设备设施、学校建筑等。学校景观突出了学校“服务域”的特点。学校视觉识别系统透露出了职业精神的培养。教室、图书馆、实训基地、创新创业教育实践平台、宿舍、食堂等学习场所和生活场所都应重视营造浓厚的职业氛围，完全发挥出环境的感染力和塑造力①。

为此，学校应努力为高职学生营造良好的学习氛围，提高高职学生学习的积极性，为各种学习活动创造条件，充分利用物质环境起到育人的效果，逐渐地影响高职学生职业素养的形成。

（二）人文环境

学校文化是学校环境的核心，它承载着传统文化、现代文化、社会价值和社会发展历史，表现了同一历史时期该地区的价值观、审美价值和精神风貌。它具有重要的潜在教育意义。例如，设计具有意义的校徽，制作鼓舞人心的具有感召和激励作用的校歌、校训，制作励志的名人名言等宣传标语，可以使学校环境更具人文气息。学校必须始终坚持社会主义核心价值观，坚持社会主义文化自信，积极开展各种各样有意义的学校文化活动，努力创造积极向上的学校文化，充分发挥学校文化潜在的育人功能。好的学校文化不仅是师生之间的必需的精神纽带，更是培养学生职业素养的重要辅助路径。

高职院校具有很强的职业特色。在建设学校文化时，应当和各专业的职业背景紧密联系，并将职业素养（如职业道德、职业精神、职业信念、职业技能等）融入其中。学校文化应不断丰富职场文化内涵，将职业素养和学校文化建设进行不断结合，使职业素养成为高职院校学校文

① 周曦．现代学徒制视域下高职学生职业素养培养的实践探索［J］．浙江工商职业技术学院学报，2016，15(3)：62-63.

化的重要组成部分。

就业是职业教育发展的导向，应培养一线的高素质技能型人才。这种“职业化”的教育特点决定了高职院校学校文化必须与企业文化相融合，形成一种具有职业人文素养、职业道德、职业技能等因素的学校文化氛围，使学生在学校环境中就能够自觉遵守、熟悉习惯相关的职业要求和职业规定，从而形成相应的职业素养。特别是要把优秀的企业文化引入学校，形成具有特色的职业教育文化氛围。通过认识实习来了解和认同企业文化，通过教学实践来学习企业文化，通过顶岗实习来践行企业文化，通过建立校企合作共同体来支撑企业文化、职业精神并建设企业文化进入学校的不同平台。充分利用合作企业资源，通过聘请企业一线工程技术人员和企业管理人员作为兼职教师，将职业精神和企业文化加入课堂；通过建立优秀工程师讲坛，邀请在企业中长期工作的工程技术人员和管理人员，举办职业教育产教融合一体化洽谈会等，并邀请具有丰富的工程经验和深厚的工程文化底蕴的专家来学校讲座，让学生更近地感受到企业成功人士的职场魅力。教育部原副部长鲁昕在全国教育工作会议上谈到，“把工业文化融入职业学校，做到产业文化进教育、企业文化进学校、进课堂”，而通过校企合作，就可以很顺畅地使企业文化加入学校文化，进入教学课堂，为学生树立正确的职业观创造良好条件，建设具有企业文化特色的学校文化，为学生职业素养的培养营造浓厚的学校文化氛围。

（三）人际环境

人际关系已成为影响个体参与和适应社会活动的必要因素。只有人际关系较好的人才能在社会活动中获得更多。而大学是高职学生锻炼社会化人际关系的重要环境，引导和加强高职学生养成积极和谐的人际关系具有非常重要的意义。

个体的心理健康会因良好的人际关系起到积极影响作用，其最重要的体现在以下两个方面：第一，为了降低矛盾冲突的可能性，良好的人际关系有助于加强人与人之间的沟通，协调个人行为。第二，较好的人际关系对促进个人的身心健康发展有很好的帮助，由于人际关系与情感体验的紧密关系，因此，良好和谐的人际关系可以促进个体心理和生理的发展，使个体一直有着愉悦的情绪，避免不良心理的出现。事实上，很多益处可以由良好的人际关系带来，如可靠的联盟、有用的建议、拥有交友机会、产生依附感和团队归属感，使个人在人际交往中慢慢形成健康的心理状态。

高职学生作为一个特别的社会群体，在逐渐激烈的社会竞争中面临的人际关系越来越复杂。因此，他们表现出不同类型的心理状态，再加上社会环境、就业压力等外部因素，导致高职学生的人际交往出现了各种各样的问题，使得他们不能很好地参与社会活动，进而使得他们的人际交往能力逐渐下降。因此，我们必须采取各种措施来引导高职学生保持健康的心理去建立良好的人际关系。此外，家庭与学校应共同构建多方位的教育指导体系，为高职学生提供更多的人际交往平台。与此同时，还要加强高职学生人格特质的养成，加强人格魅力和个人吸引力，引导高职学生建立好的人际关系，重视团体合作，进而推动高职学生全面发展。

高职院校的一个十分重要的培养工作就是提高高职学生的人际交往能力。而人际交往能力不是一会儿就可以形成的，需要进行日积月累的培养。从人际交往的概念，到人际交往的准则，再到人际交往的重要性，让学生进行人际交往的自发行为动作。长期的养成过程应该得到大学和社会各界的认可和支持，这样才能使学生重视人际交往，进而提高高职学生的人际交往能力。增强高职学生人际交往能力的培养，可以使他们进入社会后能够更从容地面对人际事务。

高职院校在进行高职学生职业素质的培养过程中，提高人际交往能力将直接有助于高职学生建立和谐的人际交往圈，人际交往能力的培养将直接影响学生的发展，从而培养学生更丰富的适应社会的竞争能力。良好的人际环境和氛围也有利于高职学生职业素养的形成。

二、课程教学

教育活动的核心是课程，高职院校课程体系中的重要环节是高职学生的职业素质培养。《国务院关于加快发展现代职业教育的决定》明确提出，“要全面实施素质教育，科学合理设置课程，将职业道德、人文素养教育贯穿培养全过程”。将高职学生职业素养教育与专业教育、实践活动与通识教育相结合，将有利于并且最大限度地利用学校教育资源提高学生的综合素质。

（一）专业课

对于一个职业人来说专业知识是必不可少的。然而，在当今充满竞争和挑战的社会中，只有知识是远远不够的，还有比知识更为重要的东西，即职业道德、职业信仰、职业精神和职业意识等。培养学生的职业技能是职业教育的重点，但如果能适当地将职业素养教育加入专业课程教育中，将会达到事半功倍的效果。职业素养教育所包含的价值要求教师善于探索和利用专业课程，将两者有机结合起来，这样学生更易于接受并进行消化。当然，要想实现这种效果就必须要求教师自身具备相对应的基础和能力，实现科学教育与职业素养教育的结合，通过言传身教去感染学生。

高职院校专业人才的培养目标，应是情感态度价值目标、能力目标和知识目标的融合。社会主义职业教育培养的是社会主义接班人和建设者，这对其职业精神和职业素养等都提出了更高、更严格的要求。学校应根据学生的专业背景制订职业素养培养计划，教师也要灵活地根据学校对学生职业素养标准的界定及培养方案制定人才培养方案。

以多元化、差异化培养为目标，完善专业教育与职业素养相融合的培训体系。按照学校的统一要求和部署，根据各种专业类别的特点，并融入经济发展的需要和区域人文历史资源，各专业提出反映专业岗位、体现职业特质的内在需求，注重培养与教学内容相适应的职业素质，落实实践培训、技能竞赛、课堂教学、专业实践和社会实践的培养过程，并设立对应的质量管理机制，有利于反馈、评价和改进职业素养的培养问题。丰富专业文化内涵，加强专业思想，提高专业技能，增强学生的职业素质和进行自我培养的自觉性，加深学生对未来职业的认知度。

高职学生职业素养的培养也应突出“职业”的特点。在培养实践中，结合专业特点和行业发展趋势，在传授专业知识和实践技能的基础上，重点培养与“职业”相关的实践动手能力、学习思维能力和环境适应性，以满足“生产、建设、管理和服务一线高技能型应用人才”所应具备的职业能力需求，这是高职学生职业素养培养最基本的内容。

（二）通识课

促进人的全面发展是教育的本质。学生只有首先成为心理健康、人格健全、个性丰富、生活情趣高尚和生活态度积极的人，才能成为真正掌握和准确运用应用技术的高素质技能型人才。职业素养的形成和思想政治教育是紧密相关的，也是相融相通的，两者的有机结合将释放出“1+1>2”的倍增效应，支撑学生的全面发展。

目前，我国高职院校开设的通识课程中，思想政治课程在职业素质培养过程中发挥着重要作用。如传统的“邓小平理论与‘三个代表’重要思想”“思想品质修养”“马克思主义哲学原理”等国家规定的课程。除此之外，还根据职业教育的特点，增设了职业价值观、职业道德、职业规划等个人基本素质的培养课程。以提高学生的职业生涯规划能力和反思能力为目的，培养学生就职后的职业素养，还开设了职业生涯规划、求职心理教育、法律基础以及与未来职业相关的语言和习作等方面的课程，如应用文写作、商务礼仪等。

（三）实践活动

在建设学校文化的过程中，根据学生的兴趣和爱好，组织开展丰富多彩的学校文化活动，并加入职业知识宣讲。例如，举行各类培训教育、成长论坛、职场文化讲座、创新创业竞赛等活动。多种多样的活动可以为学生打开认识职场和了解社会的窗口，调整知识框架，发现学生潜在的能力，培养学生的实践能力，开发学生的职业兴趣，帮助学生开阔视野，提高创新能力，进而更好地提高高职学生的职业素养。

举行各种文化活动，如大学生社团活动月、文化艺术节以及各种社会实践活动。通过这些集体活动，不仅可以丰富学校文化活动的内容，还可以提升学生的个人成就感，增进友谊，增进交流，形成健康良性竞争，以及积极向上的氛围。与此同时，还可以培养学生的组织能力，锻炼其协作精神，提升学校的凝聚力。

鼓励学生参加“竞赛杯”“挑战杯”等创新创业大赛，以比赛相互促进学习。在“互联网+”的时代，互联网是大众创业和万众创新所繁衍出的新工具。进行创新创业的可以是每个人，在学校内刮起职业创新风潮。互联网与传统职业领域的融合模式具有跨境思维，有利于培养新型职业素养。

以创业竞赛为载体，感悟职业素养在学生模拟的工作情境中进行。学校可以与企业共同开展职业创业创新比赛，邀请企业共同组织、设计和评价，并将企业的职业素养要求和核心价值观融入比赛当中，使学生在活动中增强团队沟通协调能力、合作能力等。

通过第二课堂，以社团为载体，可以提高学生的职业意识，并养成职业素养。第二课堂所包含的内容丰富，且形式多种多样，是能够最大限度地吸引学生积极参与活动的平台。在第二课堂的实践中，学生可以学会沟通、学会竞争，懂得包容和合作，加强责任感和使命感，并且培养自己的职业精神。

以项目或专题的形式，开展与第一课堂对接，与技能竞赛、专业衔接，与文明风采大赛、创新创业竞赛等紧密相关的社团活动，从而激发学生学习、探索、职业等兴趣，拓宽他们的视野，发展他们的特长，培养他们的创业意识和创新精神，巩固他们的专业思维，提高他们的专业技能技艺，增强他们的职业素养自我培养意识，加强他们对未来职业的认识。建立形式各样的学生社团服务和实践基地，固定社团活动场所和设施，合理安排活动时间，时常开展新社团招募活动，活动的内容多种多样，指导教师经验丰富、队伍壮大，扩大学生覆盖面，增强社团影响力，重视活动育人成果，明确社团活动的目标和任务，提高社团服务水平，完善管理制度。

以“弘扬工匠精神，成就辉煌人生”为主题，通过专题讲座、职业教育活动周、主题班会、节日纪念活动、学习研讨会、社会调查和志愿服务等多种多样的形式，以及向雷锋学习、发挥学生专业技能特长的志愿服务、选拔学校技术人才等多种与专业和职业紧密结合的活动，让我们周围的榜样力量更加突出，注重利用技术专家、大国工匠、非遗技艺传承人、劳动模范、技能大赛优秀选手、优秀的毕业生等楷模的优秀事迹指引和教育在校学生。弘扬现代工业文明，传承以德为先的传统民族工艺文化，深入推进产业文化教育，使企业文化加入学校、进入课堂，切实加强职业道德教育，增强学生对职业使命、职业责任和职业理念的认知和理解，使他们形成正确的职业价值观。

学生的党建活动、团建活动也与职业素养的培养有着紧密联系。将职业素养培育工作加入团建、党建工作考核范畴中。在入党积极分子、发展对象和预备党员的培养教育和考核的要求中，以及在进行批评和民主评价、自我批评和党性分析评价等活动中，要明确职业素养培养的具体要求。业余党校和团校的教育是职业素养培养的内容之一。通过职业素养培养活动，可以丰富学生党支部、团支部的活动内容。学校和企业联合开展“党团共建基地”建设，充分发挥学生团员、党员在职业素养形成过程中的引领作用和先锋模范作用。在党团教育培训的实践环节，组织学生党团成员积极参加志愿服务、社会调查、自我管理、承诺践诺等活动，使得学生的职业素养得到全面提升。

三、情感体认

（一）职业意识

职业意识可分为广义和狭义两种。广义的职业意识是随着求职的到来而逐渐形成的心理过程，并伴随着人的成长而逐渐发展起来的。狭义的职业意识是高职学生在当前所学专业与相应的具体职业能够充分实现的情况下，对该职业的内在要求的反映。无论是广义的还是狭义的职业意识，职业意识的形成和成立都受到多种因素的影响。在各要素的综合影响下形成的一种整体性的意识形态即职业意识，它主要包括四个基本要素：职业管理意识、职业理想、职业定位和职业价值观。

职业价值观是职员对职业的一种信念或职员在职业活动中表现出来的价值取向。在选择职业时，高职学生的职业价值观从他们的个人选择标准及其对特定职业的评价就能侧面反映出来。例如，有的高职毕业生在选择职业时，一味地追求高回报低付出或是追求高的社会地位，这都反映了其职业价值观的歪曲。

职业定位是职业价值观在高职学生职业选择中的具体体现和应用，也是高职学生自身价值观的定位，主要体现在对地方、职业、职业选择标准的考虑上。例如，有些学生将就业城市定位在沿海地区发达城市或是省会城市，且定位于管理者、工程师、老板等地位高的职业岗位。实际上，这就是崇尚高社会地位的职业价值观的具体体现。在大学阶段，要帮助高职学生形成与当前社会相适应的有利于职业生涯的长期发展的正确的职业价值观和职业定位。

职业理想是高职学生人生理想的重要组成部分，也是高职学生实现个人理想的开始。职业理想在一定程度上反映了学生对未来长期职业状态的理想状态，这与现实的职业定位不同。合理的职业理想可以引导高职学生找到自身与社会的契合点，不适当的职业理想则将导致高职学生自身需求与社会需求失衡，进而导致社会就业矛盾。

高职学生对未来职业发展的总体方向和发展模式的选择即职业管理意识，以及发展风险控制的潜在认识。它也是高职学生对职业生涯长期规划的内在表现。例如，毕业生是否认识到未来职业转型过程中的转换职业和法律问题所带来的成本问题等。培养学生职业生涯管理意识，将有利于学生理性地进行就业机会分析，减少高职学生频繁地换岗位，提升他们工作的适应性和满足度。

（二）职业态度

个人对自己所从事或即将从事的职业所进行的主观评价和心理倾向即职业态度，它主要包括职业情感和职业行为两个方面。职业情感是个人对职业的情感投入和体验。职业行为是对职业对象产生的某种反应行为，是判断职业态度是否积极的直接依据。职业道德与职业态度的根本区别在于，前者强调社会的非强制性约束力，注重道德规范，关注职业人员对企业、社会和公民的道德意识。而职业态度则重在工作本身的非强制性约束力，注重职业人员在工作中的态度和精神。应以社会和企业普遍接受的态度和行为规范为基础，培养高等职业教育中的职业态度。通过与企业的沟通和调查反馈，并结合以社会主义核心价值观为基础的高等职业教育职业素质培养目标，职业态度的培养主要包括积极进取、创新开拓、吃苦耐劳、团队合作、责任意识五个方面。

在生活或工作中表现出不怕苦、不怕累的精神即吃苦耐劳。这是一个人实现职业生涯的基本条件。当前高职院校学生普遍不能正确面对基层工作的艰难困苦和疲劳，喜欢闲暇，讨厌工作，甚至因为压力大就放弃工作。这体现了在过去的成长和教育过程中，对艰难困苦和疲惫缺乏深刻的体验和正确的理解。

团队合作是指员工在工作中要相互配合、相互协作、相互支持，兼顾全局，明确工作任务和共同目标，尊重他人的工作，心胸开阔，为人诚恳，乐于配合他人一起完成工作任务。一个没有合作态度的职业人，就算个人能力再强，也很难受到组织和同事的认可。在高职教育中普遍采用小组项目式教学，以提高学生的团队合作意识和态度。

对于高职学生，特别是即将进入职场的学生来说，一项非常重要的职业素养就是责任意识。有责任感的从业人员，无论从事多危险的工作，也能降低危险发生的概率。反之，没有责任感的从业人员，即使从事安全系数最高的工作，也容易在工作中犯重大错误，发生危险，导致巨大的损失。责任意识是否强，对于高职学生的职业生涯非常重要。

积极进取则强调个人在工作中不断追求进步，不断为自己提出新的目标，面对困难时乐观积极，并为实现目标而不懈努力。目前，高职学生的总体工作态度是消极的，积极主动性差，等、靠、要的心态比较严重，严重影响了他们的职业形象和职业发展。在高等职业教育中，我们可以通过优秀人才的成长经验激发学生的自我成就感，逐步培养学生积极进取的态度。

创新开拓是指人们为了不断发展，运用已知的信息，不断打破传统，发现或产生具有社会或个人价值的新颖独特的新事物和新思想。创新是企业和个人可持续发展的核心动力。员工具有创新开拓精神，将是企业无尽的宝贵财富。高等教育应首先培养学生的创新意识，然后培养学生的创新开拓能力，直至学生具备创新开拓精神。

(三)职业精神

职业精神是指在职业活动中所表现出来的意识形态和精神状态。它特别反映了从业实践者的职业人格。职业能力和其他职业素养形成的基础和内在源泉即职业精神。高等职业教育和现代学徒制教育都要十分重视职业精神教育，这是由高等职业教育的职业性所决定的。职业精神教育可以依靠现代学徒制的组织形式，通过实践共同体的学习操作、反复的实践过程、技术的不断锤炼，以及不断的塑造和积累而形成。职业精神主要包括五个方面：遵纪守法、奉献精神、敬业精神、诚信公正、服务精神。

服务精神是在工作中表现出强烈的服务意识。它是指对工作范围内所面临的社会团体和组织具有高度的责任感，愿意站在服务对象的角度，听取意见、了解需求、解决问题。具有较高服务精神的员工往往能够得到服务对象的肯定，对企业和组织的发展具有很高的价值。在工作中表现出良好的服务精神的高职学生更容易获取用人单位的重视和信任。

我国社会主义职业道德的最高境界是奉献精神。当社会利益与局部利益、个人利益相冲突时，从业者必须把社会利益放在第一位。目前，高职学生在敬业精神缺乏的情况下，奉献精神往往也较缺失。奉献精神已成为我国社会主义职业道德培养的难点。

以尊重和严肃的态度对待自己职业的思想情操是敬业精神，主要体现在踏实工作，对本职工作专业、认真、用心、负责，责任心强。目前，敬业精神是高职学生普遍缺失的一种职业道德。部分学生轻视自己的工作，好高骛远、眼高手低，或是频繁换岗、心浮气躁、粗心大意，造成人力资源的许多浪费，也影响企业和个人的发展。

在工作中实事求是，不弄虚造假即诚信公正，以公平公正的态度处理各种事务。诚信公正是一个人的个性特征在生活和工作中的具体体现，只有具有正直人格特征的人，才会在职业中做到公正与诚信。高职学生应逐步认识和欣赏诚信公正的作用和价值，培养诚实、守信、客观、公正的多种优秀品格和处世方式。

从业人员必须遵守纪律和法律即遵纪守法，特别是与职业活动有关的职业纪律和法律法规。遵纪守法是每个公民应尽的义务，也是一种社会责任。高职毕业生不仅要遵纪守法，更要在工作中懂得遵纪守法的内涵以及具体的法律法规，时刻严格约束自己。

第二节 校企合作背景下企业文化对职业素养影响的介入

一、企业文化的含义

（一）企业文化的概念

“企业文化”（Corporate Culture）源引自西方管理学界。企业文化的概念最早于 20 世纪 70 年代初由美国波士顿大学教授 S. M. 戴维斯在

《比较管理——企业文化展望》一书中提出，但直至 20 世纪 70 年代末，在全球化的激烈竞争中，日本对美国经济的强烈冲击才使企业文化得以广泛关注。自此，西方学术界掀起了企业文化研究热潮。例如：加利福尼亚大学的管理学教师、日裔美国管理学者 W. G. Ouchi 认为，企业文化由风气与传统构成，还包含行动模式、灵活性、进取性守势等公司价值观①。美国哈佛大学教授 T. E. Deal 认为，所谓企业文化是英雄人物、文化网络、价值观念、文化礼仪及组织环境的统一体②。托马斯·J. 彼得斯和小罗伯特·H. 沃特曼认为，一个企业共同的价值观和指导理念就是这个企业的企业文化，企业文化能够使该企业各个部分互相协调，能够给企业的员工提供发展空间、平台和一展宏图的机遇，使企业员工具备崇高的职业理想和工作激情③。威廉·大内认为，企业文化存在进取性、守势和灵活性。也就是确定活动内容，收集意见再通过一定的行为模式采取的行动的价值观。企业的决策层从管理的实例中吸取经验从而提炼出了这种模式④。

国内外学者对于企业文化的界定存在一定的不同，国内学者对企业文化的界定大多比较宽泛。例如：我国经济学家于光远认为，企业文化包含五个层次，第一个层次是企业核心价值观；第二个层次是企业领导者的经营管理文化；第三个层次是提高企业员工的全面素质培养；第四个层次是企业的文化使命；第五个层次是企业领导人的战略眼光。我国文化学家庞朴在 20 世纪 80 年代提出了企业文化的“三个文化圈”理论，这一理论认为企业文化包括三个层次的同心圆，即制度文化、精神文化

---

① W. G. Ouchi. *Theory Z: How American Business Can Meet the Japanese Challenge*[M]. Reading, M A: Addison-Wesley, 1981: 38.

② T. E. Deal, A. A. Kennedy. *Corporate Cultures: The Rites and Rituals of Corporate Life*[M]. Reading, MA: Addison-Wesley, 1990: 52.

③ 托马斯·J. 彼得斯，小罗伯特·H. 沃特曼. 成功之路——美国最佳管理企业的经验[M]. 北京：中国对外翻译出版公司，1985.

④ 威廉·大内. 美国企业界怎样迎接日本的挑战[M]. 北京：中国社会科学出版社，1988.

和物质文化。中国社科院刘光明教授认为：企业文化是一个企业在从事经济活动的过程中形成的组织文化，这种文化包含的理念、行为准则和规范等物质和意识形态都被企业的成员共同认可。国务院国资委在2005年发布的《关于加强中央企业企业文化建设的指导意见》一文认为："企业文化是一个企业在发展过程中形成的以企业精神和经营管理理念为核心，凝聚、激励企业各级经营管理者和员工归属感、创造性、积极性的人本管理理论，是企业的灵魂和精神支柱。"工商管理学者颜坤认为，企业文化的理论起源于人们在社会发展的过程中对其自身的本质产生的认识，是人文主义、以人为本以及对幸福的追求等在经济、社会发展过程中的要求与体现。企业在生产和发展过程中形成的物质文化与精神文化的总和即广义的企业文化，主要包括无形的非物质文化、难以培养和明确的物质文化。在广义的文化理论中，企业文化是与企业的物质生产过程和物质成果密切相连的。因此，企业文化不仅是指无形的非物质的意识，而且应包括物质文化，如经营环境、生产产品、服务、规章制度、组织结构、公司经营哲学理念、历史沿革、外部和内部的沟通方式等。而狭义的企业文化则是指公司意识、观念和适合的行为模式。就狭义的企业文化而言，价值观是系统和公司的价值体系的基本与关键，是企业的精神支柱，通常以非物质形式呈现，包括信仰、精神、道德标准、思维方式等方面，都会对企业发展产生深远的影响。

国内外对企业文化的界定虽然不同，但从中仍然能找到具有共性的要素。一是企业文化受企业发展的影响，形成于企业长期的经营活动之中；二是不同的企业有各自不同的文化特点，受行业、环境、地域等影响，各有不同；三是企业文化体现了企业的管理者的思维方式和发展要求，更是与企业的发展战略相互影响；四是企业文化被大多数企业员工所认可，体现了企业的共同价值观，并在工作中对员工产生潜移默化的影响；五是企业文化是企业规章制度在精神层面的一种体现①。由此可

---

① 陈悦．CC汽运公司战略转型期的企业文化优化研究[D]．广西大学，2018.

以归纳出，企业文化主要是企业的战略和发展意志在精神层面的体现，具化在日常的工作中，得到大多数员工的认同，对员工的工作和企业的发展都有深刻的影响。

总之，随着经济、社会的发展和企业文化理论研究的不断深化，国内外学者结合企业实际发展的过程，不断从各个角度提出对企业文化的观点和看法，丰富企业文化的含义认识。

结合国内外学者对企业文化的研究，笔者认为企业文化是企业在特殊的历史文化以及社会背景下，从创立期起经过长时间的积累和沉淀所形成的与企业自身特点相符合的精神文化财产和它所表现出来的物质形式。企业文化是企业在发展过程中，由产品市场、地域文化、企业领导风格、管理理念等综合因素作用影响所形成的，由企业人员共同认同和遵循的理念和原则，包括了核心价值观、行为规范、愿景使命、管理原则、制度纪律等。体现在外部的是公司的品牌宣传、形象设计、规章制度、管理机制、员工行为等。

（二）企业文化的内容

当前，大多数学者认为企业的精神理念和价值观是企业文化的重要部分，从内到外逐渐辐射散开，即精神层面向物质层面，由观念、心理层面向行为、物质层面的渗透过程。各国专家、学者对企业文化的内容结构主要有两种不同观点，有的按其深浅程度将企业文化划分为物质层、行为层和核心层三个层次，还有的将企业文化划分为精神层、物质层、行为层、制度层四个层次。结合当前研究对象的发展，笔者更倾向于四层次说，认为企业文化主要包括精神文化、制度文化、行为文化和物质文化四方面内容。

1. 精神文化

核心层次即精神文化是企业文化建设的最基础部分。企业的精神文化作为一个企业内被大多数人接受的价值观，是在环境、行业等多种要素的长期共同作用下、在企业的经营过程中逐渐形成的；是在一定意识形态和社会文化背景日复一日的影响下形成的一种文化观念和精神成果。通常包括企业经营哲学、企业使命、企业精神、企业道德、企业价值观念、企业愿景等方面内容，从而形成企业意识形态综合体。企业的精神文化降低了企业组织结构的随意性和不合理性，减少了员工的流动性，引导其他层面的文化建设工作的进行。

2. 制度文化

常言道“无规矩不成方圆”，不间断有效的管理是企业长期发展的保证，而适合的规章制度则为企业的管理提供了依据和指向。为实现企业发展目标，对全体员工日常行为进行限制的文化，是对员工共同行为具体的要求和规范，其体现在管理规范化的程度。依据自身企业经营目标，对企业全体员工进行行为限制的文化是强有力和具有共性的行为规范，具体内容包括奖惩制度、企业考核制度、企业纪律规范、企业操作流程手册等。企业制度是关于企业组织、运营、管理等一系列行为的规范和模式。企业全体员工在企业生产经营活动中需共同遵守的规定和准则是企业制度体系，让员工知道什么事情该做、什么事情不该做、什么事情该怎么做，严谨全面的制度体系可以对员工产生强制性的约束效果。

3. 行为文化

企业的行为文化作为企业文化体系中的幔层文化，表现为员工在日常工作中的共同行为方式，具有动态性。因为它是在生产经营、学习娱乐和人际关系中产生的活动文化，包括企业经营、文娱活动、人际关系活动、教育宣传中产生的文化现象，也包括员工行为规范、企业人际关系规范、公共关系规范、服务行为规范等。这些行为方式是企业经营风格、精神面貌的动态表现，良好的行为文化能够在潜移默化中影响员工的价值观，调整员工的努力方向，使之逐渐与企业的发展方向相一致，有利于企业和员工的长远发展。

4. 物质文化

物质文化是企业文化的物质基础，是企业文化中的表层文化，是企业文化的外在表现载体，是各种物质设施构成的器物文化，是显于外的、可触可见的，影响着人们对于企业的形象的直观感受，在不知不觉中对员工的认同度和归属感产生影响。它主要包括企业生产的产品和提供的服务，还有企业建筑、产品包装、企业广告、工作环境等可直接视觉识别的内容，塑造出企业的品牌形象。其中，企业外在特征形象，包括企业的营业环境、门面、广告、招牌、徽标、服饰、商标等的外部形象特征，给人以直观印象感受。企业内部特征形象，包括资本实力、企业人员素质管理水平、生产经营能力、产品质量等内部要素的集中体现，通过对员工的培训、教育和宣传产生影响，以此体现全体企业员工的精神风貌。企业还可通过公关、电视、广播、报刊、客户口碑等塑造企业形象。

（三）企业文化的功能

企业文化是公司非常重要的无形资产，合理完善的企业文化是一个企业健康长久发展的重要保证。一般来讲，企业文化具有引导、约束、凝聚、激励、辐射等功能。

1. 引导功能

企业文化不仅有利于企业发展的最高目标和长期业务目标的确立，还能将员工的个人目标与企业的目标相结合，对企业和员工的共同发展更有利。优秀的企业文化就如同黑暗中的灯塔，为员工的思想行为引导方向，使员工在不知不觉中按照企业文化所倡导的方式对待工作，再一步一步慢慢地影响员工的价值观，让其逐渐与企业的整体价值观趋于一致。与企业发展相适合的企业文化会帮助企业快速发展，提升核心竞争力，在成功的道路上快速前行。

2. 约束功能

企业文化作为被全体员工都接受认可的一种价值观念，会使员工自觉地通过其对自身的行为进行约束，使企业制度的硬性管理变成企业文化的软性管理，违反这种行为模式和价值观念的员工就会遭到谴责，遵守这些模式的员工则会得到接纳和赞扬，从而对员工行为形成了一种隐形的规范。企业文化的约束功能主要体现在道德准则、规章制度和企业管理方面。其中，企业的规章制度约束效果更加明显和强烈，共同的企业价值观、伦理道德、哲学理念和共同的目标也对员工形成了看不见的约束。

3. 凝聚功能

企业文化具有黏合剂的功能，它会在思想、感情等方面凝聚员工，形成强大的凝聚力和向心力。企业文化通过逐步建立起全体员工的相同价值观和精神理念，将员工凝聚在一起，形成凝聚力和向心力，它会把员工的思想行为聚合在一起，协调一致，强化整体效应，加强企业的竞争力。

4. 激励功能

管理层了解员工的基本情况和员工的需求，帮助员工解决工作和生活中遇到的困难，让员工分享企业发展的成果，进而让员工更好地为企业服务。在企业中树立先进人物、传播典型经验，通过示范引领将企业文化根植于每位员工的内心深处，激励员工发挥更大的创造力。企业文化的激励作用除了通过企业愿景对员工形成精神激励，也通过完善的制度文化对员工形成物质激励，双管齐下，才能使员工接受并遵守企业的价值观，在工作中更积极地发挥主观能动性，实现双方的共同发展，才能使企业内部各部门和所有员工的积极性被激发出来，成为企业发展的巨大推动力。

5. 辐射功能

企业文化不仅可以在公司内部发挥作用，对公司员工产生一定的影响，而且还可以在公司外部产生作用。比如，通过企业产品、标识、建筑、服务、广告、企业领导、员工行为将企业文化理念传递给社会大众，通过了解企业价值观背后的不同和企业的特点，加深对企业的认识。优秀的企业文化能把企业积极向上的精神状态和优良作风辐射到企业外部，对整个社会的精神文明建设以及社会风气的改良产生深刻的积极影响。企业文化的传播和辐射功能对公司的形象塑造具有积极影响。

（四）企业文化的内涵

1. 企业文化的核心是企业精神

一个企业在一个长期的发展过程中所凝练出来的、为所有职工普遍认同并彼此产生情感共鸣的核心价值观即企业精神。企业精神是企业的一面旗帜，能够在共同的价值观和理想追求下将全体职工凝聚起来，最大程度地发挥人的主动性和积极性，引导他们形成主人翁责任感和社会责任感，从而促进企业和社会的发展。

2. 企业文化的根本要求是提高员工的整体素质

当今，市场经济的竞争说到底是人的素质的竞争，企业职工不仅是企业的直接生产者，更是推动企业走向现代化的重要力量与国际化的基础。伴随着市场化和信息化的发展趋势，企业自动化程度的提高需要有一支掌握最新科学技术、具有一定创新能力的高素质的职工队伍，否则再先进的技术设备也发挥不出其应有的作用。

3. 企业制度规范是企业文化的重要内容

一个企业要长期生存和发展，就要讲长久机制，就必须加强加固制度建设。要以企业核心价值观为导向，制定完善的管理体制，使员工的日常行为符合企业精神和企业理念。例如海尔集团的日清日高管理法就是一个成功的企业管理典范，经过坚持不懈、认真对待，使管理制度从最初的强制到最后成为员工的自觉追求。

4. 质量信誉意识是企业文化的主题

企业的宗旨是“以质量求生存，以信誉求发展”，一些知名企业之所以多少年来都能得到消费者的信任，能够做长做久、做大做强，能够走出国门、走向世界，就在于它们始终将企业的信誉和产品质量放在首位。一些企业起步阶段发展态势很好，但是在发展过程中逐渐降低了对质量、信誉的要求，最终导致被市场所抛弃，因此，要用长远的眼光来狠抓产品质量和企业信誉，只有这样才能始终获得消费者的青睐，为企业的发展壮大奠定坚实的基础。

二、企业文化的价值诉求

(一)提高工作效率

企业文化决定了企业的基本信念、精神面貌、道德规范以及价值观念等，因此，以企业文化作为企业管理工作中的指导思想，能够有效提升企业员工队伍的工作效率和凝聚力。企业的主要任务和发展方向，就是在降低自身生产成本的同时提高生产效率，实现经济效益的最大化。企业在管理工作中体现以人为本的理念，可以让企业员工树立和企业共同的发展目标，进而不断努力工作，在企业中能够创造出一个良好的工作氛围，在拉近企业员工与企业单位之间关系的同时，也能够有效提高员工的工作效率和工作质量。

每一个企业在发展的过程中都会产生不同的性质、目标以及发展方向等一系列发展问题，所以，每一个企业的企业文化都会略有不同，它们都具有相对独立发展的特性①。例如，服务行业注重的是客户的满意程度，所以，其企业文化中体现更多的是礼仪文化、诚信文化、服务文化。身处服务行业的员工深知自己工作的本质，所以，他们在工作的过程中会更加关注客户的意愿与情绪，尽量为每一位客户带来快乐的消费体验。而设计行业注重的则是产品的开发，所以，其企业文化中体现更多的是协作、创新、发展。身处设计行业的员工会根据本企业的文化性质，更加关注产品研发的目标受众，根据目标受众需求，尽量设计出令他们满意的产品。符合企业发展方式，减少企业管理环节，员工在领悟企业文化的真谛后，可以更好地完成本企业的工作任务。每一个企业在发展的过程中都会产生自己的文化，企业文化在不断创新发展的基础

---

① 赵凯卉．企业文化创新对企业管理创新的影响力[J]．中国市场，2018(24)：169-170.

上，会改变员工的思想观念，使其企业整体发展目标与个人发展目标保持一致，与企业发展状况紧密联系在一起。当员工将自己的利益与企业的利益紧密联系在一起后，就会更加积极努力地工作，并产生一种不断提醒自己尽量完成工作任务的思想。这种思想是自我管理能力提高的表现，在不需要任何同事提醒和帮助的前提下，尽自己所有的努力完成工作任务，可以减少工作人数，缩短原有的工作时间。自我督促、自我管理的思想意识大大地提高了企业的工作效率，使企业可以在缩短工作时间的基础上，以更加优质的质量完成现有的工作任务。

（二）提高忠诚度

企业员工对企业表现出来的行为指向和心理归属感即企业员工的忠诚度。员工的忠诚度是衡量企业与员工关系的一个重要标准。一般而言，员工忠诚度越高，表示员工与企业的关系越好。员工对企业的忠诚表现在各个方面，首先是对上级的忠诚、对供职单位的忠诚，从言行上、思想上和行动上都能够积极主动捍卫企业利益。其次是对整个企业发展的关注和挂念，员工发现经营中的弊端和问题积极向上级提出建议，坚决遵守企业风纪，绝不违规操作，不做违法违纪的事情，对企业内部和涉及企业发展利益的不良风气勇于发声、敢于制止，将企业的长远发展放在比自身前途更高的位置，在关键时刻甚至能够主动牺牲自身利益来维护企业利益。

企业若不能建设较好的企业文化，就会导致员工的价值观与企业的整体价值观相悖，和同事无法进行良好的协作与沟通，进而影响员工对企业的情感。员工长期处于这样的状态中会不断减少其对工作的激情和对企业的归属感，内心甚至会对工作岗位产生反感，难以创造更多的价值。同时，部分企业对培训不够重视，导致员工的专业能力、技术水平难以得到提升，进而使其对所处的工作环境热情减少，忠诚度降低。

一般来说，比较看中企业文化的宣传和建设的企业是优秀的企业，能够通过和谐的工作环境、温馨的内部氛围激发全体员工对企业的认同感，使企业精神、企业文化成为刺激员工忠诚的精神动力，直接提升员工对企业的忠诚度。因此，企业文化的建立对员工的忠诚度有着重要影响，集中表现在员工对企业的认同和归属感上。企业文化在构建的过程中要以激发员工爱岗敬业精神、促进员工对企业的忠诚作为重要方面。这样，才能减少企业人员离去，节省企业的相关成本，使得员工队伍保持稳定，并在日常工作中积极为公司作贡献，自觉维护公司的利益和荣誉，进而提高企业核心竞争力，实现企业稳定、健康、可持续发展。

（三）提高工作质量

被动地工作与主动地完成任务会取得两种完全不一样的工作效果。如果员工以高昂的工作热情积极主动地完成现有的工作内容，那么，完成此项工作内容的质量一定会比强迫被动地完成工作内容的质量高出许多，从而大大地提升了员工的工作质量。企业通过企业文化在社会上树立的良好企业形象，可以更加直接地激发员工对于企业的归属感和自豪感，从而全身心地投入工作。在企业发展中，企业文化起到了积极引导员工主动完成工作任务的作用，方便了企业的管理，使员工在有限的时间内高质量地完成了工作任务。企业通过向员工介绍自己的文化内涵，使员工慢慢地了解企业内部的主要工作理念、工作内容、工作方式，了解企业内部的发展模式与运营机制，使员工对企业的内部运行与发展前景有一个明确的概念，从而可以更好地加深员工对企业运行管理规则的了解，促进员工对企业未来发展的信心，加强员工与企业共存亡的信念。在员工了解企业文化后，就会下意识地按照企业的管理方式工作，工作的方式方法也会慢慢地趋向于企业的整体管理办法。员工们按照企业的发展方向所完成的工作任务将大大提高企业的工作质量，使企业的工作内容在合理、合规的基础上保质保量地完成。

(四)提高创新能力

企业发展永恒的主题是创新，有创新才会有进步。在知识经济时代，创意和知识已经成为企业更有价值的生产力。企业员工必须具备较强的开拓创新能力，这是企业在激烈的市场竞争环境中获得先机的奠基石。社会环境和商业环境的变化太快，也越来越复杂，要适应复杂不同的环境并在竞争激烈的经济市场上存活下来，就需要不断地进行创新。然而，现阶段高职学生在职业素养上没有这种能力，容易被工作岗位上突然出现的困难挡住，没有克服困难的意志力，更不具备创业的基本条件。优秀的企业文化能激发员工的创新精神，鼓励员工继续前进，缺乏努力创新的意识只会阻碍公司的进步。原有的企业精神中的奋进精神在过去依靠劳动密集和通过加大劳动量来增加产出量的时代，确实指引员工为了企业的发展艰苦奋斗、拼搏奋进，做出了一番成绩，但是现在仅仅依靠增加劳动的粗放式的努力方式已经不能应对现代化的竞争了，变“力敌”为“智取”就需要提高企业的创新能力，不管是经营方式、战略管理、制度设计还是服务方式等各方面都需要不断推陈出新，适应时代和环境的发展，方能使企业保持长久的生命力。因此，创新能力的形成成为新形势下高职学生职业素养培育的重要目标。

因此，在技术创新的信息时代，企业要想实现进一步的飞跃，就必须培养员工的创新能力，不管是基层员工还是管理者都需要及时学习和了解行业的最新动态和最新的科技发展，创新技术，创新思维，在行动中创新，让员工不断探索工作的新思路和新方法，将创新运用到实际的工作中去，鼓励全体员工不断获取新知识，提高技能水平，跟上时代的步伐，让创新的因子渗透进每个员工的思想观念里，进而能够有效提高企业的管理水平以及经济效益。以创新为动力的企业才能在竞争日益激烈的环境中生存下去。对高职学生创新能力的培养也是学生职业素养培育可持续性发展的体现。

三、企业文化对职业素养影响的介入

伴随着国家对职业教育不断的投入和关注，高职院校在课程改革、实训基地建设、专业建设等方面都得到了显著的提升，对学生掌握职业技能的重视程度也达成了共识。但是现代企业所需要的人才规格已不仅强调具备会动手、能操作的职业技能，还更加注重员工具备追求合作、求真务实、理解和认同企业文化、爱岗敬业、遵纪守法以及可持续发展能力等职业素养，企业对后者的关注度甚至远远超过前者。现今的实际情况是：职业教育经过多年的发展，高职毕业生的职业技能基本能满足用人单位的需要，而工作拈轻怕重、诚信意识淡薄、缺少敬业精神、忠诚度低、就业取向功利化等职业素养的不足已经成为制约高职毕业生发展的重要因素。而企业文化的建设也逐渐从多方面对职业素养的培养产生影响。

企业文化是一个企业在自身发展过程中形成的以价值为核心的独特的文化管理模式，也是一种凝聚人心以实现自我价值、提升企业竞争力的无形力量和资本。企业文化氛围虽然不能直接产生经济效益，但它是企业能否持续发展的一个关键因素，是吸引人才并留住人才的重要因素之一。在与高职院校进行校企合作的过程中，企业员工诚信服务的经营理念、分工合作的协作精神、认真负责的工作态度、公平竞争的竞争意识等良好的文化氛围，能通过员工潜移默化地熏陶传递给学生并渗透到学生的思想中，给学生增加职业认同感和工作责任感，帮助他们树立正确的人生观和价值观，从而提高职业素养。

(一)企业环境影响的介入

学生的职业素养培育在“学校本位”的高职教育中，主要是以班级和宿舍为单位，通过思想政治课、校本课程、班级活动以及社团活动等培育介体展开，其中思想政治课与校本课程是最主要的介体①。而在校

① 韩学芹．现代学徒制模式下高职学生职业素养培育探赜[J]．学工视窗，2016(535)：69-92.

企合作的教学模式中，学生在企业与学校间定期轮换，介入了企业文化，打破了当前“学校本位”的职业素养培育模式。高职院校培养的学生不单单是高技能人才，更是符合企业需要的高素质人才，这是高校的培养目标，也迎合了社会发展的需求。因此，吸收和融合企业文化中的优秀元素，职业素养教育对高职院校是绝对有必要的。只有将企业文化与高职院校的职业素养教育切实融合起来，才能探究出企业的真实需求，才能传递企业文化的内涵，才能培养出学生自豪、学校骄傲、企业欢迎、社会期望的高素质、高技能人才。当然，在将企业文化引入学校的时候，也要对企业文化进行筛选，同时进行自我凝练，吸取适合学生发展的精华，为学生今后更好地融入企业打下基础。

职业性是高职教育的首要特征。其根本目的在于为行业、企业服务，培养高素质技术技能型人才。高校需要与行业、企业开展深层次合作对接，调整和完善人才培养方案，以提高人才培养质量。高职教育强调理论与实践相结合，校企合作、工学结合的人才培养模式有助于学生职业素养的培养，学生通过“职业人”的工作实践，接受真实环境下的职业训练，提高对职业的认知。在此环境中，学生的职业素养得到有效提升①。因此，企业文化环境对高职学生职业素养的形成也具有促进作用。

高职学生到企业顶岗实习、工学交替、假期实践或社会锻炼，在实际工作中，实习学生要接受学校教师和企业导师的双重教育、指导与管理，通过现代企业文化的精神、内涵、要求和企业的管理制度来加强团队合作意识，树立正确的就业观念、价值取向、择业标准，树立强烈的事业心和高度的责任感，增强适应能力和生存能力，实现人生价值，从而利用企业环境资源来提高自身的职业素养。

---

①　符强．双主体育人模式下高职学生职业素养培养研究[J]．机械职业教育，2019(1)：39.

（二）企业人才需求影响的介入

随着企业规模的不断发展，规范建设、团队合作、项目建设、特色培育、创新创意等成为员工工作的重点，人才的重要性也因此更加凸显，可以说人才是决定企业未来发展的内生动力。企业希望毕业生不仅要有过硬的专业技术技能，还应具备良好的职业素养，具有可持续发展的能力，以及对行业、企业的文化认同感和价值认同感。这就要求高校着力提高人才的综合素质能力，发挥企业的育人功能，将企业的先进文化理念、优势教育资源等融入校企合作教育中，增强学生的认同感、成就感、归属感，提高企业对人才的满意度，从而促进校企之间的良性互通。

企业的用人标准在不断地发生改变，对从业人员的职业素养要求也越来越高，高职院校应深入企业，了解和吸取企业的先进文化，掌握企业的需求，制定完整的人才培养方案。在学校的教育教学中，通过校企合作、工学结合等模式，重点培养高职学生的责任意识、人际交往、敬业精神和团队合作等职业素养的隐性要素，这不仅是企业对职业教育人才培养的新要求，也是高职学生增强就业竞争力的关键。

（三）企业师资影响的介入

校企合作中应主动吸收和利用企业师资资源。高校可以邀请企业管理人员共同开发校企合作项目，联合企业技术人员开发核心技术课程，请用企业师资承担专业课、实践课程等教学任务。在校企订单班中实施双导师制，为订单班中的每一位学员指定学校和企业专业导师。校企合作师资共享可以有效解决高校课程教学中理论知识偏重、实际案例缺乏、学生接受程度有限的问题。企业人员在教学中展示良好的职业技能、职业行为，成为学生学习的表率，有助于学生产生职业感悟、激发职业热情、提升职业素养。师资共享对企业而言也是有所裨益的。一方面，企业派出的兼职教师可以充分展示推广企业价值理念、文化特色，为后备人才培养打下良好的基础；另一方面，校企双方的师资共建，将逐渐形成一支科学规范的师资队伍，服务于客户群体的培训教育、企业内部员工的技能提升等。

学校从企业引进的专业技术人才和高管经过漫长企业文化的熏陶以及现代市场经营的洗礼，逐渐形成了较高的职业素养，自身所具备职业素养的影响力和重要性就更重要了。陶行知先生曾说过：“德高为师，身正为范”，强调身教重于言教，教师的职业素养对学生的影响是耳濡目染、潜移默化、受益终身的。在专业课程和实践教学过程中，他们身上所具备的从实际出发、专注细致、精益求精的职业素养会慢慢地影响学生，这种影响比在人才培养方案中单独地增加职业素养的课程更快、更简单、更重要、更有影响力、更易于让学生接受。

(四)企业管理制度影响的介入

借鉴优秀企业的文化管理模式，将企业文化引入学校各个场所，例如应用于实训场室、学生宿舍、图书馆、上课教室、食堂等公共场所。一方面可以在这些场所贴上职业素养宣传标语，让学生的感官都沉浸在这样的氛围中，随处可以看到；另一方面要在这些场所实行企业化管理。5S(整理、整顿、清扫、清洁、素养)是现代企业比较推崇的管理模式，它的确能提高工作效率，为企业降本增效。因此，在学校的公共场所中实行5S管理也可以得到良好效果，比如在实训场室中，营造整洁干净的实训环境，规范实训物资的摆放；在学生宿舍中，开展宿舍文化月、宿舍卫生检查、星级文明宿舍评比等活动；在图书馆、食堂等场所中，强调安静、整齐、自助的行为守则，通过强调这些日常生活规范，培养学生爱护公物、规范作息、崇尚文明、遵守规则、严谨求实等职业素养。

第三节　校企合作背景下影响职业素养有效形成的因素构成

大力积极推进素质教育，全面提高职业院校学生职业素养，是经济、社会进一步可持续发展的必然要求。当然，影响学生职业素养的原因有很多方面，既有政府和社会层面的，又有院校本身的原因，当然也有教师层面的原因，以及企业层面的原因。全面提升职业素养的措施也不应是唯一的，期望毕其功于一役，结果只能是欲速不达。弄清影响职业素养有效形成的因素构成，才能为找到有效提升高职学生职业素养的路径提供有价值的建设性思路。

要想有效地培养职业素养，必须先弄清楚职业素养的形成机制究竟是怎样的。职业素养的形成，其实就是将职业院校学生培养成社会所需求的人的漫长过程。因此需要尊重职业素养形成和发展的内在规律。期间，职业院校学生的职业素养形成情况，不仅依赖于职业素养培养方法的有效性、合理性，同时依赖于职业院校学生在接受职业素养教育时的身体和意识状态。因此，我们需要综合掌握这种内外的相互作用和关联。既要认同和发挥外界环境因素对个体职业素养形成的影响作用，又要了解职业素养形成过程中“内因”的决定性作用，弄清楚主体内部因素在处理外界影响时内部形成机制是如何运作的。两个转型势在必行：一要将职业素养内容如职业理想、职业意识内化成职业院校学生自己的思想观念和职业理念；二是将职业院校学生的思想观念转行为外部的行为。所以，在分析影响职业素养有效形成的因素构成之前，首先需要探讨职业素养形成的教化机制与内化机制。

一、教化机制与内化机制的内涵

（一）教化机制——职业素养培养的前提

美国心理学家费斯汀格指出：“人类在认知上有力求一致的现象。

当自己的认知与外界出现差异时，人在心理上就会不自觉地产出不平衡感。”①外界刺激与自我的观念相违背，自我的心理失衡现象就会越明显，想要与外界人群达成一致的意愿就更加强烈，因此也会更愿意放弃最开始的观念，吸取新理念。因此，职业院校学生职业素养形成的先决条件和必备条件就是专业文化课。专业课程教学应该体现职业素养的内容，如果只注重专项技能训练，把整个操作流程分解成单个工序，一段时间内只对其中一道工序加以强化训练，那么最后得到的只是技能的熟练性，对于其中蕴涵的职业素养却很少触及。杜威也曾经指出：“训练考虑的是外部行为的变化，而不是社会理智的形成。”人们可以通过压迫一个孩子的颈部肌肉训练一个人学会鞠躬，但是可以说这个孩子没有受到教育，因为他并不理解鞠躬的社会意义，而只获得了机械的肢体动作。教一个孩子学会鞠躬，其中应包含使孩子形成对鞠躬的社会意义的认识。职业院校中诸如心理教育、法制教育，或是思想政治教育等不能代替职业素养教育。通过其他途径，像班级组织的各类活动或课外活动等进行的教育数量少且效果不理想。

因此，经过教化可以让职业院校学生对职业素养有思想上的认识，有了理论才能对自身的职业活动进行指导。而教化是指培养者按照当下的社会要求将一定的行为规则和教育内容通过有效的方式传授给培养对象的过程。通过感化和教育，教导对象为社会所肯定、所认同。教导对象既能理解，又可接受，为后续其内化机制的有效形成作好铺垫。

（二）内化机制——职业素养培养的关键

通过教化机制将职业素养内容传授给职业院校学生之后，如何将职业素养内化便成为最核心、最关键的一步。内化作为主体形成职业素养的根本途径，使一切外在的客体为主体所掌握，都要经过主体已有的心

① 杨玉芹．从职业能力到职业素养：当代职业教育发展的价值超越[D]．渤海大学研究生院，2012.

智结构(包括已经内化了的观念、知识及思维模式等)的筛选与转换。简单地说，凡是外部客体的东西转化为内部主体的东西就叫内化。

1. 素养内化的理论依据

我国著名教育家王守仁认为，学习知识要有认知消化的过程。正如把学习比作吃饭，只有得到消化，才能长成发肤。不然，堵在肚里，身体就会不舒服。学习也是同样道理，只有内化为自己的东西，才能变成无形的财富。不然，“博学多识，滞留胸中”，只能会得“伤食之病”，学了反而有害。辩证唯物主义理论认为：“外因是变化的条件，内因是变化的根据，外因通过内因而起作用。”“条件—根据”的相互关系指出：“在培养对象的成长发展中心理内化的必要性，切实解决了内外因的关系。”苏联教育家赞可夫指出：“应该以最好的教学效果来达到学生最理想的发展水平。”这里他所谓的发展就包括观察力、思维能力、兴趣、意志情感、性格等各种心理因素的发展，并且他认为教育与心理发展都是不可缺少的。在教育、教学过程中，无论教育者有没有注意到，教育对象在消化知识的同时内在意识也在微妙地发生改变。

2. 素养内化的实质

素养内化论教育思想的核心是，行为主体只有不断地把外界客体的事物转化为主体自身的事物，才能算是教育活动中真正意义上的行为主体。素养内化论强调培养对象的素养是由外界的客观事物转化的，缺少这种转化就构不成真正意义上的素养形成。因此要使素养教育切实起到作用，应该做到让培养对象自觉有意识地完成心理内化，而素养内化的实质就是要使培养对象获得生存和发展的能力，将学科知识结构、伦理道德、操作技能、团队精神和创新能力等转化为自身的素质，争取让自己逐渐成为社会发展所需要的人才。

3. 职业素养内化形成的条件

要想使职业素养教育得到内化，培养对象就需要认可职业素养教育的相关知识和内容。要想使培养对象认可职业素养教育知识内容，对其职业意识的培养与提高是关键。职业意识并非一出生就有的，它是在职业活动中对功能感知和职业价值的作用，从某种意义上可以激发出人们的职业素养意识需求，并且作为一种日常需求进行模式化，慢慢地便会自觉形成一种利用职业素养的无意识习惯。这样，培养对象对职业素养的被动利用就会转换成主动要求，而且当他们真正把职业素养当作隐形的财富时，其职业素养的初始形状就会初步形成。培养对象的职业意识越强，就越会要求培养者尊重他们的人格特征和意志力，有任何的忽视或者轻视都会让培养对象产生心理抗拒。因此，培养者必须学会利用培养对象的心理特点和发展规律，有选择地选取教学内容、教育方式方法，并且持续融入当下的教学内容，运用复合式教学方法和教学内容，有效地与之融合，起到教学相长的效果。

职业素养过程中的教化作用和内化作用就像是一枚硬币的两个面，有着不同的效果。强调职业院校如何将职业世界中的职业素养转化为职业院校学生的自觉行为即教化作用；内化作用则说明培养对象要么主动要么被动地将职业素养当成自己的理念和行为。教化和内化运行的理想状态是表现在同一时期，前者是后者的基础，内化机制可有选择性地接受教化机制的知识和内容。两者在职业素养培养过程中诸如明辨是非、知其理中都是不可缺少的。没有内化机制，职业素养培养的效果和目的就不能得到根本实现；同样，没有教化机制，培养对象就没有办法接受系统的职业素养的教育内容，或者真正完成内化。二者前后相继，是职业素养达成的基本内容和基本要求。

在理解了教化机制和内化机制之后，再来分析校企合作背景下影响职业素养有效形成的因素构成就简单多了。“产教融合、校企合作”是职业院校进行应用型人才职业素养教育的突破口。在国家大力提倡“产教融合、校企合作”的背景下，职业院校和企业之间的合作就更加频繁深入了。职业院校更加注重按照行业标准来培养企业所需要的人才，企业也更加重视深层次参与职业院校人才培养。在“产教融合、校企合作”的实践过程中，学生将有更多机会进入真实的职场，为其提升“软实力”提供了机会。在校企合作基础上，可以分别从教化和内化两个方面来分析影响职业素养有效形成的因素，其主要包括具有能动性的主体性因素、具有保障性的客观性因素和具有隐喻性的媒介性因素。其中，对职业素养形成具有能动性影响力的主体性因素包括学生、教师和企业师傅三个主体；对职业素养形成具有保障性影响力的客观性因素包括课程设置、学习情境和学习条件三个方面；对职业素养形成具有隐喻性影响力的媒介性因素主要包括实践场所、交往人群和管理制度这三个媒介性因素。

二、对职业素养形成具有能动性影响力的主体性因素

（一）学生

高职学生是职业素养形成的主体，并且根据人本主义教育思想理论，学生是具有直接的主观能动性的人，因此高职院校应培养学生自觉树立自我教育意识。高职学生职业素养自我形成的第一步是职业意识，即学生在校期间通过认识自己的个性特征和个性倾向，清楚认识到自己的优势和不足，并结合外界环境，确定自己未来的发展方向和就业行业选择范围，对自己的未来有意识地作出规划。高职学生要有意识地加强自我修养，在思想、意志、体魄、情操等方面进行自我锻炼，培养良好的心理素质，增强应对压力和抗挫折的能力，善于从逆境中寻找契机，发挥主观能动性，自觉形成实现个人发展所需的职业素养。学校、企业和教师都应该引导学生积极发挥主观能动性，通过内化机制，自主积极践行高职院校职业素养的形成。

在对高职院校学生进行问卷调查和访谈时发现，当前高职院校学生还是有其稚嫩的一面，很多学生在思考问题时过于浅显、表面，他们经常会感到迷茫，不知道自己未来的路在哪里。例如，在访谈结束后，有学生联系到笔者，向笔者倾诉他们学习与生活过程中遇到的问题与挫折，他们难以平衡学习和生活，产生很多消极情绪，缺乏走出更广阔范围的勇气，也缺少向书本知识学习、向实践求真知的过程，缺乏基本的

独立思考能力和自我认知能力。如此种种皆是因为高职院校学生尚且处于人生观、价值观、世界观还有待发展的过程中，导致认知受限，缺乏自主应变的积极性。学生尚未拥有以职业为导向，面临复杂情境解决问题的职业素养能力。

学习不仅仅是获取，更是一种创造和构建个体自身与组织发展的过程。学生职业素养的形成以及对职业价值的认同，都需要在具体的做事过程中一点一滴地、逐步地来形成。命令式和强加式的教学方式效果不佳，只有激发学生的自主性才能达到良好的教育效果。将立足于学生自身成长、反映学生群体认同和谋求职业发展的意愿，更多地注入教学过程中，纳入校企合作的培养体系当中。在职业素养教育过程中，要搭建学生成长和职业发展的立交桥，体现出更多的人文关怀。在实施职业素养教育的过程中，注重学生内化式的自主性特别重要。

高职院校虽是学生职业素养培育的主阵地，但是学生职业素养的培养教育是双向的，学生不能仅仅被动地接受教育，而应该在自我管理中，主动培养自己的职业道德、职业技能、团队合作精神、诚信意识、人际交往能力等，并积极投身到社会实践中，感受到知识的力量，成为职业素养培养的主人。因此，高职学生职业素养培育也要与时俱进，不仅要适应社会发展，还要提高自主学习的能力，在自我管理、自我教育中使自身的职业素养自然形成。

首先，高职学生应客观地制定好职业生涯规划，这是学校开展职业教育与学生自我教育相结合的有效载体。每个学生都应树立正确的人生观、价值观，了解当前就业形势，认真分析自身的特点，正视自己的能力，找准职业方向，根据自己的动机、兴趣、需要和价值科学地规划自己的职业生涯发展，明确人生阶段性任务，并贯穿到在校学习的过程当中。职业生涯规划虽然缺少实践的支撑，但是职业生涯规划是学生自主培养职业素养的切入点，它明确了学生的发展目标，在目标实现的过程中，努力培养实现目标应具备的各种能力。学生通过规划自己的职业生涯，为自己构建了能力框架，提高了职业素养培育的自觉意识，这种主动提高比被动接受教育的效果更加显著。

其次，职业素养是在实践中形成的，并在实践中不断完善。高职学生应主动积极地投身到实践中，通过社会公益活动、社会调查、社会技能锻炼、社会服务，尝试不同的社会角色，从事各种工作，在实践中学会包容、学会交往、学会合作和竞争，在社会实践中磨练，形成遵章守纪的良好习惯，具备吃苦耐劳、团结协作、艰苦奋斗、敬业诚信等基本的职业素养。因高职学生还具有“职”的特点，所以，高职学生应深入企业具体岗位，通过岗位实习，了解职业规则，培养职业责任和敬业精神，把职业规范内化为自身的职业素养，自觉渗透到自己的思想中去，完成由学生向职业人的转变。

最后，高职学生在自我管理中，自主学习意识加强，能够意识到技能知识以及各种能力对自身发展的重要性。学生善于思考问题，敢于提出为什么和该怎么办。这是学生创新思维发展的结果，在实习实践中发现问题、分析问题、解决问题的过程，就是学生提高自身创新能力的过程，而具备创新能力和创新精神，不仅是高职学生自身能力的提升，还使学生的职业素养培育不断地发展。使学生具有创新能力和创新精神，是职业素养培养的理想目标。归根结底，高职学生职业素养的培养和提升，除了外在的教化作用，更多地还是需要高职学生通过自身的内化转化作用才能得以稳定形成。

(二)教师

教师是帮助高职院校培养学生职业素养的主力军之一，因为教师是与学生直接接触较多、进行言传身教的人。根据人本主义理论，教师应该是学生学习路上的引领者和帮助者，教师可以帮助学生积累人文素养和职业素养。人文素养包括古今中外人文领域的基本知识和成果，及其蕴涵的认识方法和实践方法，积累一定的艺术知识、技能与方法，理解和尊重文化艺术的多样性，而职业素养要求具有较好的语言表达与沟通能力，乐于且善于与人沟通交流，要逻辑清晰，能运用科学的思维方式认识事物、解决问题、指导行为等。高职学生职业素养的培养和教育是在学习过程中重要和必须的基本工作。当然，职业素养的形成不仅仅在培养过程中有益，在学生毕业后乃至更长久的人生中，理性思维、批判质疑和勇于探究的职业素养都能更好地帮助高职学生去全面地认识事物、分析事情利弊。当学生有疑惑的时候，教师可以给予积极的解答与指引，帮助学生全面成长。

学为人师，身正为范。教师自身所具备的端正的政治思想、良好的职业行为习惯和职业道德对学生来说就是最好的教科书，对学生职业素养的形成影响终身。因此，在高职院校学生职业素养培养中，充分发挥教师的示范引领作用是非常重要的。

首先，教师在教育教学过程中要以德立学、以德施教、以德立身、以德育德。学校要千方百计提升教师的政治素质和业务素质，全面提高教师教书育人的能力，广泛宣传教师先进的榜样典范，发挥榜样的力量，激励广大教师自觉加强自身的思想道德修养，能够做到反思和慎独，为素质教育的顺利推进提供人才支撑与智力保障。身教重于言教，因此，教师要完善自己的人格，成为学生的楷模和表率，要在教学中保持积极乐观的情绪，具有坚韧不拔的毅力和豁达开朗的心胸，要处理好与学生的关系，彰显自身的人格魅力。教师要谨记为人师表，在学生中树立一种爱岗敬业、公正不阿、诚实守信、严谨的工作态度，进而不断正面地影响学生，为学生职业素养形成起到示范作用。

其次，教师要不断更新教育观念，树立终身学习的理念。高职院校教师在授课过程中，除了将基本的知识和基本的技能教授给学生，还需要及时地根据社会、经济的发展变化，去扩充自己的知识量，更新自己的知识储备。俗话说，教师要想给学生一杯水，自己得先有一桶水。毕竟中间知识转化的过程中，学生还需要主动地对自己的认知层面与知识体系加以建构，才能得到更好的吸收与成长。如若教师自身都缺乏终身教育的观念、不及时更新知识结构，学生自然也只能如逆水行舟、不进则退。因此，高职院校教师需要及时更新教育观念，认真贯彻“创新、协调、绿色、开放、共享”五大发展理念，解放思想、更新观念、开拓创新、锐意进取，积极投身于教育教学改革，从横向和纵向两个方向拓宽自己的知识面，多主动思考如何让学生发展得更好，如何能更好地面对这个复杂社会的种种困难情境。同时，在职业素养培养模式下，高职院校教师还需要时刻关注学生健康生活、文化基础、社会参与、终身学习与信息思维的形成。

最后，教师还要不断完善自身的知识与能力结构，了解专业领域最前沿的研究成果，能够根据时代的需要适时调整教学内容，同时能掌握本行业最新技术设备和技术规范的要求，创新教学形式。做到教学紧跟行业的发展，培养出更优秀的学生。教师在实践教学中，要将职业素养渗透到教学的全过程。不仅注重职业理论、技能的传授，而且要有意识地对学生的隐性职业素养进行培养。在课堂教学中，可以通过设计教学情境，创设特定的职业岗位、活动场景、任务、情节及氛围，让学生进行角色扮演，将所学到的专业知识进行运用和巩固，处理职场中可能发生的各种突发情况，体验真实的职场生活，形成良好的职业品质。

然而，要想在专业技能教学过程中融入职业素养要素，就必须有一支结构合理、技艺精湛、素养高超的专业教师队伍作为支撑。就个体而言，每名专业教师不仅要引导和教授学生专业技能，也要加强职业素养培养。这对教师的职业素养水平有很高的要求，教师既需要在技能教学过程中全面展现自身的职业素养，时刻成为学生提升职业素养的榜样，又要随时把握学生的职业素养情况，进行适时教导与点拨，表扬正确做法，指出不足之处，引领学生不断提升自身的职业素养。因此，高职院校教师也要加强职业素养的理论学习，了解学生职业素养的内涵，掌握培养高职学生职业素养的方法和手段，高职教师师资队伍也要时刻关注时势的变化，及时更新自己所教授学科的专业知识与技能。

教师是人类灵魂的工程师，是推进素质教育的中坚力量，是学生学习活动的积极构建者。无论教学改革改到哪一步，教师在学生职业素养培养中的主导作用都不会改变。

(三)企业师傅

高职院校的人才培养不仅需要校内的专业教师，更离不开企业师傅的言传身教。一方面，高职院校通过企业挂职锻炼、顶岗实践、专项培训等方式，不断提升校内专业教师的整体水平，并组织教师定期到企业学习新技术、新工艺，同时邀请企业的技术工人走进课堂，传授贴近企业实际的知识和技能，再加强对两类师资的培训，不断提高素养、更新知识，保障高职学生职业素养教育的质量；另一方面，高职院校通过建立企业实训基地、名师工作站、大师工作室以及引进企业高级人才等方式，充分发挥校外高技术人才在培养学生过程中不可替代的作用。通过校企合作邀请企业师傅来学校开展教学，对于提升高职学生的职业素养水平非常重要。这些具有多年从业经验的企业师傅，不仅能通过言传身教带来企业的技术、标准，还能通过讲述自己和周边的真实工作案例，为学生树起鲜活的职业标杆。企业师傅对技能的娴熟、工作的认真、对企业的责任心，潜移默化中对学生的职业素养培养产生了正面影响。

综上所述，高职院校学生职业素养的培养需要学校、教师、企业师傅以及学生自身等多层面付出努力，作为有着主观能动性的高职学生，也需要时刻关注经济和社会的发展，时刻调整自己应对复杂情境变化的能力，从而让自己在今后激烈的职场竞争环境中占据优势。

三、对职业素养形成具有保障性影响力的客观性因素

先进的教育理念只有通过合理的管理制度和组织制度的实施，才能真正落实到教育的实践过程中去。职业教育承载着满足社会需求的重任，是为社会直接培养创造财富的高素质劳动者和专门人才的教育。国家出台相关支持和扶持政策切实倡导，职业院校则根据社会需要和相关政策加以有效引导，三者互相结合，共同促进职业院校学生职业素养最大程度的提高。

（一）课程设置

高职教育在职业素养教育中，越来越注重培养学生的企业文化基因，在课程设置中更多地融入企业价值理念教育。企业文化是行业、企业发展的根基与命脉，也是高职院校人才培养质量提升的重要参照。企业文化的核心是企业的价值理念，企业的生存和发展、生生不息的动力也来源于企业的价值理念。企业价值理念对于企业和企业员工的重要性更是不言而喻。现代职业教育要想为经济、社会、行业、企业发展服务，就要强调企业的价值理念教育。高职院校要通过现代学徒制的形式建立校企一体化的育人模式，在职业教育过程中更多地融入企业价值理念教育。这可以在很大程度上摆脱目前思想道德教育理论化、说教化、空洞化的困境。

“工欲善其事，必先利其器”，课程就是职业素养培养最重要的“器”。要强化学生职业素养的提升，可以将职业素养内容融合到各门课程之中，结合具体工作任务进行有针对性的培养，特别要注意结合课程的教学内容把职业素养具体化。这就需要对原有专业课程标准进行颠覆性改革，不仅要明确知识目标、能力目标、情感态度价值观目标，而且要有更加具体的职业素养培养目标。不仅专业课程要融入职业素养内容，一些基础教育课程也应该融入职业素养内容。同时，学校需要制定相应的政策、措施，引导教师为此不懈努力去探索和实践。除此之外，也完全有必要为此单独开设一系列的课程，使职业素养内容具体化、培养方式课程化，明确每门课程有关职业素养的内容和考核要求，学生通过系统专业的学习形成基本的职业素养。

树立以学生为中心的教学理念，教师能够有意识地把职业素养要求融入各类各门课程的教学过程中，建立第一课堂的教学与职业素养培育的有机结合，促进学生职业素养的熏陶与内化。建立职业素养课程资源开发机制，加强“职业生涯规划”“职业礼仪”等职业素养课程群建设，强化职业素养课程教学团队与教学条件建设，从学生心理和学习行为特征出发，深化教学改革，在职业素养课程中推进信息技术的应用，传统教学形式与微课、慕课、“翻转课堂”等现代教学形式相结合，充分利用学校网站、微信、微博等，创建网上学习园地、论坛等，开发内容丰富的学习资源，推送形式新颖、更新升级的职业素养学习内容，引导学生利用网络自主学习、互动交流，适应学生学习渠道多元化、学习时间碎片化、学习需求个性化的新变化，使职业素养课程教学行之有效，促进学生职业素养的熏陶与内化。

(二)学习条件

1. 国家政策的支持

如今社会、经济快速发展，国家对于高素质人才的需求非常迫切，因此要切实推进职业教育科学发展，完善中国特色职业教育发展体系，进一步提高人才质量标准，增强学生的职业道德、职业技能和就业创业能力，为现代化建设培养大批高素质劳动者和技能型人才。曾任教育部部长的袁贵仁在出席全国中等职业教育教学改革创新工作会议讲话中也指出：“我国职业教育改革发展正处在重要战略机遇期，一定要遵循职业教育发展规律、教学规律和人才成长发展规律，全面推进职业教育科学发展。”

工学结合和工学交替是职业院校专业人才培养模式的重大改革，实践证明了它对培养学生职业素养和综合职业能力具有重要意义。但是这项工作在职业院校开展得并不是十分顺利，它具有明显的不平衡性和不充分性特征。最大的瓶颈就是企业参与的积极性普遍不高，出现“一头热一头冷”的现象。解决这一问题，一方面需要国家尽快出台并落实诸如利率优惠、税收减免、用工优先等政策、措施，通过政策、法规调动企业参与职业院校办学的积极性，激发企业开展工学结合和工学交替的内在动力；另一方面，要千方百计地提升学校办学实力，通过加强培训和实践锻炼等措施，大力提高教师的社会服务能力，能够切实帮助企业解决一些经营、技术、生产、管理等方面的关键问题，以增强企业对职业院校的依赖程度，从而使它们能够自觉自愿地参与到教学活动中来，提升职业院校与企业之间的凝聚力，使得工学结合和工学交替由过去的“一厢情愿”变为“两情相悦”，由“包办婚姻”变为“自由恋爱”。

推进素质教育，全面提升学生职业素养，政府和教育主管部门责无旁贷。要通过政策法规、项目建设、招生就业、经费使用、督导评价等渠道，激励和鞭策职业院校开展素质教育，提高技术技能人才职业素养。发挥政府的宏观指导作用：一要进一步加大职业教育投入，改善办学条件。在硬件条件、软件条件、潜在条件等方面，为实施素质教育、提升学生职业素养营造有利环境。二要发挥政府教育督导的引领作用，建立追责问责制度，通过“正激励”与“负激励”的结合运用，促进职业院校推进素质教育、提升学生职业素养。三要改革人才评价方式，规范用人市场秩序，有效遏制人才使用上的“高消费”，为技术技能人才施展才华搭建广阔的舞台。四要改革收入分配制度，建立健全以知识技能价值为导向的分配制度，提高拔尖技能人才和技术工人的收入水平。五要进一步营造全社会尊师重教的良好社会氛围，全面提高教师的政治地位、经济地位和社会地位，使教师成为全社会最具吸引力的职业。六要改变传统观念，提高对职业教育的认识，消除社会对职业教育的偏见，大力弘扬工匠精神，使职业教育成为受欢迎的教育类型，满足人民群众对优质教育的需求。

2. 资金支持

高职院校学生职业素养的培养是一个系统工程，需要政府、社会、教师、家庭及学生形成合力。尤其对于一个新兴事物或概念，我们需要较多的资金去研究高职学生的职业素养培养问题。如组织各个教学工作者或者科研人员成立课题小组或课题研究项目，进行相关实证研究，试点展开调研工作，还有相应的高职学校课程改革、学科职业素养改革、教学资源的投入、教师师资队伍建设以及职业素养教学评价模式等相关工作的展开，都需要大量的资金扶持。我国教育经费特别是职业教育的资金投入在不同地区、不同行业间不平衡的状况还是比较突出的。一些职业院校教学投入不足，学校环境改善乏力，学校文化建设跟不上，教育信息化水平不高，影响了教师培养培训，实训教学资源匮乏，最终影响了学生职业素养的培养与提升。因此，政府增加高职院校学生职业素养的培养资金支持，无疑是高职院校职业素养培养强有力的保障。

（三）顶岗实习

顶岗实习是高职院校教学内容中必不可少的一部分，它既可以帮助学生将理论知识和技能付诸于实践体验，在实际工作中提升、深化专业技能，又有利于对高职高专学生进行职业素养方面的强化训练，使学生提前了解社会，增强岗位意识和岗位责任感，最大限度地提高其综合素养。

顶岗实习是学生走进职场最真实的环节，也是职业素养教育重要、有效的环节。在顶岗实习中，学生可以直接进入企业实习工作，学生以书本为载体的学习变为以职业技能和多环节业务实训为主导的学习；以课堂为主要情境的学习变为以岗位为主要情境的学习；企业现场培训的情景化教学融入职业教育实践教学，形成实践共同体。此外，情境化教学对于某些特定知识的学习具有重要意义，一是因为情境本身就蕴藏着没有符号化的“默会知识”，如师傅的待人接物、言谈举止；二是因为一些知识只在特定情境下通过人与事件的互动产生，如紧急事件应急处理的方式、方法等。

学生在顶岗实习阶段，可以接触不同的企业文化，加深对企业文化、企业价值观、团队精神以及岗位职责的理解，切身感受和体验优秀企业文化的魅力。通过对社会和企业的深入了解，学生在毕业或就业时就可以根据自身的个性特点理性地选择适合的企业进行就业，甚至明确自己今后在行业内的发展方向。借助顶岗实习这一契机，学生可以在具体工作中践行企业理念，将在校期间掌握的企业文化理论通过实践检验其合适度，通过不断的磨合，缩短理论与实际的差距。并且在顶岗实习活动中，学生以师傅的行为和职业态度为榜样，在亲身践行的过程中学习职业技能、内化职业素养，从而塑造与现实匹配的价值观，快速适应企业的实际需求，逐步实现由学生身份向职业身份的转变，充分展现和发挥自身价值，从而有效地提高进入社会后的适应能力。

四、对职业素养形成具有隐喻性影响力的媒介性因素

(一)管理制度

自从“定制班”模式出现后，不少企业从人才培养环节就开始提前介入高职教育了，这使高职院校培养的人才更贴合企业的用工需求，也能让高职学生提前接受企业的文化和制度。为了保证企业的提前投入不被浪费，企业一般还会与学生签订相关协议，并持续对学生进行考核。

一个好的习惯形成至少需要 21 天，而好的职业行为习惯的形成则需要更长的时间。因此，将企业的部分管理方式提前移植到高职院校，有助于帮助学生形成良好的职业行为习惯，并把企业管理方式借鉴到了学生管理与教学工作当中。

一方面，学生在生产实训时必须以企业标准要求自己。例如，在教学过程中强化职业氛围，参照企业的相关规定执行课堂纪律，对学生的服装要求、时间观念、课堂评估、课堂效率、作业质量等方面作出相应规定。

另一方面，学校借鉴企业“6S 管理”模式。“6S”管理是在“5S”管理的基础上扩展而来，即整理(Seiri)、整顿(Seiton)、清扫(Seiso)、清洁(Seiketu)、素养(Shitsuke)、安全(Safety)，增加了安全要素①。“5S”管理起源于日本，在企业保持环境整洁有序、规范化管理、提高生产效率等方面取得良好效果，逐渐推广至欧美国家，后被国内各类企业借鉴推行。宿舍是学生学习生活的重要场所，融入“6S”管理模式可强化学

① 徐志勇．现代学徒制背景下高职职业素养教育探索[J]．北京经济管理职业学院学报，2016，31(3)：55-56.

生的职业意识，在宿舍按照制定的员工岗位职责清理不必要的物品，保持生活环境干净整洁，消除安全隐患，营造舒适安全的宿舍环境。在实训场地实践“6S”管理，对人员、设备、材料、方法等要素进行规范有效的管理，针对每位学生的日常实训行为提出具体要求、物品分类明确、制定操作规程、环境清理整顿、摆放井然有序、操作安全规范。在图书馆、食堂等场所中，强调安静、整齐、自助的行为守则，通过强调这些日常生活规范，培养学生崇尚文明、遵守规则、严谨求实、爱护公物、规范作息等职业素养。通过每件小事的习惯形成，提高整体生产质量，学生在此过程中理解“6S”管理文化，化为内在职业素养。

具体的企业行为规范是职业道德的具体体现。《教育部关于全面提高高等职业教育教学质量的若干意见》中指出，要高度重视学生的职业道德教育和法制教育，重视培养学生的诚信品质、敬业精神和责任意识、遵纪守法意识，培养出一批高素质的技能型人才。因此，对高职学生进行企业行为规范教育在本质上就是进行职业道德教育。党的十八大从国家、社会和个人三个层面提出积极培育和践行社会主义核心价值观，其中，爱国、敬业、诚信、友善是公民个人层面的价值准则。这与《中共中央关于加强社会主义精神文明建设若干重要问题的决议》中提出的职业道德的基本规范是一脉相承的，应从爱岗敬业、办事公道、服务群众、诚实守信和奉献社会五个方面对学生进行职业道德教育，帮助学生顺利适应企业的激励和约束机制。

规范的行为标准既是职业岗位的从业要求，也是胜任职业岗位工作、完成职业岗位任务、取得职业岗位绩效的基本条件和必要保障。规范的行为标准是人与机器、人与人相互作用的科学程序和合理方法，是从业者的实践行为准则。高职学生作为准职业人，必须将执业纪律、行为标准、工作原则等职业岗位规范落实于自己的行为习惯，并且内化于心，形成规范的行为标准，这样走出校门时，才能成为一名合格的职业人。学生良好的职业素质要通过规范标准的职业行为习惯表现出来，对职业的尊重、对工作的严肃认真、对技术的精益求精、对操作的一丝不苟等优秀职业行为习惯，都有一个培养训练的过程，也都有一个由外在到内在、由被动到主动的内化过程。

(二)交往人群

马克思在《关于费尔巴哈的提纲》一书中指出："人的本质是一切社会关系的总和。"要想实现个体的自由解放，仅凭自身的力量是行不通的，需要周围社会关系中涉及人员的支持与帮助，也就是说，人是社会性的，个体的发展必定依靠于社会且受约于社会。高等职业技术教育和人文教育的融合发展，最终旨在实现人的和谐发展，而人的发展必定依赖于社会的发展。

在社会互动理论看来，社会互动是个体以及社会发展的关键，人性、自我、社会结构都是人与人、人与群体之间互动的结果。而且社会互动理论认为：人一出生就进入了人际交往的世界，学习、工作和发展都是在与他人的交往互动之中。高职院校的职业素养教育必须置身于各种相关人员、其他因素的多元化互动网络，与他们相互作用，躲避人员互动、一个人独处是不现实的。首先，在人与人互动之间产生学习、修正，参与互动者通过交流，可以进行自我角色定位与自我心灵发展，为更好的互动做准备。其次，竞争、合作互动形式以及社会交换理论在人与人之间形成激励机制，能够调动高职人员的参与积极性。再次，不同的身份、不同的情景，个体或者群体之间互动的形式内容丰富多样，角色的准确定位十分关键，交往互动不仅有利于自身发展，也能帮助互动对象的进步。

对于身处象牙塔中的广大学生来说，在学校里接触到的人不外乎学校工作人员和在校学生。可以接触到的人群有限，不利于高职学生的人际交往。因此，高职院校应创造条件让学生多认识一些企业优秀人才，多倾听一些来自市场的声音，来自行业第一线的声音往往最直接、最震憾，这对于他们形成初步的职业意识很有裨益，对职业素养的培养也具有内化作用。

树立先进榜样尤为重要，能够促进学生、教师、领导等人员观念以及行为的改变，而且好的榜样群体能够起到示范作用，吸引个体对其的理解以及自我内化，该举措不仅对个体的主体化和社会化具有益处，而且能带动高职院校整体的发展。

1. 学校领导

陶行知指出："校长是一个学校的灵魂。要想评论一个学校，先评论它的校长。"高职院校校长是职业素养教育中最有影响力的组织领导者，要充分发挥组织领导人的作用：(1)校长要具有职业素养教育的理念，深刻认识到其价值，并以此理念指导高职具体工作的开展。(2)校长要支持职业素养培育工作，为其提供物质以及资金帮助。(3)校长要协调职业素养培养工作中不同部门、教师、学生之间的工作分配。(4)校长要努力与全体职员和学生之间建立和谐、充满爱的关系，推动职业素养培养体系的构建。高职院校校长作为组织管理者，在职业素养培养工作中具有不可替代的重要作用。

2. 教职工

教师作为教学的实践者，是影响高职职业素养教育的关键因素之一，他们可以充分发挥自己的示范作用和潜移默化的作用。正如雅斯贝尔斯所言："教育的本质意味着：一棵树摇动另一棵树，一朵云推动另一朵云，一个灵魂唤醒另一个灵魂。"教职工在职业行为、职业态度、文明礼仪、职业精神等方面严格要求自己，自觉为学生做出表率；班主任和辅导员不断提升其职业能力和专业素养，增强解决学生管理实际问题的能力，提高对学生的教育引导能力，做好学生成长的指导者和引路者。

3. 企业专家

高职院校邀请相关行业、企业的专家进入学校，为学生举办"企业家进学校"系列讲座。企业专家可以向学生介绍行业的前景与发展趋势，让学生了解最新的市场动态；可以向学生介绍员工的行为规范和岗位职责，让学生提前形成良好的行为习惯；也可以向学生介绍企业的经营和管理，特别是有创业意向的学生可以提前了解企业的管理模式。

高职院校还可以邀请企业师傅、兼职教师来校为学生传授技能，并鼓励他们参与到学生的各类活动中去，让师生双方通过长时间的接触互相增进了解，将师傅们敬业、踏实、严谨、合作等涉及职业素养的品格传递给学生，让学生一有机会就跟随企业师傅完成各类项目和任务，哪怕只是帮忙打下手、递工具，这样也可以全方位地观察企业师傅的工作状态，让学生在操作中认清自己在职业认知、知识技能、职业道德等方面存在的不足，从而努力地提升自我，尽快达到"准职业人"的水平。或者通过参加各类大赛、行内专家访谈、点评学生作品等方式，增进学生与业内翘楚接触的机会，帮助他们形成自己的职业理想、职业追求，并尽可能依靠自己的力量争取到实习或工作的机会。在一些文体活动中也可以邀请合作企业的员工参加，比如"校企联欢会""趣味运动会"等，增加学生与企业员工的交流，学习他们身上的优秀职业素养。

4. 优秀毕业生

除了邀请企业专家，也可以约请已经在各行业、各企业站稳脚跟、发展良好的本校毕业生，他们也是传播企业文化、宣扬职业素养的好帮手。利用校友开放日、新老生交流沙龙等平台，让学长学姐们谈谈自己的公司和工作，谈谈自己的收获和反思，让他们结合自己的经验，给学弟学妹们提些意见和建议，这样可以让在校生们提前了解工作的状态，因为同龄人的讲述更能让他们感同身受。

由此可以看出，高职学生职业素养的培养是全校成员和全体企业人员的任务，不管是学生、教师还是企业员工，都有可能成为职业素养的培养者、榜样者，因为参与个体既是职业素养培养的参与者，也是职业素养培养的奉献者。参与者不仅精神层面得到满足，而且获得了职业素养培养的知识与技能等物质层面的需求，这些利益的获得使参与者明白职业素养培养的深层意义，进一步刺激他们的职业素养培养行动。在此基础上，也激发了师生的参与度与热情，各个参与者主动发挥力量，协调各类关系，彼此之间和谐发展，为高职学生职业素养培养贡献良策，实现双赢目标。

因此，学校和企业中的每一个成员都要有这种责任归属感。不管是在高职学生生活环境、教学环境，还是在工作环境、自己生活中接触到的人，都有可能成为他们的榜样，成为职业素养的典范。只有大家都树立职业素养培养的理念，全体形成共识，认识到职业素养培养的价值，才可以将职业素养有效培养到最大化。

（三）实践场所

现场教学是安排培养对象到社会生活现场或是生产现场进行教学的组织形式，在时间和形式上不固定，通常根据现场具体条件、教学任务、教材性质和学生实际情况等而定。因此，可以借助现场观察、分析或具体操作，丰富学生的认知结构，协助学生对文化课知识的理解和掌握，培养学生及时将知识运用到实践中去的能力。

实际情境既可以是现实生活中的真实工作环境，也可以是运用现代教育技术创设逼真的虚拟情境。创造实际的教育环境，引导培养对象进入一定的情境之中，让他们产生内心体验和特定的情绪。

1. 仿真实训教学环境

在高职院校的实训基地建构高度仿真的职业环境，可以让学生身临其境，得到更好的锻炼和熏陶，也可以缩短学生就业时的适应期，使他们直接上岗，或迅速调岗，这样更容易获得用人单位的认可，并且更具竞争优势。在高等职业教育中，实践技能训练教学是职业院校学生获取职业素养的关键步骤。因此，高职院校首先要结合企业及生产岗位的要求，通过详细的社会调研，制定出科学合理的专业实训的规范要求，并在实施过程中严格执行。良好的职业习惯和责任感是在学校里通过严格的实践训练逐渐形成的。因此，高职院校要持续不断地创设良好的仿真实训环境，让学生在执行过程中严格按照规定，不放弃任何一个细微环节，促使学生在整个实训过程中逐渐培养职业意识和职业操守。

2. 真实职场实践环境

加深校企合作，可通过共同创建实验实训室、创建社会所需专业、创建学院、开展校企联合招生和联合培养等，由企业派遣人员进驻学院，全方位参与人才培养计划。通过校企合作、工学结合，学校和企业共同创建实训基地，为实践教学营造出真实的教学环境，将学校的教育资源和企业的技术设备、职场环境有效结合，让学生在真实的企业环境中进行专业知识的学习，培养学生的职业素养，从而达到各方共赢的效果。在实践中培养学生的职业素养，让学生在职业活动中表现职业素养的完整人格是职业院校的终极追求。通过真实的职场实践，不再局限在职业技能方面，而是通过类似企业文化部门专门培养职业院校学生的职业精神。可以针对当前职业院校学生中跳槽频繁、个性标榜等现象，着重强调现代用人单位所要求的爱岗敬业、团队合作，加大教育强度。

大多数高职院校实施的教学模式是“2. 5+0. 5”，学生有大半年的时间参加校外实习实训，充分把握顶岗实习的时间，让学生真正参与到企业中去，才能使他们真切感受到企业生产的氛围，才能够站在一个职业人的角度，去感受企业对员工在职业素养方面的要求，才能够主动加强自身的责任意识和团队意识来提升自己的职业素养。通过真实步入企业环境之中，切实感受企业独特的公司文化和优秀员工良好的职业精神，领悟公司的团队精神意识、服务意识、效率意识、竞争意识等，对职业院校学生有针对性地实施规范管理，让其更好地适应未来工作环境。首先，借用部分企业的元素（如企业 LOGO、工作流程、公司文化等）布置教学环境，让学生感同身受。其次，利用展板、陈设、电子屏等各种渠道，尽可能多地传递企业（行业）信息。比如在汽车专业的教学楼走廊，展示各大汽车品牌的车标、模型，让学生在潜移默化中吸收行业知识。再次，依托企业的真实项目，能更有效地提升学生的学习兴趣和技能水平；或是请企业的技术骨干给学生进行示范教学，以他们自身的经历和体验给学生传递正能量，来教导学生爱岗敬业、乐于奉献，也有利于学生良好的职业素养的形成。

3. 网络职业素养培育环境

随着现代信息技术的高速发展和广泛运用，职业教育也越来越重视网络信息技术。在职业素养的培育实践过程中，网络信息技术也起到了重要作用，充分运用信息化平台，注重新媒体、新技术，将传统教学形式与“翻转课堂”、慕课、微课等现代教学形式相结合，充分利用学校网站、微博、微信等，创建网上论坛、学习园地等，开发内容丰富的学习资源，推送形式新颖、更新及时的学习内容，引导学生利用网络自主学习、互动交流，适应学生学习渠道多元化、学习时间碎片化、学习需求个性化的新变化，使职业素养的培育更加灵活、更加活泼、更加行之有效。

第三章　交替与互换：现代学徒制背景下企业环境成为影响职业素养形成的重要因素

第一节　现代学徒制的制度设计

一、现代学徒制的发展历程

学徒制是职业教育的最早形态。它是一种很古老的职业教育形态，可以追溯至青铜器时期。由于当时手工业和社会分工的迅速发展，血亲关系范围内的技艺传承已逐渐不能满足需要，职业教育开始走出家庭，以一种初级的、未完全制度化的学徒制形态，将技艺传承给家庭外的其他成员①。根据相关历史记载，学徒制在古罗马、古希腊、古埃及以及中国战国时期都出现过，这种学徒制还没有形成完整的制度，它具有浓厚的私人性质，是以亲子或养子的家庭关系为基础，往往被称为“古代学徒制”。

中世纪，随着城市手工业的蓬勃发展，行会和行会制度由此产生，学徒制也在 13 世纪到 14 世纪达到了鼎盛。在行会组织中，从业人员按

---

① John L. Scoot. *Overview of Career and Technical Education* (4th ed.) [M]. American Technical Publisher, Inc., 2008: 27.

不同身份分为学徒、工匠和师傅三个不同等级，他们之间将严格的契约作为约束机制，行会对这种相互关系进行全方位的监控和管理，包括制定管理规范、订立契约、教学指导与监督、期满考核等，从而使学徒制的性质从私人性质过渡到了公共制度，往往被称为“行会学徒制”或“传统学徒制”①。

16 世纪到 18 世纪，欧洲开始进入资本主义阶段，以家庭作坊为主的生产方式逐步发展到以手工工场为主，行会日益腐败，学徒制也逐渐瓦解，这也形成了行会阻止他人经营、保持垄断的排他性特权制度，师徒关系彻底转变为了雇佣关系。为了缓解社会矛盾，国家开始通过立法的方式介入对制度的管理，学徒制也逐步演变为以国家宏观调控为主的“国家干预学徒制”，如英国 1562 年的《工匠学徒法》、德国 1733 年颁布的保护行会特权的法令等，这时的学徒制被称为“国家干预学徒制”。

在接下来的两次工业革命中，资本主义工业化浪潮完全颠覆了传统学徒制的生存基础，学徒制几乎崩溃，此时传授知识和技能的主要方式体现为“师傅带徒弟”“做中学、学中做”。工厂中，学徒制的形式主要通过行会、工会、雇主和学徒共同商议来决定，缺乏强制性规定。学徒制变得越来越非正式，口头约定取代了契约，学徒常常被当作廉价劳动力，这时的学徒制被称为“工厂学徒制”。

工厂制的生产方式宣告了传统学徒制时代的终结。然而，当人们认为学徒制只适合家庭作坊的手工业经济而应收入历史博物馆时，德国异军突起，引发了世界对学徒制的重新思考。20 世纪 60 年代末，德国最终以法令的形式确立了“双元制”的职业教育地位，而双元制又被认为是以校企合作为基础的现代学徒制。因此，德国称现代学徒制为“双元制”，它在整个职业教育中起到了重要作用。企业参与行业协会的学徒培训，并与学徒签订培训合同，学徒须通过协会组织的中期考试和毕业考试获得相应的证书，学徒期才能结束。德国现代学徒制的典型特征有

① 细谷俊夫．技术教育概论[M]．北京：清华大学出版社，1984：19.

三个：一是实现了与现代教育的结合。除了考虑扩大自己的学徒培训，企业也认为学徒应该为社会服务，学校和企业共同培养社会需要的人才，从而形成“双重教育”。二是管理的制度合法化。随着学徒范围的不断扩大，德国开始从国家和法律层面来管理学徒，并提供相应的保障制度。三是多方参与协同管理。职业教育培训标准的制定是由多个政府部门和社会各行各业共同参与，多方合力加强职业教育的深度和广度，通过各部门间的联动，各尽其责，使问题得到及时解决，从而加快了德国职业教育的发展。

20 世纪 90 年代后，西方各国开始纷纷效仿德国，改革学徒制，如 1993 年英国的现代学徒制改革、1996 年澳大利亚的新学徒制改革等。“现代学徒制”一词成为了当代世界学徒制改革的标签。英国的现代学徒制有中级、高级和高等三个级别，企业和学校没有明确的分工和具体的研究内容，完全由国家资助的培训机构培养学徒，培训机构还派骨干教师帮助企业制订合适的学徒计划。但受民族文化的影响，英国职业教育不被重视，学徒制也容易被忽视，随着政府的大力推行，学徒制逐渐被英国学生重视起来。2008 年英国政府在《世界一流学徒制：英国学徒发展战略》的报告中指出，学徒学习应该成为 16 岁以上青少年的主流选择。2015 年 12 月，英国颁布了《英国学徒制度：2020 年发展愿景》，主要确定了未来五年学徒制改革的目标是提高学徒数量和质量。2016 年 7 月，英国颁布了《16 岁后技能培训计划》，主要培养有专业技能的年轻人，为推动国家经济增长和提高生产力做准备。这一系列政策的颁布也为全面落实现代化学徒制提供了重要保障。除此之外，英国还实施了学徒税政策，2017 年 4 月 6 日开始正式征收学徒税，通过征收学徒税增加学徒经费，调动雇主的积极性，提高学徒数量和质量。

法国现代学徒制度主要分为两个层次，即高中教育和高等教育。学徒与企业签订学徒合同，并将其注册备案，企业和培训中心共同开展学徒培训，学徒要通过国家资格考试后取得相关资格认证，这种认证与全日制职业学校学生获得的认证相同，且认证的级别相互关联，这就构成了法国垂直衔接职业教育和培训体系，学徒培训中心对其教学方法和认证过程进行了全程的评估，有效保证了学徒的质量。此外，法国学徒制涉及的领域比较广泛，有手工业、工商业、农业、服务业和渔业等私营或公共服务部门，大大满足了学徒的需求与兴趣，更有利于培养专业技能型人才。法国学徒的组织和管理机构主要是国家、行政大区和行业。国家主要负责职业教育的总体规划、管理及相关领域的职业资格制定；行政大区主要负责学徒制的具体管理，同时还负责国家和大区提供的学徒制经费管理，学徒经费主要来源于政府拨款和学徒培训税；行业主要是负责注册、签订学徒合同，并协调处理学徒在培训中遇到的各种问题。

随着"现代学徒制"概念的提出，众多学者对其进行了更深入的研究与探讨，其本质就是将西方的传统学徒制与现代职业教育模式相结合而提出的"学校和企业合作育人的现代教育制度"，要求现代学徒制应具备国家战略层面的制度设计、以多元育人为主体、育人过程中以企业为主、教育标准和职业资格证书体系融通等特征。因此，现代学徒制是围绕现代产业、行业、企业的用工标准，通过设置专业课程对学生(学徒)进行技术技能培养，鼓励学校和企业深入参与人才培养过程的校企共同交替人才培养新模式。

现代学徒制的衍生和发展不仅和产业结构的升级转型有关，还和师徒关系的变化、知识更新速度的加快以及企业对"软技能"的需求紧密相关。

(一)产业结构升级转型

当前，中国正处在经济体制改革和产业结构升级转型的关键时期，"互联网+""工业 4. 0""中国制造 2025"等战略的提出，为现代学徒制的发展提供了有利契机。改革开放以来，我国制造业迅速发展，逐步建立与完善门类齐全的制造体系。但不可否认的是，我国的制造业仍面临着产品质量不高、创新能力不强、关键核心技术对外依存较高等诸多问题。如何从“制造大国”跨入“制造强国”成为亟待解决的战略问题，而解决该问题的关键之一就是要促进产业结构升级转型，不断加强自主创新能力，这也为现代学徒制的发展提出了更高的要求和挑战。2015 年，国务院发布的《中国制造 2025》中提到，要想建设制造强国，打造一批高素质专业技术人才队伍，就需要“强化职业教育和技能培训，引导一批普通本科高等学校向应用技术类高等学校转型，建立一批实训基地，开展现代学徒制试点示范，形成一支门类齐全、技艺精湛的高素质技术技能型人才队伍”。

随着产业结构的升级以及机器智能时代的到来，许多标准化的工作将逐渐被智能机器所取代，技能水平要求较低的岗位将逐渐被淘汰。随着产业分工越来越明细化，新的岗位将不断被创造，而这些岗位就更加需要具备反思能力和创新能力等软实力的技术技能型人才①。三十多年的实践表明，虽然高等职业教育有许多明显优势，但它也只能让学生获得基础性的技术知识，无法让学生获得更精深的技术知识，而技术精湛并能实现技术创新的技能技术人才的培养离不开现代学徒制。现代学徒制的发展可以促使学徒通过与企业师傅建立紧密的师徒关系学习到特殊的技能技术知识，并通过企业师傅在某一专深领域持续钻研的言传身教，最终实现创新创造的提升。因此，为了适应我国产业结构升级转型的需要，实施现代学徒制任重而道远。

(二)师徒关系的变化

师徒关系是保障学徒制培养质量的关键因素，师傅和徒弟之间只有保持着良好的情感纽带，才能形成师傅乐教、徒弟乐学的局面。在传统学徒制中，师徒关系镶嵌在等级森严的宗法制体系中，尤其是在古代学徒制和行业学徒制中体现明显。一般情况下，在确立师徒关系时，都会

① 徐国庆．智能化时代职业教育人才培养模式的根本转型[J]．教育研究，2016(16)：72-78.

有较为隆重的拜师仪式，学徒要向师父行叩拜大礼，这种嵌入在传统礼俗中的师徒仪式，其主要目的是要求徒弟对师傅做到“孝敬”，这不仅使师徒关系保持了宗法的家长特性，还稳定了学徒制中的身份等级序列①。传统学徒制中，师傅的宗法家长式形象以及对该行业资源的垄断直接赋予了师傅在徒弟面前的权威性，徒弟一般对师傅的传授方式不敢有异议，师傅怎么教，徒弟就怎么学。但随着工业时代的到来，这种权威式的师徒关系逐渐瓦解。在现代社会，师徒关系逐渐从师傅高高在上、徒弟唯命是从的等级关系转变为师徒之间人格平等、教学相长的民主关系。随着师傅的权威性逐渐衰落，徒弟不再将师傅看成专业领域内唯一的权威，他们会针对师傅的教学内容、教学方式等提出自己的见解②。另外，在现代学徒制的教育体系中，师傅不仅要承担学徒技能技艺的传授，还要肩负起对学徒人文素养的培育，教育义务成为现代学徒制中师徒关系新的纽带。

（三）知识更新速度的加快

21 世纪是知识经济的时代，知识是最重要的资源之一，也是经济快速发展的关键动力。相关资料统计表明，工业方面的一般基础性知识的陈旧率已达到 30%，电子技术知识的陈旧率已超过 50%，美国的国家科技局在一项调查中指出，目前物理学、生物学、化学等方面有 90%的知识是近 7 年以来所获得的，1880 年人类认识的化合物只有 1200 多种，而到 1950 年则有 100 万种，目前已达到 400 万种③。知识更新速度的加快给学校职业教育带来了巨大挑战。一般来说，学校的教

① 王星．现代中国早期职业培训中的学徒制及其工业化转型[J]．北京大学教育评论，2016(3)：84-103.

② 吴呤颙，秦炳旺．论职业教育现代学徒制中的师徒关系[J]．职教论坛，2016(29)：5-9.

③ 宋德军．基于知识更新的高新企业动态能力研究[D]．河南科技大学，2011.

材要经过较长时间的编辑、审阅、试点之后，才能在学校广泛使用，整个过程耗时较长，而知识更新速度的加快会使得教材上的许多知识点陈旧过时，从而导致学生在学校学习到的知识与技能难以满足真实的工作环境中的实际需求。因此，实施现代学徒制具有非常重要的意义，即学徒可以在真实的工作环境中跟着企业师傅进行现场学习，能够直接接触到最新的知识技能要点和生产技术，克服在学校学习知识与技能的滞后性。

(四)企业对“软技能”的需求

“软技能”又被称作非认知技能或非技术技能，它是相对于硬技能(指具备的专业知识和实践经验，通常要经过反复操作即可掌握)而言的。目前，学术界对软技能没有统一的界定，但目前来看，大多数学者都认为软技能主要包括人际交往能力、沟通能力、团队合作能力、情境适应能力等。澳大利亚 WoodsBagot 设计公司曾对澳大利亚 500 名商业决策精英就员工品质(尤其是新员工品质)问题进行了调查。当被问及最希望大学毕业生拥有什么技能时，这些受访者列出的一些技能中，排在最前面的依次是解决问题的能力、合作能力、批判性思维能力、书面表达能力等。可见，目前企业最看重的是员工的“软技能”。当前高职教育通常是将教学重心放在知识点的掌握和硬技能的训练上，忽视了对“软技能”的培养。其次，有些软技能，例如人际交往能力、情境反应能力等，在学校难以学习到，这些能力需要学生在真实的工作环境中，由企业师傅边做边指导，使学生在做中学、学中做的过程中逐渐领悟和学习。例如：在餐旅行业中，学校能够培养的仅限于一些标准化的礼仪动作和技术技能，但是若作为一名酒店前台工作人员，如何处理客人的各种要求、如何根据客人的身份与行为去推荐酒店的产品等，这些问题的解决就需要学生具有较高的观察能力、人际交往能力等，而这些能力在学校里却很难通过模拟环境学习到，只有通过企业师傅在真实的工作环境中指导才能够更好地去领悟，不断提高工作的胜任力。因此，实施现代学徒制具有非常重要的意义，学徒一方面要在学校跟着专业教师学习专业理论知识和基本技能；另一方面要在企业，通过跟着企业师傅从做中学、学中做，真正掌握该工作所需的软技能，这样才能提高学徒在劳动市场的竞争力，提高企业的效益。

二、现代学徒制的理论构架

(一)高职办学理念

在建构现代职业教育体系的大背景下，现代学徒制是研究的一个焦点和热点。例如，在国家政策层面，《关于开展现代学徒制试点工作的意见》(教职成〔2014〕9号)、《国务院关于加快发展现代职业教育的决定》(国发〔2014〕19号)、《高等职业教育创新发展行动计划(2015—2018年)》(教职成〔2015〕9号)等政策性文件分别提出“支持地方和行业引导、扶持企业与高职院校联合开展‘现代学徒制’培养试点”“开展校企联合招生、联合培养的现代学徒制试点”等决策意见。并且于2015年8月由教育部在全国范围内进行遴选，最终遴选出165家单位作为现代学徒制的试点基地。在执行实践层面，许多地方政府和相应的职业院校也相继开始进行形式各样的现代学徒制试点工作。随着国家从政策和实践两个层面全面展开现代学徒制试点工作，可以发现在构建现代职业教育体系的过程中，国家对现代学徒制表现出了前所未有的重视，力争将传统职业教育的理念和方式与现代学徒制融合在一起，由此达到提升职业教育技能型人才水平、进一步增强职业教育服务经济结构转型和社会经济升级能力的目的。

(二)职业教育现代学徒制的“现代性”体现

高职院校现代学徒制的“现代性”是指作为一种西方典型的教育制度而表现出的质态和形态的特征。结合我国实际国情，我国高职院校现代学徒制的“现代性”体现在以下几方面：

1. 从关注生产转向关注教育

传统学徒制的主要功能是为了实现生产任务，而不是让学徒重点接受教育。古代学徒制是维系和扩大家庭生产的主要方式；行会学徒制是行会控制生产的重要手段；而在国家干预学徒制和工厂学徒制中，则普遍存在压榨廉价劳动力的现象，如学徒期不断加长、学徒经常需做与技艺学习无关的杂事等，这也有力地佐证了以往学徒制偏生产性的功能。换言之，在以往的任何一种学徒制中，学徒的学习成效并未被放在最重要的地位。

然而，现代学徒制则是以教育为首要目的的一种教育制度。在现代学徒制的实施过程中，企业在招收学徒时虽然也会从企业的经济效益上考虑，但由于国家层面(尤其是教育部门)的涉入，其首要目的还是为了培养高素质高技能型人才，学徒不再被视为企业的私有物，而是国家和社会公共的人力资源。西方各国普遍将现代学徒制视为重要的“人才发展战略”，其性质已从私人性质转变为公益性，这也意味着国家对现代学徒制承担的责任越来越大，切实反映出职业教育现代学徒制逐渐将注意力从关注生产转向关注教育。

2. 从非正规培训转向正规教育

传统学徒制的主要任务是让学徒通过一段时间的培训学习，从中掌握到某种实际操作技能，即算作完成了学徒制。学徒虽可获得某个职业的从业资格，却因缺乏系统的理论知识学习，无法获得相应的专业学历文凭。而现代学徒制则承认学徒制与学校教育具有同等地位，要求将职业技能培训与专业学历教育进行有机整合，学徒在获得职业资格证书的同时，也能获取专业的学历证书，如英国、德国、法国等国都将现代学徒制纳入国家的正式学制中，并且学徒所获得的职业资格证书可以与全日制普通教育文凭衔接、融通。在德国，约有一半的青年是通过双元制接受职业教育的①。英国 2008 年的白皮书《世界一流的学徒制：为所有人释放才能、开发技能》更是宣称，要让学徒制成为英格兰 16 岁以上青年的主流选择②。这也体现了现代学徒制与传统学徒制的区别，充分体现了职业教育现代学徒制正逐渐从非正规培训转向正规教育。

3. 从终结教育转向终身教育

传统学徒制进行的各种培训往往是一次性的，有的培训甚至是终结性的，即学徒期满学徒出师后就开始了自己的职业生涯，之后便不再接受任何培训或教育，其技能往往很难进一步得到提升。而现代学徒制在西方各国普遍被设计成一种纵向衔接、横向融通的教育“直通车”和“立交桥”。从内部的纵向关系上看，现代学徒制主要以“阶梯化”的方式凸显不同学徒制项目的层次性。如英国将学徒制与国家职业资格（NVQ）挂钩，分为青年学徒制、前学徒制、学徒制、高级学徒制、高等学徒制五个等级；法国和荷兰也采用了类似英国 NVQ 等级的学徒制体系，学徒从一个级别上升到另一个级别，通常采用“2+2 年”或“2+2+2 年”的模式③。这样的设计可以使学徒能更个性化地选择适合自己能力水平与期望的学徒制项目。在与普通教育体系的横向融通上，现代学徒制不仅允许与普通教育相互转换，还纷纷为最高级别的学徒制设计了与高等教育接轨的入口，如英国的“基础学位”、法国的“第一学位”等。此外，各国也纷纷放开了对学徒的年龄限制，德国、法国、丹麦等国的平均学徒年龄均在 18 岁以上，澳大利亚和英国也分别于 1992 年和 2004 年取消了对学徒的年龄上限，现代学徒制已经成为西方国家构建终身教育体

---

① CEDEFOP. *Vocational Education and Training in Germany*[M]. Luxembourg: Office for Official Publications of the European Communities, 2007: 25.

② DCSF & DIUS. *World-class Apprenticeships: Unlocking Talent, Building Skills for All*[R]. London: DCSF & DIUS, 2008.

③ 关晶，石伟平．西方现代学徒制的特征及启示[J]．职业技术教育，2011(11).

系的重要举措①。这也体现了现代学徒制与传统学徒制的区别，充分体现了职业教育现代学徒制逐渐从终结教育转向终身教育。

4. 教学主体的教学组织形式体现结构化特性

传统学徒制在实施过程中，其教学组织形式是学徒跟着师傅学习，主要是学习技术技能，相应的理论知识很少能学习到，学徒的技能学习也没有系统性与规律性。现代学徒制的教学组织形式与传统学徒制的根本区别之一，就是校企合作与工学结合。现代学徒制要求学徒在学习理论知识的同时，也要接受岗位实际操作的技能培训，将理论知识与实际操作相结合。另外，在接受教育的过程中，学徒所学习的理论知识和操作技能都是严格按照企业实际岗位的需求进行系统安排的学习，因此，其理论知识和操作技能体系具有结构性特征，这也充分展现出职业教育现代学徒制教学主体的组织形式具有结构化特性。

（三）校企深度合作的策略

1. 自觉约定，构建“多元”主体、工学交替的育人模式

传统的职业院校人才培养模式虽然也倡导企业参与到学校的育人过程中，但基本处在流于形式的表层状态。现代学徒制若要正常运行，企业和学校都必须深入参与到人才培养的全过程，共同承担育人的责任，共同承担学生就业的风险。现代学徒制的主体包括政府、企业、行业、学校、学生等，这种多元化的主体构成了一个利益共同体，只有多方共赢，才能最大限度地体现现代学徒制的优势。

为了实现多方共赢，首先，合作企业须参与学校的招生过程，这体现出企业在育人过程中的主体地位，明确企业自身的权利和责任，从而有助于企业积极参与现代学徒制的工作推进。其次，企业、学校、学生

① Diane-Gabrielle & Irene Lebot. *The Germandual Apprenticeship System Analysis of Its Evolution and Present Challenges* [R]. Montreal: Tele-universite, Universite du Quebec, 2003: 13.

等应签订保障各自权利、承担各自义务的多方协议书，在此协议书中，应明确规定企业、学校、学生等多元主体在人才培养方面的权利和义务，如要求企业切实参与学校人才培养方案的制定、参与学校招生、参与课程体系构建、提供就业实习岗位等，以岗位目标为指引，进一步明确学生培养的数量和质量。同时，协议书中也应明确学校和学生的权利与义务，例如：学校要按照企业的要求制订教学计划，建设符合要求的双师型师资队伍，以及满足学生实习和就业的各项权利等。

2. 以能力为本位，形成体现工学结合的“双体系”课程结构

现代学徒制体现了受教育者在学生和学徒这两种身份中的互相转换，在学习的空间上体现为校企融通。现代学徒制的教育内容涵盖面广，既包括理论知识的学习，也包含技能训练的学习。因此，在此模式下，教学主体应对课程体系和教学内容重新进行构建。现代学徒制的课程体系既要体现一定的学术性，也要体现较强的职业性，这样才能培养出以能力为本位、符合企业需求的高技术技能型人才。现代学徒制的课程体系要在培养目标的设置方面进行整合，将学历教育、职业资格、学徒可持续发展等方面的要求进行有效整合，在此基础上，通过对实习岗位与就业岗位的典型工作任务、工作过程及涉及的专业基础知识进行提炼，最终形成符合学徒成长发展的课程体系。

3. 构建协作互补、专兼结合的“双导师”教学团队

现代学徒制的运行离不开符合要求的“双导师”师资队伍作为保障。在课程教学中，无论是理论课程还是实践课程，都需要向理论与实践一体化方向转变。为了能培养出符合企业需求的人才，校内教师和企业师傅需要共同对学生(学徒)进行授课。因此，建构一支协作互补、专兼结合的“双导师”教学团队是保障现代学徒制正常运行、提高学徒培养质量的关键。现代学徒制的特征是工学交替，如果授课教师对“工”的方面都不理解，就无法进行实践授课，因此学校应通过系列举措对校内专任教师进行双师素质培养，着力提升教师的双师素质，例如：选送专任教师进入企业进行顶岗实践、招聘具有丰富实践工作经验的企业技术

或管理人员等。对于企业师傅的师资，除了进一步加强他们的专业技能外，还需有计划、有组织地对他们进行职业教育理念的灌输，引导他们学习先进的教学方法，通过培训提升师傅的执教能力，从而培养出一支既具有较强理论知识，又具有丰富实践经验的双师型教学团队。现代学徒制模式下，通过专、兼职教师的相互帮扶，能够有效提升人才培养中的课程建设、专业建设、科研合作等水平，最终实现团队目标的集聚效应。

4. 构建情境认知、行知合二为一的教学组织与管理模式

职业教育作为一种跨越职业与教育、工作与学习、学校与企业等界限的开放型教育模式，在运行过程中要同时具备职业和教育的双重属性，要打破传统的办学模式和用工模式，实现跨界合作、多方共赢。传统的职业教育管理模式严重阻碍了工学交替的实施，再加上企业生产任务繁重，没有足够的时间参与到学校的人才培养中，导致人才培养与企业用人出现了严重脱节的现象。所以，应当构建情境认知、行知合二为一的教学组织和管理模式，即教学空间要从校内延伸到校外，参与职业教育的主体应由原来单一的学校转向行业、政府、学校、企业等多主体。具体来讲，就是在人才培养过程中，实现校企共同参与、双方共同育人的教学管理模式，共同负责课程体系与课程内容的构建，共同进行人才培养质量评价，这样才能切实提高高技术技能型人才的数量与质量。另外，为了保障现代学徒制的人才培养质量，还需要构建政府、学校、企业等相互监督的机制。在此过程中，政府起决策引导作用，行业担任诊断、认证、指导等责任，学校和企业执行教学任务和人才培养，在紧紧围绕培养标准、课程评价、素质评价等方面全程参与，使得最终评价的结果客观、公正。

现代学徒制是以企业参与为基本条件，以校企共同开发和构建课程体系为重点，以专业建设为主线，最终达到现代职业教育体系要求的提升人才培养质量的目的。因此，作为高职院校，应当从专业建设、课程体系、评价体系、师资队伍等方面不断加强管理，从而保障现代学徒制

的有效运行，进而为社会、经济发展培养出更多符合条件的技术技能型人才。

三、现代学徒制的基本特征

与传统学徒制不同，现代学徒制是企业工作本位职业培训与学校本位学历教育紧密结合的一种人才培养模式，核心要素与基本特征是校企一体化双元育人①。在现代学徒制人才培养过程中，将学生(学徒)的培养作为核心，学校和企业的共同参与为支撑，课堂学习和实践操作为纽带，整个过程更加强调人才培养的“质量”，有利于全面提高受教育者的理论水平和实践能力。

现代学徒制体现了学校教育行为和企业市场行为的融合，首先体现的是教育行为。现代学徒制因其“双身份”“双导师”“双主体”的特征，不同于单纯的学校教育和传统的学徒制。“双身份”是指学徒既是学校学生，又是企业学徒工，同时接受学校和企业的管理，完成学校和企业布置的学习和工作任务。“双导师”是指由学校教师和企业师傅共同实施教学，学徒既要在学校教师的指导下学习理论知识，又要在企业师傅的指导下学习岗位技能。“双主体”是指学校、企业都是办学育人的主体，校企合作对学徒进行共同培养、管理和评价。可见，现代学徒制更有利于促进企业参与职业教育人才培养全过程，能够深化校企合作、产教融合，实现专业设置与产业需求对接、课程内容与岗位标准对接、教学过程与生产过程对接、企业用人与学生就业对接，提高技术技能型人才培养质量。

(一)参与主体多元化

伴随着学徒制功能的凸显，学徒制项目参与者的角色日益复杂，从

① 赵鹏飞．现代学徒制人才培养的实践与认识[J]．中国职业技术教育，2014(21)：150-154.

早期的师徒私人关系演变成由政府、行会、雇主与雇员组成的多元利益相关者，建立了一个多元参与、内外联结、分工合作、多元监督的运作体制。双主体育人是我国现代学徒制人才培养模式的典型特征，多主体协同是我国现代学徒制发展的客观要求。现代学徒制除了涉及学校与企业外，还涉及政府、行业协会、学生、家长等多个利益相关体，多主体的协同育人是现代学徒制政策顺利推进的核心。政府是现代学徒制政策的顶层设计者，职业院校与企业是落实政策的主要责任主体，行业协会是政策实施过程与结果的监督者，学生(学徒)是政策发生作用的直接主体，家长是政策发生作用的间接影响力量。现代学徒制政策的作用范围与主体不外乎政府、企业、行业协会、学校、家长与学生(学徒)，协同育人可以关照多元主体的不同利益诉求，减少现代学徒制实施的障碍与制约，实现利益共享、风险共担。由此，首先，要发挥政府的决策作用，制定有利于现代学徒制推进与发展的相关政策，统筹协调各个层次和要素，为现代学徒制提供制度、办学、管理及条件方面的保障。其次，要充分发挥校企双主体作用，除了要推进校企合作机制，还要针对合作内容、合作方式、合作保障展开全方位对话，激发双方一体化合作的内生动力，加快实现校企深度合作。并且要发挥行业协会的中介作用，为校企合作提供信息、咨询、指导与决策，规范双主体在校企合作中的行为。最后，要立足学生(学徒)核心技术技能与素质素养的提升，以提高质量为核心，调动学生与家长积极主动参与到现代学徒制人才培养计划中来，提升职业教育吸引力。

现代学徒制人才培养模式要求企业、学校和学生共同签订协议，分别明确三方的权利和义务。在人才培养过程中，企业和学校既是各项培训课程的实施部门，也是评价部门。企业和学校共同制定人才培养目标，确定人才培养内容，制定人才培养方案，实施人才培养计划，共同对人才培养质量进行评价，因此，校企合作是现代学徒制的重要基础。此外，政府也在现代学徒制人才培养模式中扮演着重要角色，现代学徒制的试点和推广工作往往由政府通过出台相应的政策得以实施。在人才培养过程中，学校与企业的有效对接和双方责任与义务的界定通常由政府从中协调完成，对人才培养过程的监督也是政府需要履行的又一重要职责。

现代学徒制教学模式要充分实现工学结合、产教融合，在这样的背景下，教育主体逐渐呈现出多元化的发展趋势。在传统的教学过程中，教师就是唯一的教育者，而随着现代学徒制的提出和实施，教育者不仅可以是校内教师，还可以是企业相关优秀人才。同时，多元化发展也增加了影响学生管理的相关因素，高职院校和企业应积极配合、密切联系，加强彼此之间的沟通和交流，从而为学生提供更为全面的管理服务。

（二）学生身份的双重性

受传统教学模式的影响，学生主要以学生的身份接受教学内容和教学活动。但是在现代学徒制的教学模式下，学生通常具有双重身份，即在学校是学生，在企业是学徒。在学校里接受教师的指导和管理，在企业里接受师傅的实践操作教学，进行综合性的锻炼。由此，因身份角色的转换，高职院校应当及时对学生进行指导和帮助，适当进行心理辅导，避免因对身份认知的偏差而造成心理问题。

在现代学徒制人才培养模式中，授课的地点不仅包括学校的课堂，还包括企业的厂房、车间等企业环境；学习的内容不仅包括理论知识，还包括实践操作，这就使得在这一模式中教育者和受教育者的身份具有了双重性。在学校中，教育者是专业教师，主要传授专业理论知识；在企业中，则由企业指派师傅指导和监督学生在企业接受生产技能的训练，"师父带徒弟"的教育教学形式也成为现代学徒制人才培养模式中重要的特点，而受教育者则具有学生和学徒双重身份，既要完成课堂理论知识的学习，也要参与企业的技能培训学习。

现代学徒制认定其培养对象既是职业学校在校生，又是企业的学徒，具有双重身份。其双重身份需要学校和企业、学生和企业签订协议进行认定，将两者身份合二为一，明确规定其权利和义务，学徒身份第一，学生身份第二，从而提高企业使命感，保障学生(学徒)合法权益。在企业，学生获得了学徒身份，就意味着学生是企业的员工，能够使学生形成对企业的归属感并发扬主人翁精神，学徒身份还能有效提高企业对学生开展教育与培训的主动性和积极性。

明确“双身份”所对应的权、责、利。在企业中，学生既具有学生的身份，又具有合作企业预备员工的身份。在学校，学生既能享受在校学生的权利，又必须遵守学校的规章制度，履行在校学生的义务。在企业，学徒(学生)既享受预备员工的权利，还要遵守合作企业的规章制度，履行员工的职责。企业若需要安排必要的加班和倒班等特殊事项时，除要符合劳动法规定外，还要征得学校与学徒的同意，避免出现企业把学徒当作廉价劳动力的现象。等到学生毕业和学徒出师时，学生与企业的用人关系将自动解除，企业和学生均可进行双向选择，企业享有优先聘用权，可提前选聘优秀学生，学生如果选择在该企业就业，则享有将实践经历计为试用期的权利，根据学生在企业中的具体岗位，按合理的工资标准支付劳动报酬，如果学生在企业学徒期间产生纠纷或伤害，则按照《中华人民共和国劳动法》解决，并且要严格执行劳动法的规定：“禁止用人单位招用未满十六周岁的未成年人”，以保障学生的合法权益。学校和企业应熟练掌握相关法律，避免触犯法律，针对个别低龄学生制订专门的教学计划，采取推迟实践、配备专门师资等措施，在保证学习和实践效果的前提下缩短实践时间。

(三)课程学习与岗位培养一致性

评价一个学生受教育水平和专业技能水平的高低，往往需要职业教育学历证书和职业资格证书，而职业教育学历证书是由教育部门主管颁发的，职业资格证书则由劳动部门颁发。在现代学徒制人才培养模式中，学生在学校完成全部课程并取得全部学分后，即可获得职业教育学历证书。而在企业进行实践训练的过程中，可以在优秀员工的指导下熟练掌握操作技能，为顺利通过相关职业资质考试打好基础，从而获得职业资格证书。这样就能实现提升受教育者学历和获取职业资格的有机统一，提高受教育者在人才市场中的竞争力。

在专业指导委员会的指导下，职业院校的专业教师和合作企业的技术专家按照企业岗位职业标准共同确立专业人才培养标准，制订教学计划，配套相关的教学条件，共同开展教学活动。

首先，设置模块化课程体系。专业课分为四类：专业基础课程、专业技能课程、学徒岗位能力课程、拓展类课程。专业基础课程重点在于传授专业知识，为认知专业技能和锻炼技能打稳基础；专业技能课程是专门针对职业岗位所需的通用职业能力而设置的课程，该类课程主要在校内实训场所开展，将生产中典型的工作任务引进为教学中的项目化课程，为学生进入企业奠定基础；学徒岗位能力课程即生产性专业技能课程，是根据学徒在岗位实践中的实际需求而设置的，在企业生产性场所中实施教学；拓展类课程则包括思政类课程、创新创业课程和就业指导课程等，有利于培养学生的"关键能力"，提升学生的可持续发展能力。

其次，保证课程与职业能力的对接。专业课程细化为典型工作任务，注重典型工作任务与职业能力培养的关系，依据职业能力培养目标，设定典型工作任务的教学标准。

最后，配套相关的教学条件。明确教学标准中的师资要求，即授课的"知识导师"和"技能导师"所需具备的要求，满足教学设施设备需求，以满足学生在校内外实践基地学习的要求。

学校与企业基于学生的双重身份，重点对专业技能课程、学徒岗位能力课程进行构建，共同设计教学内容和教学生产任务，把知识与生产实践相结合，提高生产技能。企业师傅和学校教师共同承担教学任务，不断优化评价方法，引入职业认证考核标准以及企业岗位晋升等级考核标准等，将课程成绩与工作业绩挂钩，逐步建立以应用为目的的校企联动评价机制，提高教学评价的针对性和有效性。为了提高学生的综合能力和素质，考核既要涵盖专业能力与实操能力，又要兼顾职业道德、人文素质和其他社会能力。

根据教学任务需要（教学目标）和岗位技能需要（职业资格标准），考核学生的学习能力和职业岗位的适应能力，分析影响学生学习成果的因素，并找出问题，指出改进方法。在保证学生掌握各项技能的前提下，引导学生投入更多的时间和精力到合适的岗位进行学习和锻炼，激发学生成长发展的热情，培养出既在某些岗位具备较高水平，又能掌握全面技能，还具备持续发展能力的符合企业需要的技术技能型人才。

第二节　现代学徒制的办学实践

一、现代学徒制的管理体制

站在职业院校的层面来说，现代学徒制是人才培养模式的进步体现；而站在国家的层面来说，它是职业教育制度的改革体现。从一些欧美国家的经验来看，现代学徒制的开展必须从顶层制度设计入手，如德国作为世界职业教育的典范，将现代学徒制作为本国经济发展的中流砥柱和国家崛起的“秘密武器”。在德国，企业是现代学徒制的主要承担方，由企业设置学徒岗位，学生在行业协会和职业院校同时注册学籍，只有通过行业协会组织的实践操作考试和职业院校的结业考试，才能获得相应的职业证书及学历证书。德国 500 人以上的大型企业参与到现代学徒制的比例达到 91% 以上。欧美国家已具备比较全面和系统的现代学徒制法律，有着强大的法规体系作为保障。而我国目前有关现代学徒制的相关政策和法律法规基本空白，尤其缺乏能够激励和保障企业参与现代学徒制强有力的机制。

现代学徒制的教育模式需要政府、企业、学校、学生四个方面共同努力完成，找到共同的利益诉求点，针对实施过程中遇到的困难，要建立能充分体现各方利益的运作机制；将标准控制和过程控制进行软硬结合，以确保工学结合的教育质量；加大宣传，使文化建设与制度建设双向互动；完善立法，细化操作规则；优化经费机制，促进公平，体现效率。校企合作是学校与企业之间进行资源交换的一种形式，它涉及不同社会经济主体的合作，因此，要更兼顾多元办学主体的利益，遵循权益平衡，而这些都需要政策的引导和公共财政的支持，所以，应遵循政府主导的原则进行宏观调控。政府要协调建立能充分体现各方利益的运作机制，结合区域经济发展的需要以及西方发达国家的职业教育发展经验，制定相关的保障制度，吸引企业积极地参与到校企合作的人才培养模式中来。

(一)建立政府主导的管理机制，保障各方利益

现代学徒制的人才培养不仅需要职业院校和企业的共同努力，还需要政府的支持和投入。近几年来，为了推动现代学徒制的发展，国家虽然出台了多项政策并鼓励职业院校进行试点，但是这些政策性文件大多比较宏观，在现代学徒制人才培养模式中，一些重要的法律、法规尚未明确，如《高等教育法》《职业教育法》《劳动法》等法律中均没有相关明文规定确定现代学徒制的法律地位，校企双方的责任也没有明确的界定。

现代学徒制要得到科学、可持续的实施，需要政府强有力的政策支持，主要为激励政策、扶持政策、投入政策等。首先，针对企业实施激励政策。现代学徒制涉及职业院校和企业，然而，企业一直以来都缺少积极参与职业教育的动力，为了提高企业参与的积极性、吸引优秀企业加入现代学徒制人才培养计划，需要建立激励措施，如减免参与现代学徒制企业的税收、提供财政资助、对办学质量优异的企业进行表彰和奖励。其次，针对职业院校和学徒实施扶持政策。例如，可以对开展现代学徒制试点的职业院校开放招生自主权，建立现代学徒制人才培养的专项资金；制定适合本地区发展的现代学徒制实施办法；制定学徒权益保障制度，如报酬、保险等。再次，实行多元化投入政策，如设置专项经费，企业按照职工工资总额的一定比例，提取足额培训经费用于企业学

徒培养，学校充分利用国家助学金政策，从办学收益中提取相应比例资金用于试点工作，公开补助实习岗位，按照学徒岗位的数量、性质，向承担学徒培养并经考核合格的实习单位进行补助，用于实习单位对带学徒师傅的奖励，其经费由政府专项资金和学校共同承担。

在现代学徒制人才培养模式参与的各个主体中，企业显然占据最为重要的地位，企业参与的积极性直接决定了人才培养的成功与否。目前，无论在现代学徒制推广方面，还是在人才的教育培养方面，企业参与的积极性都不高，主要原因包括：第一，企业是追求利益最大化的经济体，看重的是短期利益，而在现代学徒制人才培养模式下，一名合格员工的培养往往需要至少三年的时间，耗时长，短期内无法取得实际的经济效益。另外，学徒在校学习期间，企业仍需要支付一定的资金作为顶岗实习时的报酬，这无形就增加了企业的人力资源成本。第二，在当前的现代学徒制人才培养模式中，职业院校往往占主导地位，负责人才培养课程体系设置，导致企业失去主动权，降低了企业参与的积极性。第三，在现代学徒制人才培养的过程中，需要企业为学生提供实训场所，而学生的实践活动不仅不能为企业创造实际的经济效益，还会在一定程度上对企业的正常运行造成影响，这无形中成为影响企业参与现代学徒制的又一因素。所以，为提高企业参与的积极性，政府应给予参与现代学徒制人才培养的企业一定的税收减免或财政补贴，使企业能够在参与职业教育的过程中获得收益。另外，由于“重普教，轻职教”的理念根深蒂固，政府对现代学徒制的宣传也要加大力度，提高全民的认识度。

企业在推进现代学徒制发展中起到了关键作用。企业不仅要成为培养学生的场所，更需要全方位参与现代学徒制的组织与管理，制定职业能力标准，甚至参与国家层面现代学徒制相关政策和法律的制定过程。职业院校教师应定期到企业进行锻炼，熟悉企业业务开展流程，了解企业岗位具体需求；同时，企业也应选拔技能突出的师傅去接受学校教师的专业理论培训，实现学校教师和企业优秀人员共同进行课程设计并制定教学质量评估标准。校企共赢是现代学徒制能够有效运转的基础保障。我国必须尽快从制度和法律层面明确规定政府、企业、学校的责任、权利及分工合作关系，加快出台有利于实施现代学徒制的相关政策和法律法规，而且要从政策和经费上保障企业的权利和利益，调动企业参与的积极性，对现代学徒制试点企业实施税收减免及财政补贴等补助政策，弥补企业的参与成本损失，提升企业参与现代学徒制发展的动力。同时，也要为学生提供工伤风险规避、劳工权利、就业条件等保障，科学合理地完善学生职业能力资格证书颁发与评价体系，提升学生参与现代学徒制的积极性，确保职业教育与社会生产能够顺利对接。

（二）提高校企认识，形成院校、企业的双认可

在校企合作、产学结合的现代学徒制职业教育人才培养模式的实践运行中，需要校企双方互相高度认可和积极合作。职业院校和企业要在校企合作模式中建立深层次的了解，互相认可对方的实际教育和培训成果，这样才能积极地开展合作。首先，要明确职业院校的功能是服务，既要为企业服务，也要为学生服务。因此，职业院校可根据企业的行业性质、工作岗位、地域差异、薪资待遇、职业发展，以及院校的实际师资、设备等条件进行全方位、全过程的对接，以企业和学生的诉求为依据，改革学校的招生、教学和管理制度，使之与企业、与学生的实际需求相适应，解决企业与学生的实际问题，提出对企业、学校、学生各方面可行的最佳方案，从而让企业能够充分接受并积极参与其中，真正做到校企联合办学，形成紧密的合作关系。

合作的行业、企业根据发展的需要与现代学徒制试点专业所在的院校联合组建管理部门，由行业、企业、院校管理人员组成领导班子，做好行政管理工作，针对行业、企业所需的技术技能型人才设置相应的专业课程，由行业、企业技术人员（师傅）、专业教师组成专职、兼职教学团队，做好现代学徒制试点专业建设与教育教学改革等工作，并经常开展行业、企业的调研工作，与行业、企业在联合招生、联合培养上积

极协调开展工作。

高职院校应处理好校企双方的利益分配问题，建立高职院校和合作企业之间的利益均衡、成本共担、成果共享机制，充分调动行业、企业参与现代学徒制人才培养模式的积极性。具体而言，第一，强化校企合作组织保障。例如，2001 年安徽交通职业技术学院与 120 家企事业单位共同组建了安徽交通运输职业教育集团，成立了董事会，出台了包括《职业教育集团章程》在内的一系列校企合作管理制度，明确规定校企合作组织的构建原则、目标任务、活动程序、工作职责、工作方式、成员构成与发展、权利与义务，确保了校企合作正常开展，为推行现代学徒制提供了组织保障。第二，高职院校要利用自身在学术研究、教学条件等方面的资源优势，结合行业、企业实际，帮助行业、企业在生产、经营等方面进行更加科学合理的管理和规划，有效指导特定行业、企业制定和完善企业各项管理制度，有效管控企业的财务风险，提高合作企业的管理水平，以提高合作企业的生产经营能力。例如，广州番禺职业技术学院与百果园公司开展现代学徒制校企合作，经过双方近四年的不断努力，百果园公司在全国的门店数量增长了 4 倍，计划到 2030 年门店数量增至 15000 家，力争成为全球果业最大的连锁销售企业。第三，合作企业应积极配合高职院校推行现代学徒制的教育模式，给高职院校提供实施现代学徒制所必需的场地、人力、技术等资源。企业可派优秀骨干到高职院校进行教学，给学徒提供一定的劳动报酬和风险保障，如给学徒购买保险、承担学徒工伤等。

(三)构建教学管理机制

为推进现代学徒制的顺利实施，高职院校要全面提升教学管理体制的多元性、灵活性，探索建立与现代学徒制相匹配的教学管理体制，实行交替式的学习和培训，将现代学徒制贯穿到高职院校招生、考核、管理、培训等各个环节，促使校企双方在人才培养中做到融会贯通。具体而言，第一，高职院校要加强对现代学徒制日常教育教学活动管理机制的建设。按照现代学徒制的要求，建立学徒考勤制度、学徒实习指导制度、学徒工作评价制度等。例如，安徽交通职业技术学院建立了与现代学徒制相适应的学籍管理制度、学生(学徒)保障制度和考核评价制度。第二，高职院校和合作企业要共同参与制订现代学徒制课程计划、实训计划、教学计划及编写课程内容，实现高职院校的教学与企业人才的实际需求相吻合。例如，安徽交通职业技术学院在推行现代学徒制人才培养模式过程中，企业师傅承担的专业课学分比例达到50%以上，并且重新构建以项目为课程主体、以职业实践为主线、以岗位能力为本位的模块化专业课程体系，引入企业技术标准和企业文化，将“公路施工组织与概预算”“路基路面工程”“桥梁工程”“公路勘测设计”和“基础工程”5门专业核心课程开发为慕课、微课等网络在线课程，与合作企业共同开发5本现代学徒制教材。第三，高职院校和合作企业要共同参与现代学徒制的课程管理。按照合作企业实际生产、经营、管理的要求，校企双方共同开发现代学徒制的课程体系，共同设计教学环节。例如，安徽交通职业技术学院在推行道路桥梁工程技术专业现代学徒制过程中，积极探索实践工学交替、长短结合、分阶段进行的教学模式，将第四学期分成四(1)和四(2)两个学期段，将第五、第六两个学期分成多个学段，使专业教学和技能综合实训在校内外交替进行。

在现代学徒制的实施过程中，高职院校还需不断改善实训条件，不断完善实践教学机制，为教学实践提供一个好的平台。例如，安徽交通职业技术学院推行道路与桥梁工程技术专业现代学徒制，建立了9个校内实训中心，总建筑面积约7800平方米，设备总资产约3000万元，形成了涵盖道路桥梁工程技术专业教学、技术服务、培训、科研及技能鉴定“五位一体”功能齐全的开放式综合实训基地，开展工程测量、公路工程试验检测、公路工程技术、道路勘测等实训，培养学生的理论与实践相结合的能力。具体而言，高职院校可以安排一年级学生进入合作企业进行实习，使学生认识合作企业的生产经营流程，让学生了解合作企业的岗位需求；安排二年级学生进入合作企业进行实训，遴选优秀学生组成团队，进行合作企业产品的设计与开发；根据三年级学生的学习兴趣、知识水平等因素对学生进行分组，安排学生顶岗实习。例如，安徽交通职业技术学院在推行道路桥梁工程技术专业现代学徒制的过程中，根据企业、职业岗位素质能力要求和职业资格标准，以学院和企业两种课堂相互融合，合理安排院校和企业对学生(学徒)的教学任务，实行产教融合、工学交替、形式多样的教学组织模式。具体而言，第一学年主要是在学校进行基础知识学习、基础能力培养和基本技能训练；第二学年第一学期主要是将学校专业知识学习与企业岗位基本技能训练融合；第二学年第二学期主要是在企业现场进行轮岗专项技能学习和训练；第三学年第一学期主要是在学校进行企业岗位专项技能提升，并组织考取符合企业需求和岗位要求的职业资格证书；第三学年第二学期主要是进入企业现场顶岗实习，进行企业岗位综合技能训练和职业能力拓展训练。

二、现代学徒制的运行机制

(一)推进现代学徒制保障体系建设

德国建立了现代学徒制“联邦中央—州—地方”三级的管理体制，形成政府、企业、行业协会、学校以及学徒共同参与的多元主体协同管理机制。与德国相比，目前我国还没有健全的学徒制管理体制，与之相关的各项事务也没有明确的责任主体。我国应尽快建立健全现代学徒制管理体制，形成自上而下的“中央—省—地方”三级管理机构。中央级学徒制管理部门负责总体领导和统筹规划现代学徒制，以国家经济发展需求和宏观政策为导向，制定现代学徒制的发展政策，并与其他产业部门的管理机构进行信息沟通与交流，及时有效地获得产业部门的人才需求，把握现代学徒制发展方向。省级学徒制管理部门要结合中央制定的总体规划和本省实际情况，制定切实可行的省内学徒制管理规章制度和具体政策，落实中央管理部门提出的各项政策与规划。地方学徒制管理部门负责学徒制的具体实施，并负责监督和管理地区范围内的行业、企业、学校和相关机构，督促学校和企业完成学徒制培训的任务，确保培训质量。地方学徒制管理部门是最基层的学徒制管理部门，也是具体实施学徒制发展规划的部门，起到十分重要的作用。

现代学徒制不仅需要教育管理部门的推动与监督，更需要社会各界力量的支持配合。政府应促进多主体参与学徒制管理，实现协同治理。学徒制的三级管理体制的运行需要人社部门、经济部门、职能部门的配合，还需要行业企业、企业师傅、学校教师、学生(学徒)、学生家长的积极参与，对实施中存在的问题提出建议，充分体现各利益主体的权利和责任。同时，这种多主体参与协同管理的方式需要通过制定相关法律法规予以明确，这样才能让各利益主体的权利和责任规范。

现代学徒制人才培养模式的完善离不开政府的支持。明确院校、企业和学生三方的法律法规责任，是现代学徒制人才培养模式有效运转和良性循环的必要前提。因此，政府部门应尽快出台相关的法律法规，从法律层面确定现代学徒制的合法地位。当前，现代学徒制人才培养模式中，大多数是由职业院校和企业签订培训协议，职业院校和企业的利益得到了重点保护，而合同中却很少涉及学生和师傅的权益①。因此，政府在出台政策时，除了要考虑院校和企业的合作共赢，也需要切实保障现代学徒制人才培养过程中学徒(学生)和师傅的权益。此外，政府应利用多种渠道对现代学徒制进行广泛宣传，加大试点力度，鼓励职业院校、企业和学生积极参与到现代学徒制中来，提高对现代学徒制的认可程度。

我国应加快建立学徒制保障制度，提升学徒制培训的质量，强化现代学徒制的市场化运作，通过培养优秀的毕业生来吸引更多企业参与现代学徒制人才培养。首先，要组织行业、企业专家、教师代表进行调

---

① 陈冬梅．高职院校现代学徒制人才培养模式研究[J]．教育理论与实践，2015(30)：31-32.

研，这样有利于制定现代学徒制的教学标准，规范全国学徒制的教学过程。各地区的职业院校和企业应根据教学标准制定相应的教学目标，规范各自的教学过程。但是，仅有教学标准是远远不够的，为了建立现代学徒制的质量保障，还应根据教学标准对学校和企业的教学效果进行评估，建立行业、企业、社会和第三方机构参与的质量评价机制，鼓励职业院校和企业先进行内部评价，建立自我约束的机制，与此同时，也要重视外部评估，引入淘汰机制，对于未能达到要求的企业和学校将失去政府补助资格，多次不能达标的职业院校和企业将取消其现代学徒制试点工作的资格。

规范化管理是现代学徒制有序进行的基本保障，这就需要从宏观和微观两个方面建立现代学徒制法律法规和管理制度。首先，国家应建立专门的现代学徒制管理机构，建立相应的工作机制和规章制度，将教育、人力资源和财政等部门进行有机整合。其次，各级政府要将各省的实际情况相结合，建立现代学徒制实施的专门规章制度，督促和约束现代学徒制的发展，如现代学徒制经费管理制度、学徒与学生保护制度等。最后，学校实施过程中要根据实际情况建立微观的管理制度，比如“双师”管理办法、学徒管理办法、教学质量监控和考核标准等。

制定完善的管理制度需要把握以下几点：第一，根据教育的人本观念，要使企业或行业的实际需求与培养高素质技术技能型人才相一致，而不是将学生当作企业的廉价劳动力。第二，制度分层，国家的宏观指导、地方政府的中间部署、企业的积极参与、职业院校的具体实施、社会各界的多方支持，不同层次之间都要有不同的约束与保障制度。第三，定期进行检查和动态调整，及时发现在实施过程中产生的问题，根据行业、企业的发展以及教育发展规律，动态调整教学内容与教学进程，完善质量监控机制与反馈机制。第四，保障学生的合法权益，岗位的分配要根据学生的具体情况安排，要对学生的长期发展负责。对学生付出的劳动要给予合理的报酬，在岗期间，也要保证学生应得的福利、保险等劳动保护。

(二)加强师资队伍建设

无论是理论教学还是实践操作，都离不开任课教师的指导。职业院校在运行现代学徒制时，要发挥优秀教师团队的保障作用。同时，为提高学生的理论知识水平和实践操作技能、培养符合企业需求的人才，要密切联系学校教师与企业师傅合作的纽带，相互学习，共同参与专业建设、课程建设，推动现代学徒制有效运行。构建教师合作机制，打造“双导师”教师团队是保障现代学徒制有效运行、提高学生培训质量的关键。例如，某高职院校在师资队伍建设中，与企业合作建立“校企联合教研室”，教师队伍主要由学校任课教师、企业高级工程师和岗位主管共同组成，采用“双导师”联合授课的形式，学校任课教师主要负责理论知识授课，企业高级工程师和岗位主管负责学生实践操作方面的指导。

教师的能力和水平直接影响到现代学徒制人才培养的质量，因此，加强师资队伍建设是现代学徒制人才培养的重要保证。在现代学徒制人才培养模式中，学校应重视“双师型”教师的培养和引进，教学任务由学校教师和企业师傅共同承担。首先，要增加在校教师的企业实训经验，可以每年选派部分教师到企业参加顶岗实习，了解企业实际经营情况，使教师能够在课堂中讲述更多的企业实例，运用情景教学方法，使学生对理论知识有更好的理解与掌握。其次，学校可以聘任企业中的高技能师傅担任实训教师，在人才培养中明确师傅的责任和待遇。在企业实训环节师傅对学徒提供帮助，在学校举办技能专题讲座，有针对性地培养学生的专业技能。再次，制定相应的激励标准，根据教师的劳动付出和教学质量支付一定的劳动报酬，提高教师教学的积极性。最后，要重视对“双师”队伍的考核评价，由企业、企业员工、学校、学生和教师自己对教师的教学能力和教学质量进行全面考评，及时发现教师队伍的不足，并予以改进和完善。

高职院校应按照现代学徒制的培养目标和教学要求，积极采取多种措施拓宽师资的来源渠道，全面提升高职院校师资团队实力，以加强现代学徒制师资团队建设。具体而言，一是要加强“双师型”专业教师的培养。例如，安徽交通职业技术学院针对现有专业教师的专业结构和自身特点，选派专业教师参与国内外学术论坛，提高其学术水平；选派专业教师参加企业业务学习，学习先进的职业教育理念，提高其职教能力；选派专业教师到合作企业挂职锻炼，提高其职业操作技能。通过培训学习、企业挂职锻炼等方式培养“双师型”专业教师30人，使学院专业教师不仅具备扎实的学科专业知识，还熟悉专业所对应的主要职业领域的工作过程知识，具备道路桥梁工程专业领域内较强的职业实践能力。二是要加强校企“双导师”制度建设。例如，安徽交通职业技术学院与合作企业共同制定《现代学徒制“双导师”管理办法》，规定学院教师和企业师傅的选拔、培养、考核、奖励等具体程序和条件，明确“双导师”的职责和待遇。三是要加强校企“双导师”教学团队建设。例如，安徽交通职业技术学院根据教学工作需要，安排学校专业教师到企业现场锻炼，并以学校指导老师的身份现场教学并协助企业师傅管理学徒(学生)；从合作企业选聘多名专业基础扎实、操作技能突出、实践经验丰富、熟悉地区和行业情况的高级技术人员和能工巧匠作为企业师傅，担任企业学徒(学生)培训工作，实现师资“双导师化”，建成一支职教能力强、结构合理、专兼结合的“双导师”教师团队。

(三)不断完善人才评价标准体系

由于教育工作的特殊性和复杂性，使得人才培养的评价标准难以制定，它必须以学生的综合素质为基础，不能简单地用经济指标来衡量，它是一个复杂的评价体系。如何有效评价学徒学业情况，对人才培养进行方式性的引导，是现代学徒制评价体系设计必须深入思考的问题。

1. 以人才培养目标为基本设计考核评价体系

以人才培养目标为基本设计考核评价体系有利于促进教学相长。以汽车检测与维修技术专业为例，毕业生主要是在汽车维修和美容市场服务行业中工作，其培养目标是"具有现代服务理念，掌握汽车结构、原理及检修等方面的专业知识和技能，能熟练运用汽车检测诊断设备，对车辆故障进行诊断、分析、排除的高级技能型人才"。因此，评价体系的构建应以其主要工作岗位为基础，最大限度地解决学生职业能力与岗位需求之间的矛盾，针对企业需求考核学生的学习效果，为学生毕业后能快速就业、适应岗位要求创造条件。

2. 评价主体多元化，强化企业和学生的主体地位

现代学徒制的特性之一是"师傅带徒弟"，因此，评价的主体首先应该是师傅和徒弟。其次，学校和企业的指导教师从理论知识、职业技能、业务能力、团队合作等方面进行评价。再次，学生也可从教学内容的设计、知识覆盖面、教师和企业师傅的授课方式、教学态度、教学环境、教学设施、教学管理等方面对学校和企业进行多元化评价，可形成良性循环，以提高人才培养质量。

3. 以岗位技能评价为重点，重视过程评价

现代学徒制是以岗位为基础开展教学，岗位技能的评价也是现代学徒制教学评价的基本单元，岗位技能的培养是基于岗位任务的过程实施，因此考核评价体系应以岗位技能为评价重点，重视过程评价，以岗位技能的掌握程度为评价内容，考核学生的学习效果，以此作为给定学生学习成绩的重要依据。

4. 多向传递评价结果，促进教学质量提高

考核评价体系不仅是针对学生学业的考核，也是对教师教学水平的考核。多元化评价主体的评价体系中应该设置多项信息传递通道，有效收集和分析相关信息，并及时地将评价信息传递给相关部门和人员，制定改进措施，促进教学质量的提高。

在传统职业教育中，人才的评价主要由职业院校进行，只要学生所修学分达到教学要求即可获得学历证书。而现代学徒制人才培养模式要根据现代学徒制中的"双重身份、双元教育"等特点，完善人才评价标准体系。因此，在对人才进行评价时，应由学校和企业共同负责，遵从

学生共性发展和个性发展的客观规律，对学生的学校成绩由院校进行考评，而对学徒在企业实训中的成绩则由企业进行评价，合理设置学校成绩和实训成绩在总成绩中所占的比例，科学合理地评定人才的综合素质。学生在校培养过程中，逐渐实施高等学历与职业资格挂钩的人才评价体系，职业资格的取得成为学生拿到高等学历的必要条件，使学生重视对实践技能的学习，提高学生与今后工作岗位的匹配度，降低企业培训成本损失，最终提高工作能力。

在推行现代学徒制的过程中，高职院校和合作企业要共同参与学徒的考核评价，将学徒岗位工作任务的完成情况纳入学徒考核评价的范围，努力形成与现代学徒制人才培养要求相匹配的考核评价机制。按照“校企合作，联合育人”的培养理念，改革传统的教学单一评价模式，积极推行多形式评价、多级评价、多方评价等各类模式。具体而言，高职院校教师和合作企业师傅双方共同评价学生的考核成绩，共同建立学业标准与学徒标准相结合的多元化考核评价体系，以学徒岗位实践测评和获取职业技能资格证书取代传统的课程考试，进一步明确合作企业在人才培养方案中的学习内容，并以此制定包括学徒理论素养、学徒职业素养、学徒实践素养三个模块的学徒考核评价标准，考核学生(学徒)在岗工作的实习态度、表现情况、专业理论知识和岗位专业技能的掌握程度。例如，安徽交通职业技术学院在推行道路桥梁工程技术专业现代学徒制的过程中，改革以往学院自主考评学生的评价模式，将教师评价和企业师傅评价相结合，而学院完成的教学内容则由学院组织考核，职业技能鉴定替代相关课程考核，企业完成的培训内容由校企双方共同制定考核标准，并由企业师傅进行考核。为了增强学生(学徒)岗位适应能力和人才培养质量，安徽交通职业技术学院建立职业技能试题库，拿出专项培训经费，加强学生(学徒)岗位职业技能训练，鼓励学生(学徒)参加试验检测员、施工员、工程造价员、工程测量员等满足岗位要求的职业资格考试，把学生必须具备 1 个以上的专业能力培训证书或职业资格证书作为毕业条件，纳入学籍管理当中，以实现双证书率达100%。

根据现代学徒制“双重身份，双主体培养，双元育人，双元管理”等特点，一方面，学校与企业必须共同制定适合理论学习与在岗实践、学生与学徒身份交替的灵活的教学质量管理制度与学分认定评价体系。现代学徒制人才培养方案除了包含技能能力评价指标外，还需突出对学生学习能力、沟通能力和职业素养等方面的评价。另一方面，政府还需出台配套政策，将企业实践经验及技能水平等要求作为考核职业教育教师队伍的指标并作为职称晋升的依据。

三、现代学徒制的教学方式

目前，高职院校有关现代学徒制人才培养的课程体系多由职业院校设定和负责实施，虽然这种模式在一定程度上有利于职业院校的管理和教学，但与企业对技能人才的需求不能完全匹配。因此，高职院校在构建现代学徒制人才培养课程体系时，应充分考虑企业对技能型人才的需求，在企业积极开展调研，从教学方法、课程内容和培养目标等多个方面进行改革。根据企业的调研结果，适当调整教学和实训的课时分配，并合理选择教学方法。这样不仅有利于提高学生学习的积极性，更有利于学生能够真正参与到企业的生产过程中，锻炼学生的社会适应性，从而体现出现代学徒制人才培养模式的“高等性”和“职业性”。

近两三年我国在政府层面着力推行现代学徒制这种教学模式。2014年教育部颁布了《教育部关于开展现代学徒制试点工作的意见》，2016年教育部又公布了全国实行现代学徒制的试点单位。现代学徒制是通过学校与企业的深度合作、教师与师傅的联合传授，以学生的技能培养为主的现代人才培养模式。现代学徒制有利于促进企业参与到职业教育人才培养的全过程，实现课程内容与职业标准的对接、专业设置与产业需求的对接、教学过程与生产过程的对接、毕业证书与职业资格证书的对接、职业教育与终身学习的对接，大大提高了人才培养的质量和针对性。它具有校企双主体育人，学校教师和企业师傅双导师教学的特点。

其特点如下：第一，学生具有双重身份。参加现代学徒制的学徒既是企业员工，又是职业院校学生，其双重身份通过学徒与企业、学校与企业签订两个合同得到确认。第二，学校招生与企业招工一体化。招生与招工一体化是开展现代学徒制试点工作的基础，职业院校与合作企业共同研制招生与招工方案，改革考核方式、考核内容和录取方式。第三，校企深度合作一体化育人。目前比较流行的现代学徒制的教学方式有以下几种：

（一）校企合作、工学结合式

校企合作、工学结合是高职教育的核心和优势，是“工”与“学”的交替教学组织和管理模式的变革，更是现代学徒制人才培养模式的重要形式之一。它是一种开放的教育类型，跨越企业与学校、职业与教育、工作与学习的界域。职业教育要想实现这种“跨界”教育，必须同时遵循职业和教育的规律，打破在企业里办培训或者在学校里办教育的这种单一思维，形成系统集成“跨界”的理性思维。当前学校实施的教学组织模式和管理体制严重阻碍了工学交替的彻底实现。高职院校在教学组织实施中面临的普遍问题是企业生产任务的不确定性和学校教学任务的连续性之间的矛盾。由于教学空间的延伸——校内到校外，参与主体的多元——学校、行业和企业，在教学管理运行中，要求做到工学衔接合理，以学校为主、以课堂为中心的传统教学组织形式已经无法适应这种要求，因此，必须改革现行教学组织模式和管理体制。在教学管理的方方面面，都要充分体现以企业为中心和一切为了学生更好地发展的教育理念。一般来说，就是要依据培养过程中学生发展的共性和个性需求选择教学组织方式，树立以企业为中心的服务理念，实行校企共同参与的“柔性化”的教学管理模式，校企共同实施课程管理、共同评价课程实施效果和评估高技能人才培养绩效，为现代学徒制培养高技能人才提供管理上的支撑。

工学结合是现代学徒制的重要前提和基础，而企业在现代学徒制人才培养模式中又占据着主导地位。在德国、英国等国家实行的现代学徒制人才培养过程中，学徒在企业参加实践培训的时间约占总学习时间的60%，而在我国，企业参加现代学徒制的积极性不高，学徒在企业进行实训的机会少、时间短。企业是以追求经济利益为最终目标，对于自身在科研和人才培养方面的认知存在不足。企业应积极与高职院校合作，主动参与到课程体系设置、人才培养目标制定和实践教学等环节当中，为学徒提供实训场所，配备高技能的师傅，保证学徒在企业能够学到“真技能”。对于企业而言，参与教育虽然不是其必须执行的义务，但是在联合学校进行现代学徒制人才培养中，可以扩大企业的品牌效应，帮助企业吸引更多的人才，也可以为企业培养社会需求型实用人才。

从词语结构上来讲，工学结合是主谓结构，工学是双主体，结合是谓语。工学结合中的“工”是指“工作过程”，学是指“学习过程”，工学结合就是在培养职业院校学生的过程中，“工作过程”与“学习过程”的有机统一。工学结合主要包含两个层次的含义：一个是指过程的结合，即工作过程与学习过程的结合；另一个是指对象的结合，即教育部门或学校与企业、产业界的结合与合作。工学结合的特点就是“在做中教”和“在做中学”，利用学校与企业两个不同的教育环境和教育资源，把以课堂教学为主的学校教育和直接获取实践经验的校外工作有机结合，并贯穿到学生的整个人才培养过程之中。

校企合作也是主谓结构，校企是双主体，合作是谓语。从狭义层面上理解，校企合作是指充分利用学校与企业的场地、设备、技术等资源，将教学活动和实际工作联系起来，培养学生的综合素质和专业技能，以适应不同用人单位的人才需求。从广义层面上理解，校企合作是指国家各级政府部门、各类学校与企业、相关教育机构、学生及其家庭共同参与、密切协作，创新教学体系与教学过程、培养高素质技能人才的新型教育模式。而职业教育的校企合作原则是：职业院校和企业双方一起在人才培养与企业职工培训、科技服务、资源共享、科技创新与共同发展等方面开展的合作。其目的就是要把职业教育与经济、社会发展紧密联系起来，充分利用双方的条件，发挥各自的优势，实现良性的互动，最终达到提高职业教育人才培养质量、促进经济社会发展的终极目的。校企合作主要遵循自愿协商、优势互补、利益共享的原则。站在职业院校的角度来讲，校企合作就是职业院校根据人才培养和自身专业建设需要，从专业人才培养目标、人才培养方案、课程设置、教学大纲、教学计划、教学内容以及教学评价等方面，加强与企业的交流和沟通，以加强专业教学的针对性，同时，借助企业的设备与人才优势实现学生实践动手能力的培养，满足企业对人才素质的要求，提高教育教学质量；站在企业的角度来讲，通过与职业院校的合作，积极主动参与职业教育人才培养，履行其社会责任，为自身储备人才，提高企业用工质量，缩短员工从学徒到合格员工的时间，解决企业技术难题，提高其核心竞争力，扩大社会影响力，提高其知名度，从而实现校企双方共赢。校企合作与工学结合既是相互独立的，又是紧密联系的。

校企合作是一种办学模式，是工学结合的基础，为工学结合提供载体和平台。没有校企合作，工学结合就是空谈。而工学结合是一种教学模式，是校企合作的目的和意义，是校企合作的表现形式。没有工学结合，校企合作就失去了意义，更没有深度。因此，校企合作与工学结合是紧密结合在一起的两个概念，它们共同组成我国目前职业教育大力推行的一种人才培养模式。工学结合、校企合作的职业教育人才培养模式体现了“以人为本，全面发展”的教育理念，体现了我国“教育与劳动相结合”的教育方针，体现了职业教育“以服务为宗旨，以促进就业为导向”的指导思想，是具有职业教育特色的人才培养观。我们应该顺应这一要求，积极开展这一培养模式的研究，特别是大力开展这一工作的实践，探索出成功的经验，为提高职业教育人才培养质量作出贡献。工学结合与产学研合作、产教结合、半工半读等模式之间既有联系又有所不同。产学研合作和产教结合是我国在特定的形势下对不同的教育提出的要求，产学研合作主要是针对高等教育，特别是高等职业教育的要求，而产教结合是对职业教育，特别是对中等职业教育提出的要求，它们是一个宏观概念。而工学结合是一种人才培养模式，是基于实际操作层面的中观概念，半工半读是实现工学结合人才培养模式的一种方式，是基于教学层面的一个微观概念。因此，工学结合是产学研合作和产教结合之下，又处于半工半读之上的中观概念。

(二)校企分段式

现代学徒制是目前国内职业教育积极探索的一种新型人才培养模式，能紧密对接企业发展，培养适应社会职业岗位需求的高素质的技术技能人才。但国内企业承担人力资源培育的自主性不强，在与学校合作培养和用人单位自由选聘两者之间，一般情况下选择后者的居多。即使部分企业为了培养适合需求的人选择了前者，但是对某一专业需求人数有限，特别是中小微企业，难以成批成建制式地与学校进行合作培养。同时，职业院校在发展过程中又必须考虑其规模、效益和质量上的均衡发展。在推动现代学徒制人才培养模式中，面临着“工学一体”的教学成本增长、高技能的师资缺乏、教学场地不足等种种问题。而推行“现代学徒制+分段式”培养模式可以在一定程度上解决上述一些难题，但这种人才培养模式需要对教学组织模式进行有效变革。

“现代学徒制+分段式”是指高职院校与企业进行现代学徒制人才培养合作时，将同类型的不同企业之间合作培养的同专业学生，按照教学进程分时间段组建教学班，人才培养方案和合作协议中要求的相同培养课程(也可称为“共性课程”)按班建制开设，根据各企业个性需求设置的课程单独开设，以达到既定的人才培养目标，解决现代学徒制人才培养中的教学组织管理实践问题，形成一种特色化、实用化的人才培养新模式。

教学组织是根据一定的教学方法、教学目的、教学内容以及教学主客观条件来组织安排教学活动。为节省教学成本、解决教学问题，为实现“现代学徒制+分段式”人才培养中的个性化教学需求，采取“分段式组班”教学。以同一专业为基点，根据学生专业学习的进度，分阶段组班进行教学，通过学生注册的唯一学籍号进行身份信息管理、学习过程管理和成绩管理等，淡化班级在学校学生管理中的“归属定位”意义，有效完成教学过程和任务，实现人才培养目标，这就是“专业+分段式组班+身份管理”教学组织实施机制。在这种分段式组班教学中，各阶段班级中的同学可能都是不同的，只是该班级同学在此阶段的学习内容和学习方式相同，唯一的学籍注册号就是贯穿他们三年教学管理的“身份证”。课程学习管理通过学分进行认定，同一门课程还可以由不同课业分组成，打破了某一门课程固定由一位教师主讲的局面，解决了分段组班教学中同一阶段不同学生的同一门课程由不同授课教师完成，甚至同一门课程的不同课业分别由多位教师承担所面临的教学问题。从教学管理模式上来说，这是一种能面向需求的个性化、生态化的教学组织机制。

高职院校在探索现代学徒制人才培养模式的过程中有两大关键问题：一是寻找企业合作伙伴；二是实施教学组织。实施小班式教学是同行们基本认同的一种教学组织方式。但是一个企业，特别是中小型企业，与学校合作培养同一职业岗位的人数是非常有限的。面对这种情况，实施“专业+分段式组班+身份管理”教学组织实施机制，可以解决针对某一企业开展现代学徒制培养而学生人数过少难以成班的问题，将这些企业同种或相近的职业岗位确定进行现代学徒制定向培养的学生在教学过程中分阶段组合成班，统一安排专业基础、职业岗位能力、人文素质等相同的教学课程。具有企业特点的个性化课程可单独开设，这样既满足了企业的需求，又大大降低了教学成本，助推高职教育人才培养模式改革。

教学组织实施方式的选择不但取决于教学思想和教学目标，还取决于一定的主客观条件。实施“专业+分段式组班+身份管理”教学组织模式，首先，高职院校在探索校企合作新途径时，要有开放的思路和准确的定位，专业人才培养准确定位于职业岗位能力要求，对接产业，服务企业，发展自我。其次，系统开发“职业岗位能力通用模块+个性化企业需求模块”的人才培养方案，科学安排教学进程，制订严谨又灵活的教学实施计划。再次，利用信息技术改革学生教育与教学管理模式，建立统一身份认证的学籍与成绩管理系统和学生服务平台。

课程体系设计是有效展开人才培养的第一步，也是“专业+分段式组班+身份管理”教学组织实施机制展开的基础。推行“现代学徒制+分段式”人才培养时，各专业必须在工学结合人才培养方案的基础上，通过对岗位职业能力进行更深层次的调研分析，建构一个由职业基础能力、职业核心能力、职业拓展能力和人文素质四模块课程组成的框架体系。除人文素质课程模块外，其他三个模块均由“职业岗位能力培养通用课程+个性化需求课程”组成。如职业基础能力模块中，除通用的专业基础理论知识和技能教学外，还需具有企业特色的顶岗实习，包含企业发展理念与企业文化、职业岗位基本工作程序以及一些简单基本单元工作等课程教学内容；在职业核心能力模块中，顶岗实习须融入企业特殊要求的专业技能训练课程，顶岗实习还应包含该企业职业发展能力培养的专门化课程等。职业岗位能力培养通用课程是经过行业、企业、学校专家三方共同论证认可的，学校与企业进行现代学徒制人才培养合作时，企业对其培养的准员工(学徒)的特殊要求均体现在个性化需求课程模块中，将专业人才通用能力培养与企业个性化需求有机融合是课程体系重构的核心所在。

现代学徒制教学遵循学习者在真实情境中建构知识与技能的规律，按照新手—熟手—能手的职业成长过程，合理设计安排各阶段的教学情境，帮助学习者在学习过程中建构职业岗位所需要的知识与技能体系。高职是三年制，有的现代学徒制试点高职院校实施“专业+分段式组班+身份管理”教学组织，按照学习场地分为学校—企业—学校—企业—学校—企业—学校—企业 8 个工作学习阶段。即第一学年第一学期(4 个月)在学校接受入学教育、参加军训、人文素质和职业基础能力模块学习；第二学期第一个月在企业顶岗学习 1 个月，再回到学校学习 3 个月。第二学年的 7—9 月到企业顶岗学习 3 个月，10 月开始再回到学校学习 5 个半月(中间正常休息寒假)、4—8 月到企业工作学习 5 个月。第三学年第一学期 9—12 月再回到学校学习 4 个月，主要对专业理论知识进行系统的梳理和深化，强化综合应用能力训练等；第一学期末至第二学期到企业进行顶岗学习，顶岗学习合格后，学徒已完成了从新手到熟手的锻炼过程，同时也完成了对本专业知识和技能的系统学习，顺利获得相应的学历证书和职业资格证书。在学校学习阶段的教学主要由学校教师(导师)承担，但职业核心能力课程和职业素养类课程会安排校内的“企业导师课堂”，且根据各专业现代学徒制学生培养情况组合成小班进行教学；在企业工作学习阶段，各企业学徒都回到本企业工作学习，以企业导师教学为主，但学校导师需要定点跟进、定时指导，实行“双导师”“双指导”。为便于学校按教学规律实施分段式组班教学，现代学徒制学生在第一学年不享受企业的生活补贴，第二学年在企业工作学习期间享受企业生活津贴，第三学年全部享受企业给予的学习和生活津贴。这种合作方式确保了学校、企业、学徒三方的利益，有利推进了现代学徒制人才培养模式的实施。

以建筑工程技术专业为例，培养的学生主要面向企业一线的施工项目部，在建筑施工企业中需求量大，具有很强的实践性和综合性，工作岗位主要有造价员、资料员、施工员、质检员和安全员等岗位。建筑工程技术专业实行“242”多学期分段式的“校内学习—企业认岗—校内学习—企业试岗—校内学习—企业顶岗”的现代学徒制人才培养模式，凸显质检员、造价员、施工员、资料员和安全员等岗位的能力培养。校企合作完成专业人才培养方案和课程标准，不同于传统课堂，它采取基于“互联网 +”的课程，构建信息化资源，创建弹性教学模式，引入“数字传输课堂”，实现工学交替，教师与师傅联合传授知识技能。所谓“242”多学期分段育人模式，即第一学年分 2 个学期，校内学习“高数”“英语”等通识基础课程。第二学年分 4 个学期，秋季前半个学期，在校内以学生的身份学习“建筑材料”“建筑制图”等专业基础课，后半个学期，在企业以学徒的身份进行专业认岗实习，了解实习项目的工程概况，熟悉质检员、施工员、资料员、造价员和安全员等工作任务、工作步骤、岗位职责、技能知识素质要求等工作内容，参与施工管理、安全管理、造价管理、质量管理和资料管理等方面的基础工作；春季前半个学期，在校内以学生的身份学习“计量与计价”“施工组织设计”等专业核心课程，后半个学期，在企业以学徒的身份进行试岗实习，选择一个实习岗位(如造价员岗位的合约管理、工程计价等)，并结合现场实践提出个人见解，在此岗位做到学用结合；第三学年分 2 个学期，秋季前半个学期，在校内以学生的身份学习“BIM 技术”“建筑工业化”等拓展课，以及测量放线、CAD 制图等岗前技能强化训练；秋季后半个学期和春季学期，在企业以学徒的身份进行顶岗实习，结合企业工作需要和自身兴趣，选定一个工作岗位(如质检员岗位的材料进场验收、分部分项工程验收等)，在质量管理等某一方面应用与创新，选择施工组织、工程预决算等一个课题并完成毕业设计，进一步培养学生解决实际问题的岗位能力，实现学徒和职员身份的无缝对接。

推行学分制学籍管理办法是“专业+分段式组班+身份管理”教学组织模式实施的必然要求。对“学徒”的学业进行考核需要灵活多样的管理方法和科学规范的管理体系。课程进行学分计算这种方式，打破了只按一门完整课程计算学分的考核方法，特别是专业核心课程，可以根据教学项目实施的特点划分为若干组成部分。例如，有一门 3 学分的化工类专业的专业核心课程——“化工单元操作”，其中，按照学习项目由传热 0. 3、吸收 0. 5、精馏 0. 8 等 6 个部分课业组成；又如，4 学分的“有机化工工艺”分为现场工学一体学习模块、理论+仿真模块各 2 学分等。这样便于分阶段组织教学和评价、记录课程学习成绩，即使不同教师或企业导师教授同一门课程的不同部分，也不会影响对学习者整体学习情况的考核。同时，分阶段组合教学的变化导致了学校教师或学徒选派导师的变化，学徒只要是在学校和企业双方认定资质的教师或企业导师指导下完成的课程(或是部分课业)，该门课程的学分均可得到认可。这种学分互认新模式在具有协议的企业与企业、学校与学校、学校与企业之间都得到大力推广。

(三)工学交替式

工学交替式有时候也被称为半工半读模式，它把整个学习过程划分成几个阶段，其中，工作和学习相互交替进行。一学年有两个学期，可以一个学期在校学习系统课程，一个学期到企业学习技能，也可以在一年内将工作和学习多次交替开展。然而在实际操作中，通常把一个班的学生分为两部分，一部分学生在学校上课，另一部分学生在企业实践，定期进行轮换。这种方式主要是借鉴德国的“双元制”教育模式，它是一种比较理想的典型模式，是一种使教学活动与企业实践交替进行，由理论知识到专业技能循序渐进进行的校企合作教育模式。此模式有以下几种特点：第一，适合技术性较强的行业。对于一些技术性强的行业或企业，可以确保学生有充足的动手操作时间，以达到熟练掌握专业技能的效果，这种模式相比较其他模式能让学生获得更多的实训时间。第二，对合作企业要求较高。企业的生产经营要能满足这种模式的时间要求和岗位要求。要想寻找到合适的企业，需结合本地经济发展和产业结构状况等方面进行考虑。第三，具有职业教育的特点。学生边学习边实践，易于提高学习兴趣，有利于掌握知识与技能。第四，校企双方要有较成熟的管理机制和制度。这种模式因为工、学经常在变动，因此，要使工作有序开展、教学有序组织，必须有很成熟的管理机制和制度并严格执行，才能持续稳定地开展工作。

(四)订单培养式

订单培养教育模式也称为“冠名班”模式，即企业根据自身需要，与职业院校签订联合办学协议，校企双方共同制定教学目标和教学计划，共同培养学生的一种办学模式。企业参与到学校选拔与录取学生当中，在学校教学中植入企业文化，开设特色课程，从而实现学生入学就有工作，毕业就是就业，学生的实习岗位由企业安排，学生毕业由企业安置，实现招生与招工同步、教学与生产同步。该模式有以下几个特点：第一，生源质量有保障。如果某一订单班声誉好，在组建班级时就能招到生源质量相对较好的学生。第二，学校、企业和学生签订三方协议。在班级组建的初期，学校、企业和学生三方通常要签订协议，明确各方职责。第三，学生的学习目标性很强。学生通过进班前的前期了解，到进入班级以后受到的企业文化的不断熏陶和强化，以及企业对学生职业生涯规划的清晰介绍，能使学生明确自己的职业定位和发展方向。第四，有利于培养企业文化，增强学徒的企业认同感。订单培养班在学校的培养过程中，更容易将企业文化教育植入日常的教育教学当中。第五，课程设置须满足企业和市场的需求。第六，人才培养的全过程都融入了行业和企业。第七，在生产服务实践中，重点突出职业能力的培养。第八，可以不断提升双方合作深度，不断扩大合作领域，实现校企双方互利与共赢。现代学徒制的“订单式”培养旨在优势互补、互利互惠、共同发展，培养高素质专门型技能人才。“订单式”培养是根据职业标准、市场需求和企业要求，发挥资源优势，共享资源，进行人才培养的“校企合作、产学结合”的新型育人模式。

通过现代学徒制的“订单式”人才培养模式的开展，高职院校与企业广泛进行深度合作，实现了学校与企业的进一步融合、学习场所与实习实训场所的进一步融合、学生与师傅的进一步融合、学生学习生涯与工作岗位的进一步融合。多层次、多方面培养高素质应用型技术人才，实现了教学过程对接生产过程、学校对接企业、教育对接产业、学生对接岗位，形成了完善的课程体系共建、教育资源共享、教学过程共管、师资队伍共建、评价标准共定、校企文化共融的校企一体人才培养模式。

订单培养不仅提高了毕业生的就业率，拓宽了职业院校的发展空间，也提高了企业参与现代学徒制及职业技术人才培养的积极性。因为企业为了保证订单学生具有扎实的基础知识、熟练的专业技能、较高的综合素质，能够顺利踏入工作岗位，实现毕业即就业的“无缝对接”，愿意投入较多的精力和财力参与到职业技术人才的培养当中。企业可以根据公司的规模、发展情况及用人需求制订订单培养计划。订单培养学生除了是企业的准员工，更是企业未来发展的主力军。

(五)校企互动式

校企互动的途径和方式有很多。例如，企业派出专家到学校授课、举办讲座，把企业的新材料、新工艺、新技术、新理念带到学校；企业向学校提供设备、材料兴办实训基地，开展培训、教学、生产、实习等一系列活动；学校和企业共同开展产品研发，学校利用人才和设备优势，针对企业需求，与企业工程技术人员一起开展技术攻关，进行产品造型设计、样品开发、产品成型，实现“育人中创收，创收中育人”；企业和学校共同开展课题研究，课题研究的主题可以来自学校，也可以来自企业，特别是合作培养人才方面，以提高学生的综合能力为目标，致力于学生技能水平的提高和学生职业能力的培养等。

校企互动还有一种形式叫引企入校，就是学校通过与企业签订合作协议，学校负责提供场地，企业负责提供设备或资金，把企业引入学校或把企业的某一工段引入校园，技术上由企业和学校共同负责，以企业为主，企业提供技术人员，通过对学生进行“顶岗实训”的方式来完成生产任务。这种方式既解决了企业场地不足和一线职工招聘难的问题，又解决了学校实训场地不足、实训指导教师不足和实训教学安排不便的问题，降低了企业经营成本和学校的教学成本，做到了企业与学校资源共享，获得了双方共赢。此模式有以下几个特点：第一，形式灵活。校企互动根据需要可以灵活采取方式，没有固定的管理方式和时间安排，方便活动的开展。第二，这是对职业教育现有教育方式的一种补充。现有的教育方式主要是在学校学习理论和到企业参与实践实习，而校企互动通过不同的方式拓展了职业教育形式，弥补了现有教育方式的不足。第三，有利于教师的专业发展。教师通过专家讲座，与专家进行面对面交流，可以开阔视野，了解专业的前沿知识；通过校企互动共同开发产品，为教师施展才华提供了舞台，实现了教师理论与实践的有机结合；通过校企互动的课题研究，拓展了研究范围，提升了研究水平；通过产品开发与成果转化，还能为学校、企业创造一定的经济效益。

第三节　现代学徒制背景下企业环境成为影响职业素养形成的重要因素

一、学徒制的工作场所成为学校教育的有机组成部分

现代学徒制是一种学校本位教育和企业工作本位培训紧密结合的新型学徒制度，它是以学校和企业的深度合作为基础，以培养学生能力为核心，以校企共同制定的教学内容为纽带，以教师与师傅共同组成教学团队深入指导为支撑的人才培养模式。现代学徒制基于校企合作却又有较大差异。现代学徒制是校企合作的延伸与深化。一是培养对象身份不同。现代学徒制培养对象是“学徒”，是企业的准员工，其权益可以通过法律法规进行维护；而校企合作培养对象是“学生”，其权益通过政策规范，并不具备强制性。二是培养主体不同。现代学徒制的培养主体是企业，校企合作的培养主体是学校。三是对学生的教育关系不同。现代学徒制注重企业的雇佣与培训，校企合作关注学校的教育与实习。四是学习场所要求不同。现代学徒制主要在工作现场进行实操，校企合作以学校为重，企业的实习环节绝大多数是通过顶岗实习进行。五是培养目标不同。现代学徒制注重学徒的综合能力培养，校企合作则主要注重学生的认知能力培养。

在现代学徒制人才培养模式中，授课的地点可以是学校的课堂，也可以是企业的厂房、车间；学习的内容包括基础理论知识，也包括技能实践操作，这就使得教育者和受教育者的身份在这一模式中都具备双重性。在学校，教育者是专业教师，主要传授基础理论知识；在企业，则是由企业指派师傅指导和监督学生在企业接受生产技能的培训，“师傅

带徒弟”的教育教学形式也成为现代学徒制人才培养模式中最为重要的特色。而受教育者则具有学生和学徒两种身份，既要完成课堂基础理论知识的学习，也要完成企业的技能培训。因此，学徒制的工作场所成为学校教育的有机组成部分主要包括以下几个方面：

(一)车间即课堂

学生的学习在现代学徒制背景下发生了根本性的变化，学生原本以书本为主要载体的学习，转变为以多环节业务实训和职业技能为主导的学习；原本以课堂为主要情境的学习，转变为以职业岗位为主要情境的学习；企业现场培训的情景化教学融入到了职业教育实践教学，形成实践共同体。

在现代学徒制育人模式下，职业院校学生利用模拟实训中心和各种实训条件，在典型的工作场景中，处理和解决不同的技术问题、业务问题，逐步提高职业能力。在企业的实际工作环境中进行教学，通过技术娴熟的“师傅”对“徒弟”严格的技术指导和监督，将理论学习和实践操作相结合，提升了“徒弟”学习的效果。在具体安排学生工作岗位的时候，要尊重学生的专业特长和职业兴趣，使学生尽快进入职业角色，最大程度地发挥学生的职业潜力，提高学生的创新力。在掌握专业知识和技术技能的过程中，课堂中的学习体验转化为职业体验，有利于学生劳动观和职业观的形成和培育。在顶岗实习活动中，学徒以师傅的职业态度和行为准则为榜样，在亲身践行的过程中学习职业技能、内化职业素养，从而逐步实现由学生身份向职业身份的转变。

现代学徒制人才培养过程中，企业课堂和校园课堂两者各有所长、相辅相成。学生(学徒)不仅要接受校园文化的洗礼，还要接受企业文化的熏陶，两者缺一不可。校园课堂和校园文化在专业基础课程的教学和思想道德修养上，能够帮助学生奠定扎实的专业基础和思想基础。企业课堂和企业文化能帮助学徒更好地接受岗位技能的训练和职业素养的培养。

(二)师傅即教师

“师傅带徒弟”的形式是现代学徒制对传统学徒制的最大继承，也是高职教育最适合开展技艺教学的一种教学方式。这种教学形式一般利用真实的生产项目，由师傅带领学生完成项目，并在此过程中传授相关技艺、经验，并通过项目验收的环节来检验学生的学习成果。在整个项目操作过程中，教师(师傅)全程介入，他们的技艺水平、对行业岗位的认同感、对项目的技术要求等，都会在潜移默化中影响到学生，构成了学生职业素养养成的重要因素。

师傅是实施现代学徒制教育的主体，也是关系到学徒制教育成败的决定性因素。企业师傅具有扎实的技能基础和丰富的实践经验，让他们参与到教学中来，采取多样化的教学手段、丰富多彩的教学组织形式，开展以体验、互动、交流、实操为特征的教学过程，与学生构成学习联合体。企业中的师傅除了传授技艺，还需重点承担学生(学徒)职业道德、职业规范、职业情感、时间效率管理、质量意识等专门职业素养的教育与养成。企业师傅主要通过课程或讲座的形式教会学生上述专门职业素养的相关知识与理论，通过自身的榜样示范作用、言传身教使学生在情感上认同专门职业素养，在行动中切实践行。在现代学徒制背景下，师傅即教师。

(三)任务即课程

在现代学徒制职业教育模式中，学生的学习与生活是以“学徒”(准员工)的身份在企业中进行。企业都是以增加利润为前提，以追求利益的最大化为目的。学生职业素养培育的要求和培育的环境不同，因此，需要对传统职业素养培育作系统的研究，找到差异并改变，以更好地培养学生的个人发展能力。

现代学徒制中，企业方拥有更为丰富的职业素养培育资源。企业文化、质量文化、职业要求、项目方案、时间管理等，都是学生踏入社会走上工作岗位之后必须适应并达到的要求，同时也是“学校本位”高职教育模式的短板与不足。因此，在现代学徒制模式下，企业一方需要充分利用和发挥其自身资源与介体的优势，促进符合企业和社会需求的学生职业素养的提升。

二、学徒制的双重属性要求学生理解并接纳企业文化

现代学徒制教学有一个身份认定问题，即要根据身份进入角色，完成好自己工作岗位的职责。企业师傅、学校教师和学生的身份都是多元的，要根据多元身份的特征，及时转换思维，适应好自己所对应的岗位。企业师傅在岗位教学生技能，是学生的师傅；同时，企业要求员工在专业理论和专业规范等方面有所提高，让他们与学生一起接受学校教师的有关理论和规范等方面的指导，此时，他们就是学生。学生既是企业师傅的徒弟，又是企业的准员工，更是学校的学生。学校教师在技能上要向企业师傅学习，同时要参与企业的管理，以便及时了解企业生产状况以及企业师傅和学生的教学情况，所以他们既是教师，也是学生，同时也兼有企业员工的身份。

目前，很多高职院校的现代学徒制人才培养课程体系多由自己设定并负责实施，这样的模式虽然有利于高职院校的教学与管理，但与企业对技术技能人才的需求无法完全匹配。因此，重构课程体系是现代学徒制成功的关键所在。而构建现代学徒制人才培养课程体系时，需要从培养目标、教学方法、课程内容等多个方面进行改革，充分考虑企业对技能人才的需求，积极在企业开展调研。根据在企业调研的结果，调整教学和实践培训的课时分配，选择合适的教学方法，确保一方面可以有效提高学生学习的积极性，另一方面让学生能够真正地参与到企业的生产过程中，锻炼学生的社会适应性，真正让学生感受和领悟到现代学徒制人才培养模式的“职业性”和“高等性”。利用学校课堂和企业两个场所，通过教师的思想教育和师傅的帮带教育，增强学生对企业和职业的认同，以提高学生的综合素质。而企业也不能简单地把顶岗实习的学生视

为学徒工、廉价劳动力，而要认可他们，并像培养自己的员工一样开展培训教学，激发其责任感和成就感，进而形成企业认同感、职业认同感。

(一)适应师徒关系

现代学徒制的教学形式是在实际工作过程中以师傅的言传身教为主。在此学习和锻炼的过程中，学习的动机主要是为了出色地完成工作、实现经济价值，工作就是一种驱动力。学习的重点是亲自动手操作，而其实际操作的标准是以特定的工作环境为转移的。学习形式主要是模仿和体验工作，这种特殊形式的“职业教育”完全以生产需要为出发点，其场所即生产车间。师傅和徒弟之间零距离接触，相处的时间较多，学生必须在真实的生产加工环境中完成知识的学习和技能水平的提升。

而进入职业院校学习的学生，一方面在学习习惯上存在较为突出的缺陷，不积极、不主动是制约他们进步的不利因素。例如，因长时间处于被冷落或不被关注的地位，他们普遍对前途持悲观和失望的态度，对学习不上心；或是沾染上了不良习气，组织纪律意识淡薄，自控能力差。他们当中相当一部分人存在较严重的自卑心理，有的甚至出现冷漠、焦虑、对抗等非正常的心理状态。与人交往过程中，缺乏有效的交流方式方法，在与师傅相处的过程中，容易出现摩擦。另一方面，由于学生是由学校招收后再安排在实训工厂进行师徒配对，师徒之间彼此不认识，在此之前没有任何交集，也没有感情基础。高职学生心智尚不成熟，情绪处理能力较弱，遇到问题容易用简单粗暴的方式应对。合作之初，学校过多地把学生的培养责任安排给企业的师傅，而忽略了对他们日常思想动态的关注和引导。当学生遇到这种情况而没有得到企业很好的介入时，容易出现自行停工、马虎上岗、抵触师傅教导等不良现象。再者，合作之初，虽然得到企业的鼎力支持，挑选了在岗位上有过硬生产技能的技术能手进行驻校教学，但容易忽略企业师傅表达传授讲课能力有限等问题。虽然企业选派过来的师傅都是在个人岗位上有突出操作水平，但在表达能力和教学技巧方面有所欠缺，在传授技能时表述过于简单，对于学徒的提问答疑不够耐心。再加上学徒专业基础知识还较为薄弱，接受能力弱，往往因为传授过程中的不顺畅，造成学生在学习过程中疑惑积累太多，从而导致学生产生厌学抵触心理。久而久之，师徒关系便会出现疏远。因此，良好的师徒关系直接关系到教育教学效果和学校培养目标的实现，关系到学生的心理健康和全面发展。而作为一种新的人才培养模式，在实践摸索中势必会遇到这些问题和挑战，我们可以从建立良好的师徒关系出发，建立轻松的、愉悦的、安全的、有效的学习环境，助力现代学徒制人才培养模式在我国职业教育上开花结果。

（二）遵守企业制度

“学徒”不同于一般意义上的企业员工，需清晰界定企业和学徒的权利与义务，实施有效的学徒管理方案，使企业、学徒双方都能产生获得感，这也是现代学徒制教育模式成功的获得感。现代学徒制尚处于试点探索阶段，可借鉴的成功模式较少，同时又与现代经济、社会的快速变革叠加，企业与学徒的权利、义务关系更难以界定，因此容易造成学徒权益受到侵害，也可能增加企业参与现代学徒制合作的运行成本，进而削弱企业和学徒参与现代学徒制的积极性。

招生与招工相结合是开展现代学徒制的核心要求，因此，学徒才是现代学徒制项目主体中最大的直接受益者。现代学徒制通过合作协议连接了企业与学徒，使学校人才培养方案直接对接企业用工需求。通过学校教师和企业师傅的“双导师”培养，学徒能更好地获得专业知识和专业技能，提升职业发展能力，为更好的就业储备“干粮”。企业与学徒的契约关系既不是单纯的劳动雇佣关系，也不是单纯的教育服务关系，而是教育、雇佣及服务关系的融合。在现代学徒制实施过程中，企业为学徒提供了实习实践的平台，承担了学徒技能培养的主要任务和责任，拥有甄选、培养、留用学徒的权利以及对学徒从事生产性劳动所创造价值进行分配的权利，同时负有保障学徒实习期间的补助、劳动保护、休息、工伤、保险等义务。学徒享有获得技能岗位培训、企业师傅指导以及其他方面应有的劳动保障的权利，同时负有服从企业岗位安排、遵守企业制度和纪律、接受企业考核等义务。

(三)融入企业氛围

现代学徒制开展引企入校，使得学校和企业在专业技能型人才培养方面获得更多的深入，让校企之间的联系更加紧密。入校即入职。学生在校期间，不仅仅是在传统的第三学年进行实习实践，而是采取浸入式学习，课堂时间学习理论，课后时间直接参与运营。并且相比其他合作，现代学徒制在成长、跟踪、时间、距离、效率等多个方面都更深入，更易于人才的有效培养。学校与企业通过对学生(学徒)进行双主体培养，对教学方法、人才培养方案、课程模式、教学设计、培养考核评价方式等内容采取共同协商、共同培养的合作，突出学生专业技能的培养和职业能力的提升。

在现代学徒制教育过程中，积极依托区域产业发展的优势资源，引入行业、企业专家入园入教，实现学校文化、资源、信息等方面与产业发展的高度融合。以提高学生技能水平为目标，按照“学生—学徒—准员工—员工”四位一体的人才培养总体思路，学生在课堂完成文化课程学习，掌握专业所需技能，在学徒期间，由企业师傅带领组成学习小组，熟悉企业工作，掌握岗位所需技能；始终坚持以人才培养为中心，突出学生的主导地位，通过优化学生教育培养体系，全面发挥现代学徒制教育应有的效果。

(四)企业文化进课堂

企业文化进课堂可以促进区域经济的高速发展。从本质上来讲，职业教育的核心目标主要是为了促进区域经济的快速发展，服务于区域经济。由于职业教育的本质目标是为了培养出专业型、职业型与技能型的人才，而高职院校毕业生也将会成为企业与行业发展的主力军。然而，受到传统教育理念的影响，再加之近些年来高职院校盲目的扩招，不重视学生的职业素质的培养，导致所培养出的人才无法长期满足行业、企业发展的实际要求。当前，我国经济正在逐步转型，产业结构也随之逐步调整，同时技术也在逐步不断更新，这就对劳动者素质提出了更高的要求。面对此类问题，高职院校通过强化和企业的密切合作，加强对学生专业技能和文化素养的培养，及时将优秀的企业文化渗透到高职课堂上，进而提升高职院校毕业生的职业素养与企业文化素养。新时期，“企业文化进课堂”的实施，主要是将素质教育作为重要基础，将技能型教育作为特长型教育，还要充分坚持校企合作的基本原则，以促进就业作为重要的目标，实现工学结合，进而将优秀的企业文化更好地渗透到课堂之上。

不同的企业拥有的企业文化有所不同，每个企业都有其独特的企业文化，主要是由管理理念、经营思想、发展战略与企业精神等构成，企业文化成为企业发展的重要支撑，也是员工所认可的具体的行为规范准则、道德观、价值观，成为企业发展的主流行为与主流思想。优秀的企业均拥有优质的企业文化，企业文化是企业发展的隐性基础，可将企业强大的文化氛围与文化力量充分凸显出来。例如，海尔集团的企业精神是“创造资源，美誉全球”，其属于海尔集团一路发展的重要使命，不但是企业所赋予自身的社会责任，更是推动企业长远发展的重要基础。

新时期，高职院校开展现代学徒制教育工作，应充分提炼出优质的企业文化，并及时把它融入校园文化的体系之中，进而打造出全新型的校园文化。一般来讲，企业文化的塑造主要包括追求以人为本、诚信、卓越、创新，在注重细节的同时，也十分注重团队协作，这也是高职院校人才培养的重要理念。我们需以学生发展为本，打造集环境文化、行为文化、制度文化与精神文化等文化于一体的具有企业特色的校园文化。制度文化是企业在一定的经济、文化环境和生产经营中，运用制度进行管理实践中形成的一些共识。优秀的制度文化能大大促进员工的积极性和能动性，并对员工的生存和发展手段与目标具有导向作用。学生工学交替期间，首先要学习公司的员工行为规范和安全管理制度，熟知从业者应具备的素养，要有更加严格的行为约束，树立制度的强制性和自觉性，使学徒认识到"有所为和有所不为"，养成严谨、认真的安全工作理念，可为学徒后期发展奠定扎实的制度管理基础。精神文化是企业文化的核心部分，是企业核心理念的表现。虽然职业院校的校园文化和企业的企业文化是两种不同的文化属性，但二者联系紧密且具有诸多共同点，尤其是校企一体化进程的推进，两种文化的整合与合作空间极为宽广。对此，职业院校将优质的企业文化渗透到课堂是推动校企合作的重要路径。

企业文化进课堂是提高学生职业素质与就业竞争力的实际需要。对于企业而言，企业文化能够更好地激发学生的自主学习能力和学习兴趣。当前，高职院校学生的文化素质有待提升。对此，我们需让学生和企业进行经常性、直接性的接触，要求学生积极地学习和认同企业文化，充分了解当前人才竞争的基本情况。企业之间的竞争不仅是人才的竞争，更是文化和理念的竞争。让学生充分了解到优质企业的企业精神、企业文化和企业理念。通过竞争意识与经营理念的渗透，使学生充分感受到专业知识和专业技能的实际作用，了解企业的社会责任的实际压力等。若学生不能清晰地认识到职业技能与职业素养的重要性，便无法在激烈的市场竞争环境中拥有立足之地。因此，在学校期间，职业院校学生应自觉地意识到就业的危机，提高自身的紧迫感与使命感，把握和珍惜每一个学习的机会，这样才有机会成为社会需要的精英人才。

人才是企业发展的长青动力。企业文化的认同感和归属感会促使学徒的行为产生不同的趋向和变化，从而影响学徒综合素养的养成，决定顶岗后服务企业的能力表现，进而影响企业核心竞争力。现代学徒制倡导校企联合培养、一体化育人，提高人才培养的质量，强化人才培养的针对性、专业性。学徒的综合素养是职业技能和职业精神高度融合的体现。选择优质的合作企业是推动学徒制工作的重要保障，优质企业文化具有强烈的凝聚力和感召力，可以增强学徒对企业的认同感和归属感，使学徒树立强烈的责任心，从而培养学有所用、德艺双修的人才，提升企业的人才竞争力，进而实现校企共赢。

三、学徒制的企业环境影响高职学生职业素养有效形成

（一）学校与企业不同价值取向构成多元文化

价值取向是行为主体内在心理和外在行为趋势的先导。高职院校管理的价值取向是指多元利益主体在实践过程中形成的关于高职院校的基本观念和价值判断的总看法。高职院校的状态应该是学校、企业、政府等共建主体以人才供需为利益基点，以服务社会为价值取向，将教育、产业和社会集合在同一场域，形成利益共同体。但在具体的治理实践过程中，由于所涉及的不同主体利益追求各异，导致多元价值冲突，在价值观层面无法达成共生、共进和共荣的治理局面。

职业院校积极凝聚行动积极、有教育理想和教育兴趣的多元主体，在企业和社会广纳师资。通过工学结合的开放式教学过程和半工半学的开放式教育内容，最终培养具有专业知识和实操能力强的优秀人才。学校作为教育的代表，以教书育人和培养学生成才为目标。在当前环境下，学校一般是科层式管理模式，自上而下贯彻国家的教育目标，坚持以人为本、以学生为主体、提升学生的实践技能和促进人的全面发展的深层次目标，体现出学校追求人本主义的价值目标。

企业遵循的是市场逻辑，以经济效益和效率为终极目标。企业采用的是“压力型”管理模式，它以“目标责任制”为管理工具，将管理目标层层分解到每个部门和职业员工，这样导致了企业内部管理目标的碎片化。此外，企业过分注重经济效益，而忽略了社会效益，这种“工具主义”的目标取向与高职院校中追求的“以人为本”目标相左。

高职院校、企业和政府三方的价值取向不同。高职院校追求“文化价值”，其主要职责是培养高质量的技能型人才，希望通过高品质的人

才输出来获得更加丰富的办学资源，主要是以学生的高成材率和高就业率为利益诉求。而企业作为市场经济中的核心元素，其主要目标是追求"经济价值"，主要想利用学校提供的人力资本转化为经济利润。政府在高职院校管理中肩负着宏观调控和制度保障的重任，利益诉求主要是通过产业学院实现其文化传播和社会公共服务功能，以实现"政治价值"的累积。另外，行政管制与学术自由的价值取向也存在冲突。政府和企业管理中通常采用"科层制"，即通过自上而下的政治权力和管理权力来维护其主体利益，强调"行政管制"和"绩效主义"，并且"工具主义"价值取向十分明显，而这与学校所追求的"学术自由"和"民主参与"的"人本主义"价值取向背道而驰。三者秉持的管理理念和利益出发点各异，从而导致了学校和企业价值取向的多元化。

（二）不同师傅的带徒态度形成职业认知差异

企业师傅带徒弟的积极性也是影响高职学生职业素养形成的因素之一。有企业反映，"高职学生受年龄、阅历的局限，不能深刻理解现代学徒制培养的重要意义，遇到较艰苦的岗位时，有畏难情绪""现在的年轻学生生活条件优越，集万千宠爱于一身，大多学生只愿意从事舒适轻松的工种岗位，愿意从事基层一线工作的学生越来越少。然而，对于制造型企业而言，高技能型一线技术人员正是企业所需要的。在企业现代学徒制项目初期，可选学生甚少，且有部分学生进入项目后，因工作辛苦而选择退出"。最让企业不能接受的是因高职院校学生职业道德、职业素养所引发的一系列后续问题。还有企业谈到，"一些年轻学徒诚信意识淡薄，在接受现代学徒制培养后，极易受到外部诱惑跳槽，不遵守此前与企业签订的服务协议。并且在离职之时，多数不按企业离职流程办理手续，而是选择直接旷工离职"。这对于企业来讲，实在难以接受，也极大地打击了企业投入现代学徒制的积极性。

然而，对于学徒而言，虽然在他们刚走出校门时掌握了一定的理论知识，但动手能力和实践能力整体偏弱。企业应该给予他们实践和犯错的机会，让他们在实践中不断成长。更应引起重视的是，企业应加强对学徒(准职业员工)的教育，端正他们的学习态度，使他们积极主动与企业导师沟通，形成良好的师徒互动。当企业的资源有限时，可优先挑选能力高和学习意愿强的员工参与企业师傅带徒弟项目。在现代学徒制项目中，尤其是企业内部学徒制，师傅和学徒同样受雇于企业，身份相对平等，师傅对于徒弟的培育任务来自于共同的雇主——企业，而现代企业往往以追求最大化利益为目标，缺少师徒培育的相关激励与约束机制。因此，徒弟出师后越是优秀，对于师傅的地位威胁就越大，进而引发师傅带徒弟积极性不高的潜在问题。因此，需要在身份和待遇等制度设计的基础上，尤其是要注意引导学徒的主动性，使他们在认真完成学徒任务的基础上，增加与师傅的日常交流，促进师徒双方建立情感纽带，进而发挥师傅的积极性和主观能动性。

因此，在师徒配对方面，可以考虑遵循个性相似的原则。根据相似—相吸理论和以往大量的实证研究，个性相似的师徒之间更容易培养出高质量的师徒关系，而个性冲突的师徒则很难顺畅地进行沟通与合作。特别是在师徒之间存在竞争的情况下，个性相似性能缓解职业竞争所带来的负面影响。此外，在师徒配对时，师徒的社会认知差异也应该被考虑到。试想，面对一个过度自信的徒弟，持悲观思想的师傅是不愿意与其进行知识共享和交流的。与此同时，在管理策略与企业文化建设方面，企业应该尽量营造合作的工作氛围，以促进师徒之间的知识共享。但在管理现实过程中，很多企业由于实施竞争性的薪酬与考核措施，致使企业师傅严重缺乏心理安全，影响了知识共享的效果。企业应该给予企业师傅一定的经济奖励，这样一方面可以弥补因知识共享带来的损失(如时间成本、预期的竞争成本等)，另一方面也有利于构建知识共享的企业文化氛围，从而提高企业师傅知识共享的积极性。

(三)学生不同工作岗位形成职业能力差异

我国职业教育的奠基人黄炎培先生曾指出，职业教育就是“一谋个性发展；二谋生存准备；三谋服务社会；四谋国家生产力发展”。由此可以看出，为社会培养具备综合职业能力的学生，是高职院校的主要职责。而现代科技技术和知识更新的速度相当快，学生的知识结构满足不了市场的需求，因此，学生对职场的应变能力还有待提高。很多学生认为在校期间所学的内容过于陈旧，不符合企业对人才的要求，而学校的专业教育培养和企业对学生能力的要求也存在一定的差距。现代化企业的用人标准是优秀的团队精神、良好的职业道德、优秀的人文修养，然而，学校在对这些方面的培养上没有增加投入，也没有引起足够的重视。现代学徒制培养模式的实施既有助于顺应社会主义市场经济发展，实现国家职业教育改革的目标，也有助于高职院校主动适应社会对人才发展的需求，加强与行业、企业的深度融合，提升和促进高职学生的综合职业能力和职业素养的培养。

然而，由于不同工作岗位所需的职业能力不同，其差异性也会间接影响学生职业素养的养成。学院营造的职业氛围依托于企业的真实项目，延续师傅带徒弟的教学形式，这些均为现代学徒制运作模式培养学生的职业能力提供了优质的成长条件。作为模式运行主体之一的学生，他们更应能清楚地认识到现代学徒制人才培养模式在其专业素养的培养方面所带来的巨大转变。与此同时，也要深刻地认识到，现代学徒制培养是现行职业教育培养过程中不可或缺的重要环节；要正确认识自己“学生+学徒”的双重身份，在学校是学生，在企业是学徒，要扎实学习专业理论知识，要虚心向师傅请教和学习。做事先做人，除了在知识、技术、技能等方面的学习和锻炼外，还要培养自己的职业素养(包括爱岗敬业、交流合作、奉献责任、诚信守时、创优创新等) 和职业意识，为以后的就业提早做好职业规划，加快自身的职业发展速度，实现毕业即就业的良好对接。

第四章　惯习与多样性：学校与职场的交流给培养有效的职业素养带来机遇与挑战

第一节　场域理论视野下学校与企业的场域特征与惯习分析

现代学徒制的教育组织形态无论是先在学校集中学习一年通识课程和专业核心课程，其后二年进入企业在岗位上以师徒形式帮带学习的“校企分段式”教学管理模式，还是在校内生产性实训基地与校内课堂分学期集中学习的“工学交替式”教学管理模式，或者是在校学生直接到企业上班，学校组织教师到企业巡回教学的“学做交融式”教学管理模式，都有一个相同的特点：在校高职学生的学习过程在学校教育环境与企业工作场景之间相互转换。

我们知道，学校是培养专业人才和学习专业课程的教育场所，而企业是产品生产流程和技术应用的工作场所，学校和企业是两个有着明显差异的生存空间和社会实践场域，其各自独有的场域特征和惯习对职业素养的有效培养来说既是机会，也是挑战。我们探究如何有效培养高职学生在现代学徒制的背景下职业素养的问题，必须对学校与企业各自的文化背景、生存环境与人际关系作深入的对比分析，寻求最合理的培养途径和策略，以抓住机会，迎接挑战。关于学校和企业的社会实践场域分析，法国著名社会学理论家皮埃尔·布迪厄的场域理论为我们提供了很好的理论框架和可借鉴的分析方法。

一、皮埃尔·布迪厄的场域理论与惯习分析的辩证思想

皮埃尔·布迪厄(Pierre Bourdieu，1930—2002，以下称布迪厄)是法国著名哲学家、社会学家。他和英国的A. 吉登斯、德国的J. 哈贝马斯一起被认为是当前欧洲社会学界的三大代表人物。布迪厄1977年出版的著作《实践理论大纲》(*Outline of a Theory of Practice*)奠定了他的学术地位，其代表性著作还有《实践的逻辑》(1990)和《实践与反思——反思社会学导引》(1992)。场域理论是布迪厄在继承黑格尔的辩证法、马克思主义、现象学和结构主义等哲学思想的基础上，历经半个多世纪创立的社会实践理论，在其发展、创立过程中起到了工具箱的作用。

(一)关于社会实践

布迪厄从传统的主客观主义对立出发，分析了社会物理学和社会现象学的根由和缺陷，继而展开了他对社会实践关系理论的研究。布迪厄认为，社会物理学把社会世界当成纯客观存在的事物，主张使用物理学的方法来观察、测量和实验，以此揭示社会现象的内部规律，摒弃了人的经验和能动性，这种片面的认知方式破坏了社会事实原有的完整性。而与社会物理学相反，社会现象学认为“具有资格能力的社会行动者通过‘日常生活里有组织的、富于技巧的实践’，持续不断地建构他们的社会世界，而社会现实就是这些‘持续不断地权宜行为成就的’”。按照这种说法，社会世界就是人们主观行动选择的最终结果，不仅忽视了社会结构的恒定性，还认识不到隐藏到社会结构深层的行动规则。“为了超越这些二元对立，布迪厄将那些构成表面截然对立的范式所依凭的‘世界假设’(world hypothesis)，转变成了一种旨在重新把握社会世界双重现实本质的分析方式中的一系列环节(moments)。”

布迪厄场域理论的核心是将社会学中的客观主义“结构必然”与主观主义“个人能动”二元研究范式结合起来，是从行动者角度提出的合

二为一的实践观。布迪厄思考的是社会实践观最基本的问题：作为社会实践活动的行动者在哪里实践？如何实践？用什么去实践？其中，在哪里实践也就是行动者实践的空间问题，如何实践也就是行动者实践的逻辑问题，用什么实践也就是行动者实践的工具问题。为此，布迪厄创制了“场域”“资本”“惯习”等概念。由于“场域”是布迪厄社会实践理论的研究基础，因此人们把布迪厄的理论叫作“场域理论”，也有人称为“社会实践理论”“生成结构主义”。

(二)关于场域

“场域”(field)不仅是布迪厄实践社会学中一个非常重要的概念，也是布迪厄从事社会研究的基本分析单位。布迪厄认为：“在高度分化的社会里，社会世界是由具有相对自主性的社会小世界构成的，这些社会小世界就是具有自身逻辑和必然性的客观关系的空间，而这些小世界自身特有的逻辑和必然性也不可化约成支配其他场域运作的那些逻辑和必然性。”①在布迪厄看来，这些“社会小世界”就是各种不同的“场域”，如经济、政治、艺术、学术等不同社会场域，各种相互独立又相互联系的“子场域”组成了社会这个“大场域”。

布迪厄这样定义场域：“从分析的角度看，一个场域可以被定义为在各种位置之间存在客观关系的一个网络或一个架构。正是由于这些位置的存在与它们强加在占据特定位置的行动者或机构之上的决定性因素，这些位置得到了客观的界定，其根据这些位置在不同类型的权利或资本(占有这些权利就意味着把持了在这一场域中利害攸关的专门利润的得益权)的分配结构中实际的和潜在的处境，以及它们与其他位置之间的客观关系(支配关系、屈从关系、结构上的同源关系等)。”以学校的组成空间为例，行政机构、教学院校、教研室、实训室等各类职能分

① 皮埃尔·布迪厄，华康德．实践与反思——反思社会学导引［M］．北京：中央编译出版社，1998.

工的层级和岗位，都在一定位置上占据和拥有一定的“权利和资本”，根据这种“利益权”形成了一个学校空间特有的逻辑和必然性的关系空间。

简单地理解布迪厄关于场域概念的含义就是：人是实践的行动者，人与人在一定的结构空间（场域）中形成相互关系，因为在各种关系中位置的不同，便生成了各具特色的社会行为。因此，布迪厄强调：“社会科学研究的真正对象并非个体。场域才是基本性的，必须作为研究操作的焦点。”

根据布迪厄对场域概念的定义和具体描述，场域由以下几个部分组成：

第一，场域中的空间。在布迪厄看来，场域是一个有特殊规则和经验边界的社会空间，也就是现代社会高度分化中的一个个社会小世界。它不同于物理空间，而是“关系系统独立于这些关系所确定的人群”。布迪厄说：“我们可以把场域设想为一个空间，在这个空间里，场域的效果得以发挥，并且，由于这种效果的存在，对任何与这个空间有所关联的对象，都不能仅凭所研究对象的内在特质予以解释。”例如学校的教师队伍，虽然都是从事教育教学的专业人员，但由于职称的不同，他们的各自关系便形成了不同的资本和权利的象征，不能够笼统地看作一般意义上的教师，而要从不同的位置关系去理解不同教师在教育教学中的行为，因为场域是一个客观关系的网络构型。

第二，场域中的位置。“在与人们的主观意愿和行为选择的关系中，位置起着客观前提和社会规定性作用。”①场域中的位置由不同的资本凸显出来，位置是场域内在属性的外在标识，资本则是场域的内在规定性。资本与位置相结合，便体现为一种权力，即掌握着这一位置特定利益的得益权。不同位置可以集不同的资本于一身，位置之间资源的相对变化影响着场域的内在结构变化。

① 刘少杰．后现代西方社会学理论［M］．北京：社会科学文献出版社，2002.

第三，场域中的关系结构。布迪厄认为，场域是客观关系的系统，而不是实体系统。布迪厄说，"'现实的就是关系的'：在社会世界中存在的都是各种各样的关系——不是行动者之间的互动或个人之间交互主体性的纽带，而是各种马克思所谓的'独立于个人意识和个人意志'而存在的客观关系"。"各种场域都是关系的系统。""根据场域概念进行思考就是从关系的角度进行思考。"要从场域中位置与位置、资本与资本、位置与资本之间的关系来理解人们的社会实践。

布迪厄的场域概念是一个社会空间，是一个关系系统，有着其本身运行变化的鲜明特征。

(1)场域是一个相对独立的社会空间，有着区别于其他场域的"逻辑和必然性"，即"每一个子场域都具有自身的逻辑、规则和常规"。

场域的相对独立性既是不同场域相互区别的标志，也是不同场域得以存在的依据。布迪厄认为，经济、政治、文化、教育、学校、企业等都是各种场域，这些场域或大或小，都有自己的独特性：它们都有自己的规划、策略和行为图式，对行为人(主体) 而言，只有遵守这些具体场域的规划、策略，熟悉具体场域的仪式、程序，认可具体场域的价值观，并遵照具体场域的规则和逻辑行动才能进行实践活动。

(2)场域的关系网络由位置决定，位置又与资本(布迪厄把资本分为三种：经济资本、文化资本和社会资本，也就是说，布迪厄把资本看作一个人的劳动积累，包括了物质、社会、符号等多种收益)相联系，因而，场域是一个为争得更多的收益而充满着争斗的空间。

布迪厄认为："作为包含各种隐而未发的力量和正在活动的力量的空间，场域同时是一个争夺的空间，这些争夺旨在维续或变更场域中这些力量的构型。进一步说，作为各种力量位置之间客观关系的结构，场域是这些位置的占据者(用集体或个人的方式)所寻求的各种策略的根本基础和引导力量。场域中位置的占据者用这些策略来保证或改善他们在场域中的位置，并强加一种对他们自身的产物最为有利的等级化原则。而行动者的策略又取决于他们在场域中的位置，即特定资本的分配。”一个场域中的资本构成形式和构成内容就构成了一个场域的基本逻辑。

（三）关于惯习

布迪厄认为，实践活动是实践行为者的活动，具体地说，实践活动是实践行为者的惯习的活动。惯习与场域有着直接关联，尽管场域是一种客观的关系系统，但在场域里活动的行动者并非是一个个的“物质粒子”，而是有知觉、有意识、有精神属性的人；场域不是“冷冰冰”的“物质小世界”，每个场域都有着属于自己的“性情倾向系统”——惯习（habitus）。

“所谓惯习，就是知觉、评价和行动的分类图示构成的系统，它具有一定的稳定性，又可以置换，它来自于社会制度，又寄居于身体之中（或者说生物性）的个体里。”“惯习就是一种社会化了的主观性。”学校是一个教书育人的场所，师生关系是一种“传道、授业、解惑”的具有历史积淀的厚重的师承关系，教师在学生的面前应该“为人师表、文雅端庄”，这就是体现在教师身上应有的“历史”，并成为学校教师的“第二天性”。我们在看待一个教师的言谈举止时，自然会使用这个不成文的标准去“知觉、评价和行动”，这就是学校教师的惯习。所以布迪厄把惯习称为“体现在人身上的历史”，只是由于人们将它内化为一种“第二天性”，以至于已经完全忘记它是一种历史。惯习是一种“外在性的内在化”（internalization of externality），个体行动者只有通过惯习的作用，才能够产生各种“合乎理性”的常识性行为；惯习是“所有选择所依据的不被选择的原则”。惯习所形成的行动样式，并非都是深思熟虑或自觉选择的结果，而是在与不同场域的即时遭遇中，一种“适得其所”的历史积淀和“合情合理”的经验认同。新教师在进入课堂时都会情不自禁地“正襟危坐，娓娓道来”，这是他们在履行教师职责中“合情合理”的行为表现，是一种“适得其所”的内心感受。惯习“形塑”了新教师的言行，也让新教师产生了融入学校场域的亲切感。

布迪厄认为，他提出“惯习”概念的目的有二：一是克服主观主义和客观主义的对立；二是克服实证主义唯物论和唯智主义唯心论的对立。因为“客观主义把行动理解成‘没有行动者’的机械反应；而主观主义则把行动描绘成行动者某种自觉的意图的刻意盘算、苦心追求，描绘成行动者某种良知自觉之心，通过理性的盘算，自由地筹划着如何确定自己的目标，使自己的效用最大化”。而惯习“在理论上把实践作为实践来看待，认为知识的对象是被建构出来的”。惯习也与主观唯心论不同，它强调人们实践活动的建构原则存在于社会客观性的性情倾向系统里，这些性情倾向系统在人们以前的实践中获得，又在实践活动中发挥作用。实践活动不断被结构形塑而又不断处在结构生成过程之中。

因此，惯习不同于习惯。布迪厄严格地区分了“惯习”与“习惯”。“我说的是惯习(habitus)，而不是习惯(habit)，就是说，是深刻地存在在于性情倾向系统中的，作为一种技艺(art)存在的生成性(即使不说是创造性的)能力，是完全从实践操持（practical mastery）的意义上来讲的。”

惯习从主观上来说，是主观上的知觉、评价及其由行动体现出的实践图式和由其行为倾向所构成的系统，这些主观性的东西并不来自于主观，而是来自于客观社会的各项制度，惯习是社会制度存在于身体中产生的结果。而场域是社会制度存在于客观事物中产生的结果。这样一来，无论是惯习还是场域，既不是主观的，也不是客观的，人们只有超越主客二分的实体对立思维才能把握惯习和场域。社会制度在身体中产生了惯习，在事物中产生了场域，而惯习制造了场域(类似马克思所说的，环境创造了人，人也创造了环境)，场域也会在未来创造出新的惯习，由此看来，惯习、场域与实践活动是一种双向的生成性关系，因为“社会现实是双重存在的，既在事物中，也在心智中，既在场域中，也在惯习中，既在行动者之外，又在行动者之内”。

惯习具有历史性、开放性和能动性。在布迪厄看来，惯习是一种生成性结构，是一种人们在后天生活中获得的各种生成性图式的系统。布迪厄把时间变量引入惯习的研究分析中，指出“惯习不是宿命”“惯习是历史的产物”，并且具有“双重历史性”（double historicity）。因为惯习“来源于社会结构，通过社会化，即通过个体的生成过程，在身体上得以体现，而社会结构其本身又来源于一代代人的历史努力，即系统生成”。惯习作为一种历史的产物，必然是一种动态的、开放的系统。布迪厄指出，惯习“是一个开放的性情倾向系统，不断地随着经验而变，从而在这些经验的不断影响下强化，或者调整自己的结构。它是稳定持久的，并不是永远不变的”。

惯习具有适应与不适应的特性。当惯习处于其生成所处的历史和社会条件下时，趋向于再生产出原来的结构系统，行动者能很好地适应其场域；但若惯习作用的社会条件与其产生时的社会条件存在差异时，惯习的滞后性问题就会引发行动者的不适，“无论何时，一旦我们的惯习适应了我们所涉入的场域，这种内聚力就将引导我们驾轻就熟地应付这个世界”。

布迪厄认为，从维持固有的本质倾向来说，惯习具有着像惯性一样的性质，不但个体的心智结构是这样，集体也具有这样的潜在行为倾向：“像科层组织这样的社会集体具有一些其内在固有的本质倾向，要维持它们的存在。这是一种类似记忆或忠诚的东西，就是行动者惯常行为的‘总和’。”这些约束深刻地存在于各种力量关系之中，由这些关系构成了行动者参与其中的场域，同时也构成了使他们彼此对立的各种争斗。在这些约束的制约下，惯习引导着行动者体会到了一种情境，而行动者则凭借着他们的实践窍门（know-how，法语为 métier），凭借着他们的惯习，酝酿出了与这种情境相适应的行动路线，就像一个量体裁衣的裁缝一样，再生产了那个产生他们惯习的结构。

“我们必须承认，在客观结构与体现在身体上的结构（embodied structure）之间的吻合，只不过是与世界的关系（即自然关系）的一个特例。”“也存在着一些情况，惯习和场域并不吻合。在这些情况中，除非你充分地考虑到了惯习和它所特有的惯性，特有的滞后现象

(hysteresis)，否则其中的行为就不可理解。”“这些性情倾向可以继续存在于生产它们的诸多经济、社会条件发生变化的情况下，并发挥作用。而这样固守、维持的倾向，既能够确保调适，又能够引发不适，既能够积淀与世无争的顺从心态，又能够激起奋起反抗的叛逆勇气。”

布迪厄关于社会实践的辩证思想给了我们诸多启示。任何社会场域既不是纯粹物质化的，也不是纯粹精神化的世界；身处一定场域中的行动者有着客观的物质属性和主观的精神属性，他们的行动同时受客观结构的制约和主观惯习的影响。因此，在认识任何一个社会场域时，我们不能只强调“客观环境”或“主观因素”；在分析及管理任何一个社会场域时，我们在重视该场域的客观结构的同时，还要关注该场域的主观惯习。

关于惯习的生成性、开放性、能动性以及调适和不适的基本特性，为我们理清现代学徒制试行过程中场域转换的实践性问题提供了强有力的理论支撑和可借鉴的方法论思想。

二、学校场域的基本特性与惯习影响力

学校(高职院校)是从事教育活动的社会组织，有着其本身的物理空间。学校组织为了实现教育目标，根据专业人才培养和专业课程学习与训练的需求，构建出了各种功能性的活动场所，形成了以教学活动为基本实践内容的意义空间。从场域的立场来分析学校空间，它是由教师、学生以及其他相关人员围绕着专业知识的生产和传递形成的一种关系网络。这种关系网络并不是一个静态的网络空间，而是根据制度、功能和个体劳动积累的资本权利，构成了多元的、复杂的、各种力量不断重组的关系结构空间。

学校场域从属于教育场域，以育人为根本目的，因此，师生关系是最显著被定义的关系。以高职学生的职业素养有效培养为研究立场出发，我们不去作学校场域各类复杂关系因资源争夺、不断变化空间位置和力量转换的全景式分析，我们更加关注的是在师生关系的背景下学校

场域的基本特性，即在学校场域中作为教育者和被教育者之间，因为形塑和被形塑、说教和被说教、学习和反思、生活和养成的辩证关系的“逻辑和必然性”。纵观学校教育，特别是职业教育的功能流变、规训积淀和惯习沉潜，高职教育学校场域的基本特性表征为三个方面：

(一)理想性与现实性的统一

理想性即学校的理想目标，现实性即学生的就业取向。不论学校教育确定何等高大上的目标，其最终都应该保证学生能够适应用人单位的需要，成为学有所成的专业人才。

学校教育作为培养人的特殊实践活动，总会确定一个高大上并为之奋斗的目标，这个目标一般都具有时代性、前瞻性和职业性，即人才培养的理想状态。我国高等职业教育的人才培养目标充分体现了这一特点。《国务院关于大力发展职业教育的决定》(2005)指出，高等职业教育要“以服务社会主义现代化建设为宗旨，培养数以亿计的高素质劳动者和数以千万计的高技能专门人才”，其中明确规定了职业教育的四个服务职能，即：职业教育应为我国走新型工业化道路，调整经济结构与转变增长方式服务；职业教育应为农村劳动力转移服务；职业教育应为建设社会主义新农村服务；职业教育应为提高劳动者素质特别是职业能力服务。

因此，职业教育应在人才培养的规格上具有全面性：在职业素养方面，我们的高职毕业生应在职业道德、职业认知、职业情感、职业习惯、职业意志等层面得到全面发展；在职业知识方面，应该在人文通识性知识、专业理论性知识、专业实践性知识与专业拓展性知识等层面全面发展；在专业能力方面，应该不断提升思维能力、沟通能力、技艺能力、学习能力，以及实践操作能力与职业资格考证能力。只有如此，才能凸显“高素质技术技能人才”的特性。

为达成高职教育的培养目标，在办学模式、教学管理、教育评价等方面制定了向现实转变的执行路径。一是在办学模式上，确立“校企合作，工学结合”的办学思想，明确了高职教育培养应用型人才的方向；在教学管理上，把高职教育的目标逐层落实在各专业人才的培养目标和具体的课程教学目标上，形成互为支撑的目标体系；在教育评价中重点强调五个对接，即专业与产业对接、课程内容与职业标准对接、教学过程与生产过程对接、学历证书与职业资格证书对接、职业教育与终身教育对接，保障教学过程真正落实“服务为宗旨，就业为导向”的高职办学方针。

教育目标的全面发展与教育过程的五个对接，充分体现了高职院校场域理想性与现实性的统一。

(二)模糊性与确定性的统一

模糊性就是学校文化传承的泛在形式，确定性就是学生身上的社会适应力。学校场域无时无刻不在营造精神文明的丰富性，但最终能被学生学习吸收为综合素养，形成社会竞争力，才是确定的教育价值的体现。

学校教育的文化形态一般有三种，即校园文化、班级文化与寝室文化。校园文化内涵十分丰富，包括了学校物质文化、精神文化、制度文化。关于校园文化建设的讨论随处可见，此处不作赘述。

班级文化是“班级群体文化”的简称，是班级的成员之间所共有的信念、价值观、态度的复合体。班级成员的言行倾向、班级的人际关系、班级的风气等为其主体标识，班级的环境布置和制度规训是班级的“硬文化”，班级的人际关系和班主任的处世风格是班级的“软文化”。班级文化的本质是社会角色的心理体验，也是学校社会化的一种体现。

高校的寝室文化是一种比较特殊的文化形态。寝室中的每个成员都来自全省乃至全国各地，不同的家庭、民族和区域所体现的文化背景不尽相同，各自流露出来的文化传统也不同，还有个人的生活习惯、兴趣爱好、性格等方面的不同，形成的一个奇特的情境交融和心灵碰撞的狭小空间：每个人的情绪、异态、故事都会影响到整个寝室。寝室文化是寝室成员思想意识、价值观念、心理素质和审美情趣经过反复锤炼磨砺的过程。

学校场域文化从校园环境到寝室空间，从学习生活到人际交往，从思想信念到审美情趣，对学生的影响力始终存在。这种泛在影响的模糊性通过时间的推移逐步积淀在学生身上，形成了虽个性差异愈发明显，但综合素养不断提升，社会适应力不断增强的状况，集中表现就是学生就业选择竞争力的增强，体现出了学校场域模糊性与确定性的统一。

（三）示范性与职业性的统一

示范性就是教师言传身教的可仿效性，职业性就是具体能力的实用性，示范性与职业性的统一也就是教育过程中学与做的高度统一。高职教育学校场域的示范性与职业性的统一具有此双重属性：高职教师既是知识的传播者，也是技能训练的指导者；作为高职学生除了要弄懂专业知识，还要懂得在哪应用这些知识，不能只做旁观者，还要做实际参与者，也就是要具备岗位从业能力。

高职院校里师资构成与课程设置，教师的教学行为与课程内容的教学形式，实训场所与生产性实训基地，都充分体现“理实一体、学做合一”的教育理念，示范性与职业性的高度统一。

与一般高校教师的教学行为相比，教学过程中如果只进行理论讲述与教材分析，总是要求学生在课堂上好好学习，那就得不到学生的积极回应。真为学生着想，那就得“拿出来练练”，要进行实际操作演练，正所谓“画得了图纸，上得了机床”，教师要自己能够结合专业工作的岗位需求，实际操作示范。学生的实操也是在真实的场景、真实的任务、真实的材料里“真做实干”，从而学得的技能是与工作岗位对接的技术技能。这就是示范性与职业性的完美统一。

根据“所有选择所依据的不被选择的原则”即惯习，以上学校场域构成的关系特性，必然会以一种不被主观意识判断的选择，影响我们的行动逻辑和行为取向。学校场域的惯习影响力从教师与学生关系结构的视角，表现为五种具体的行为特征：(1)垂直关系结构——居高临下的师生关怀。(2)自主学习取向——各行其志的学业竞争。(3)宽松文化生活——寻求关注的兴趣发展。(4)控制学习进度——技术学习的师授依赖。(5)提倡民主形式——寄予公平的机会等待。

1. 垂直关系结构——居高临下的师生关怀

学校的师生关系是教育者与被教育者之间的关系，在学校场域的关系结构中处于垂直关系，也就是上级与下级的关系。教师在责任感和使命感驱动下关心和指导学生，以一种居高临下的行动方式影响学生。这种居高临下的师生关怀有三种具体表现：一是教师用布道人的角色，要求学生好好学习，全面提升，以人生理想与生活追求为目标拷问学生。二是学生在学校既定的师生关系和行为倾向影响下，选择一种具有其特定“逻辑”的实践活动的方法，即学生在教师面前表现出刻苦认真的形态，以显得师生关系“合情合理”。三是有些学生没有被这种关怀所感召，显得随心所欲、漫不经心，而被定义为“心无大志、行为叛逆”，被教师和同学疏远，有些教师放下姿态，与学生走得很近，也被称为“放下架子”。

虽然现代教育倡导一种新型的平等师生关系，强调“以生为本”走进学生心灵，促进学生就业，但“历史积淀”的惯习行为倾向——学校及教师喜欢讲“大道理”仍然是学校师生关怀的常态。学生们的专业思想和人生理想还是如同水中浮萍，没有在他们的内心里扎下根、落住脚。

2. 自主学习取向——各行其志的学业竞争

就学习方式而言，高等学校与基础教育不同的显著特点，就是强调学生自主学习、自我教育。高等学校设立了许多可供学生自主学习的地方：敞亮的图书馆、阅览室、公共教室；绿荫环抱、景色优美的林荫小道和亭榭廊台；可供学生自由支配的课余时间和闲暇时光。这种环境对高等学校的师生都显得非常宽松：教师只负责完成课堂授课和答疑，课后的时间与学习内容交给学生自由分配，最后评价学生的学业成绩和专业知识掌握情况的方式就是考试。因此，给学生传递的学习压力只是学业考试，用期末考试来检验学习成绩，用考试成绩来比较学生的专业水平，相比而言，学习压力和竞争程度远远小于以升学和提高人生起点位置为目标的基础教育。

作为学校场域结构性资源分配的基础性运行机制就是学业竞争和成绩排名，学校里的各种竞赛选拔、评优推荐、奖学助补都和学业成绩相挂钩。因此，高等学校的学业竞争是公开的、公平的但又是平静的、平和的，学业成绩的好坏不是由争夺资源和机会不均所造成的，因为学业成绩好是通过自己努力得来的，成绩不好是由于个人的原因，与别人无关，所以学业竞争具有隐喻性和自为性，也就是学生根据自己的意愿决定是否付出努力，即各行其志，平静地面对专业学习的学业竞争。可以说，学校场域对学生的竞争能力和创新能力的培养多少显得有些匮乏无力。

3. 宽松文化生活——寻求关注的兴趣发展

高等学校培养人的终极目的是德、智、体和情、趣、美等全面发展，能够成为服务社会、学有所用的劳动者和专业人才。实现路径就是通过教育的影响和文化的熏陶，集中体现在校园文化的建设与运行上。与学习活动的主张一样，高校文化所影响的惯习是自由的、多样的、鲜活的，总之是宽松的。高校里的各种学生社团、校园活动和社会实践活动都是学生自主、自治、自发的，给学生的机会和选择都是自愿的。但是这种宽松的可自由选择的生活方式往往让学生无法准确决策、合理选择，因为他们自己都不知道自己的特长是什么，自己的兴趣是什么。

高校提倡全面发展的育人导向作为一种潜在的影响力，历史的而又主观地存在于学校的场域之中，学校的在校生都会非常自觉地“合乎逻辑”地接受这样的生活方式，希望能够不断提高自己的综合素养，丰富兴趣，提升自己的能力。那么个人兴趣又该如何确定？那种通过逐步积累和系统训练的能力显然没有持久力，因为没有鼓励和关心的默默努力，在短暂的学习生活中去付出显得有些得不偿失：在高校只有那些为就业加分、为学习生活添彩的“轰轰烈烈”的活动参与，才能够被关注，才能得到鼓励和肯定。所以，在学校场域宽松的文化氛围中，以被同学和教师充分关注为动力，从众、易学、风光等要素成为学生兴趣发展与学生兴趣选择的动因。虽然兴趣广泛、丰富多彩，但由于学生全面发展的基础薄弱，就显得苍白和肤浅，综合素养根基不牢。

4. 控制学习进度——技术学习的师授依赖

学校教学内容的安排是统一规划的，是依照理论知识的难易程度和专业课程的递进关系提前设定的，也就是学生所学习的内容和学习的进度是被控制的。这种课程安排的统一性和递进关系可以说是一种教学管理制度性形成的惯习。虽然学生的理解能力、思维模式、动手能力以及性格特征都有差异，但是学校在教学内容的安排上都没有考虑，这是为了保持集体授课、统一进度、统一考试、统一评价，适应班级授课的管理模式。

像这种控制学习进度的管理惯习，在课堂实训和实践操作的课程内容中把一个相对完整的工作流程进行分割，保证每次上课都有训练重点，每个学生都能够进行充分练习，从而保证授课的训练效果。很显然，这种集体授课式的技能训练，虽然能够兼顾每个学生的学习效果，保证教学进度，但把工作流程的完整性分割开来，把操作技术按照难度递进学习训练，会使学习者难以了解工作流程的全貌，更加不能形成工作效率，让学生对技术学习的意义和难度都变得漠不关心，就会变成为技术而技术、为操作而操作，对教师的依赖性也会越来越强，主动学习的愿望就会变得淡漠，工作效率感被减弱。同时，这种对教师依赖性的技术学习，会使学习者把技术应用与课程学习相混淆，当操作技术与工作任务和生产效率结合起来时，会降低学生对自己专业能力的自信心和认可度。

5. 提倡民主形式——寄予公平的机会等待

学校是一个教育的场所，其根本目的就是培养人。教育的内在要求是在教学过程中，必须给学生传递正确的世界观、人生观和价值观，必须传递给学生社会的正义感、公正性和民主法治的思想自觉，应该让学生形成遵守规则、讲究秩序、崇尚公平的社会责任感和行为意识，总的来说，学校教育就是经过“过滤”的社会环境，是学生值得信赖和放心的场域空间。

所以，学校的各种推荐性选拔活动和学生组织的各种竞选活动都会采用自主报名和民主推荐的形式，来营造一种公平、自由、民主的组织氛围。这是学校教育培养学生树立公平自由、民主法治价值观念的社会责任的一种体现，也是学校教育希望通过良好教育环境规范学生行为的教育方式。但是这样的组织氛围和管理模式也会形成一种过分依赖的惯习：学生对学校程序制定有高度的信任感，所以等待教师给他们一个良好机会。也就是说，学生只要能够做好自己，提高学习成绩，提升自己的专业水平，学校或教师就会给他们提供展示和学习的机会。这种等待虽然很美好，但一旦遇到事情的复杂性和特殊性，实际结果与自己的预判相反或有出入，就会变得怨天尤人、否定一切。这对学生遵守社会规范，适应社会的不确定性和复杂性是非常不利的，应该让学生参与到规则的制定中，让学生了解竞选对手和环境，学会去争取机会，才是一种合理的、有效的社会能力培养路径。

三、企业场域的基本特性与惯习影响力

企业是以盈利为目的，为社会提供商品或服务的经济组织。企业依法设立、自主经营、独立核算，是一个充满生命力的组织，是社会生产和流通的直接承担者，在社会、经济中从事生产和经营活动，在市场竞争中创造和实现社会财富，同时是先进技术与先进生产工具的积极采用者和制造者，在社会、经济中发挥着巨大的作用。

企业的功能就是企业职能或企业机能，主要体现在生产、营销、人力资源、研究与开发及财务管理五类企业活动之中，这五类企业活动可简称为产、销、人、发、财，根据这些产生了相应的五大功能：生产功能、营销功能、资源配置功能、产品开放功能和资金融通功能，其中最

重要的功能是生产功能和营销功能。为了能够实现企业参与社会生产、流通、服务等经济活动，达到产品销售的盈利目的，企业用自身生产要素和组织要素的最大变量来确定自己的活动边界，来构成企业的物理空间和意义空间，即企业的关系场域。企业的生产性要素是指企业的生产范围、生产能力、产品的异质性等生产能力要素；企业的组织性要素是指企业的组织形式、机构规模、产权关系等结构要素。从场域的角度定义企业，可以把企业看成由生产、销售和运作管理等职能关系交互联系的复杂空间。

企业场域是一个联动的、技术的、活跃的关系空间，是一个充满资本竞争的"社会小世界"。在这个小世界里资本形式可分为文化资本、社会资本与经济资本三种类型，文化资本在实践关系的影响下会产生企业文化影响力，即形象力、创造力、辐射力等文化成果；社会资本在实践关系的影响下会产生企业社会影响力，即社会知名度、社会责任感和社会支持力等社会成果；经济资本在实践关系的影响下会产生企业经济影响力，即产品质量、产品服务、产品优势等经济成果。当经济资本与文化资本、社会资本三者有机地结合起来时，就会产生社会品牌效应，获得社会的广泛认同并具有强势的核心竞争力。

以高职院校与企业合作办学，共同培养适应企业用人要求和职业岗位技能需求为根本目标出发，以高职学生在企业中用学徒身份上岗实践训练的现实出发，我们不用对企业内部因为生产要素和组织要素进行的权益争斗作深入分析，也不会对企业资本竞争中人、财、物交织的权益交换和人际位置的空间变化进行条缕分析，我们所关注的只是学生以学徒身份与工作岗位相联系的企业场域最基本的关系空间：生产运行与营销服务的企业场域基本特性，即人、机、物三者组成的一种逻辑关系。人就是指生产服务现场的人员，包括了主管、技术人员、工人和临时工等一切直接从事生产服务的人员。机就是指生产中所有的设备、工具等一切辅助生产用具。物就是指物料，包括半成品、配件、原料等一切产品用料。人、机、物的有机结合形成了企业的生产行为，其行为逻辑是：通过生产行为，生产出适销对路的产品，满足社会的需要；通过生产行为，实现企业经营决策和生产计划规定的生产目标与任务；通过生产行为，把劳动者和生产资料有机结合起来，让企业的人力资源和物力资源得到最高效的利用。生产行为的基本特性表现为如下三个方面：

（一）追求效率与提高质量的统一

企业作为以盈利为目的的经济组织，追求效率是其根本性，而效率的基本保证来自于产品质量，因此效率与质量是企业发展中并行不悖的两个相互制约的矛盾体。

为了能够保证企业效率，从生产行为的角度，企业的应对措施一般有三种方式，一是通过增加工位与人数扩大生产规模，提供单位时间内的生产产量；二是延长生产一线工人的工作时间，提高每个工位的生产产量；三是更新设备，改进生产技术或生产流程，提高生产产能。无论采用哪一种应对措施，都会增加生产成本，同时还有工人技术培训的问题，但是投入工作时间或改进生产技术都有因工作懈怠、技术不熟练而降低产品质量的风险，从而会影响产品销售与企业声誉的风险。为降低因为提高效率而影响质量的风险，企业在生产过程中就会采取保障生产产品质量的相应措施。一是对生产流程的规范性严格管理，保证每个生产环节都能够保质按量地完成生产任务；二是加强产品质量的质检工作，保证产品生产的合格率；三是对生产技术能力的培训与奖励，技术培训的目的就是用提高操作的熟练程度来保证生产质量，绩效奖励的目的就是对高质量的技术能手给予表彰从而产生激励效应。

追求效率和提高质量在企业生产的过程中被不断平衡和突破，通过企业场域生产行为的合乎自身逻辑的协调权衡而实现统一。

（二）崇尚技术与不断变革的统一

企业生产行为中的人机关系是一对相互制约的关系，也是一对相互促进的关系。为了提高生产效率，尽量提高生产过程的机械化、自动化和智能化水平是企业对生产设备和技术的一种依赖。任何机械设备都需要由人去操作，都需要熟练掌握操作技术的工人，新技术、新设备、新手段都需要有一个从了解到熟悉再到熟练的过程，这是一个相互制约的关系。另外，新技术、新设备、新手段的技术改进工作对实际操作的工人和相关技术水平的提升又起到很大的促进作用，对提高生产效率也能起到充分保障的作用。因此，企业生产行为的一个显著特性是：既需要保持相对稳定的操作技术和熟练工人，又鼓励技术创新，用新技术、新手段来提高生产效率，崇尚技术与不断变革在企业生产行为的场域关系不断调适中得到统一。

值得注意的是，新技术、新设备、新手段的运用对生产一线的工人来说是一个挑战：既是对破除原有场域资本结构的挑战(由一个熟练工人变成一个新手学习技术的风险)，也是对工人的技术学习能力的挑战(有新知识储备的年轻人与掌握了熟练技术的老工人之间的学习差异)。这种挑战会演变成技术保守与技术革新的矛盾，我们说企业生产行为有崇尚技术与不断变革相统一的基本特性，其中也包括技术保守与技术革新的矛盾统一。

(三)公开竞争与充分合作的统一

企业的生产场域大体上说有三种基本组合空间：一是平行结构，各个小组在同一时间完成同一任务(同一个生产环节)；二是串行结构，一个生产产品由多个不同环节串联而成，每个环节组成一个小组，由小组工人共同完成一个产品某个环节的生产任务；三是线行结构，即一件产品由一个环环相扣的工作流程组成，每个环节由一个人承担，一个产品的全部流程组成一个生产小组。

在这三种组合空间的基础上，根据企业生产规模可以组建成多个生产车间，每个车间可以包含不同的组合空间，但不论是如何组建生产流程空间，每个车间都会因为生产任务形成公开的竞争关系，即每个车间都会在内心里较劲，争取在规定的时间内完成更多的生产数量，原因就是生产效益和个人收益有关。

当然，企业中的管理指标也会推动这种竞争，使用生产指标来规定每个车间尽量在相对短的单位时间内完成生产任务。而当生产指标固定时，每个车间内的生产岗位(环节)就是一种必须充分合作的关系：只有保证了具体岗位的合理耗时和工作质量，才能够保证整个车间的生产效率。

公开竞争与充分合作相统一的特性是企业生产中为了提高生产效率的必然选择，也就是企业场域中必然具有的行为逻辑。

企业生产行为中的基本特性作为一种企业的行为逻辑，处于这个场域内的每个人都会以一种不被知觉但又实实在在的存在而感受与接纳，并以一种自身逻辑影射在了人们的行为之中，成为布迪厄所宣称的惯习影响力。具体表征也可概括为五种：(1)重视结果产出——不容分说的执行力。(2)讲究产品品质——干活漂亮的竞争性。(3)注重生产经验——固定明晰的师徒关系。(4)保证工艺流程——任务界定的团队合作。(5)调适空间压力——世俗风趣的工作氛围。

1. 重视结果产出——不容分说的执行力

所谓的执行力，就是快速完成指定任务的行动能力。执行力又分为团队的执行力和个人执行力两个范畴，我们所关注的是个人执行力，也就是企业员工的执行力。个人执行力具有三个特征：一是不打折扣地完成规定任务的行动力；二是快速把想法变成行动的内驱力；三是遇到挫折不放弃的坚持力。执行力是一个优秀员工具备的基本品质，也是企业车间内团队合作关系的基础。

企业车间在接受主管部门安排的生产任务和指标时，很难会有探讨协商的机会，因为企业的生产指标会受到市场的需求和营销订单的制约和牵制，没有时间与条件来具体论证指标任务的合理与科学性，正所谓企业界信奉的“时间就是金钱，效率就是生命”。在这种生存环境和行动逻辑的惯习影响下，企业就是为了追求生产效率和产量，对于生产行为的具体执行岗位——生产车间只能是重在结果产出，车间中的每个人都是具体生产任务中必不可少的关键环节，为了完成工作任务和生产指标，“不由分说”先干起来，见到结果再说。这种有效执行力对于具体工作岗位的员工来说，是生产行为的一种不被选择的自然选择。

2. 讲究产品品质——干活漂亮的竞争性

在布迪厄看来，竞争性是一个关系场域具有生存动力和变化活力的根本，是关系场域的本性。在经济领域，产业之间、行业之间、企业之间都会因为资源与市场从而相互竞争。在一个企业内部同样存在着各种竞争，就是岗位之间或岗位内部人员之间也存在竞争性，这种竞争是一种趋利向好的竞争——为了提高个人的美誉度和话语权——比技术精湛，比工作质量的社会资本能力的良性竞争。

我们都知道，企业在追求效率的同时还必须保证产品质量，效率和质量永远是企业发展中的矛盾统一体。企业制定的各种保障制度和奖励措施，就是为了将产品质量意识融入企业管理和生产活动的各个环节和过程当中。可想而知，一个熟练的工人得到管理层与企业领导关注的最直接原因就是“活儿干得漂亮”。有一手绝活儿，有一项拿手的操作技术，是非常值得炫耀的事情。在具体岗位上，把活儿干漂亮才拥有竞争性，才是优势存在的硬道理。

3. 注重生产经验——固定明晰的师徒关系

师徒关系是企业中一个不成文的制度性关系，是生产岗位上普遍存在的一种稳定的人际关系。师徒关系的确定不是指定和选择的，而是由技术学习和岗位培训来确定的，也就是说，师徒关系是一种技术关系，是一种实践关系。当一个新手来到具体工作岗位，尽管他拥有专业背景，或拥有很高的学历，对于具体工作岗位来讲还是一个新人，是一个刚刚入职的人，带他熟悉周围环境、了解工作流程、讲解操作规程、示范生产技术的“有生产实践经验”的人便自然是师傅，而且是必须尊称为师傅的人。

师徒关系有别于师生关系。师生关系是学校里的基本人际关系，但又是一个宽泛的人际关系，因为知识传授和理论学习，师生关系是一对多的关系。企业生产岗位的师徒关系因传授生产经验而存在，而生产经验是具体实践性的，是亲身体验性的，所以生产岗位的师徒关系是非常具体的、固定的、清晰的。企业生产中的师徒关系因为岗位而存在，因为经验而清晰，这是企业生产场域的行为逻辑，是一种惯习存在。

4. 保证工艺流程——任务界定的团队合作

所谓团队，是由员工和管理层形成的一个人际共同体，用斯蒂芬·罗宾斯(1994)的观点来说，就是为实现某一特定目标而相互协作的个体组成的一种正式群体。团队合作是指团队每一个成员能够合理利用自己的知识与技能合作完成某项事情，当团队合作能够出于自觉和自愿时，它必将会产生一股强大而又持久的力量。团队合作在实践中发挥着重要作用，当具体的工作目标确定后，团队成员只要能够齐心协力，拧成一股绳，朝着一个目标努力，就能够产生一种凝聚力和助推力，成倍增加工作热情与效率，这种团队合作的精神又使团队成员产生共同的使命感、归属感和认同感。

生产车间的团队合作存在着其自身的逻辑关系：车间内的场域关系是一种有着不同资本的微妙竞争关系，是因场域物理空间组成的正式群体。但因为某项生产任务才形成根据任务而界定的同车间或跨车间的合作团队，为保证工艺流程和产品质量，团队之间合作毫无间隙，协作同心。也就是说，生产关系影响下的群体或员工，都拥有一种自愿的、自觉的团队合作意识，均会在团队合作过程中履职尽责、协同一致，表现出强烈的合作精神，可以说这是企业场域特有的一种职业品质。

5. 调适空间压力——世俗风趣的工作氛围

氛围是人际交往的一种气氛，在工作中企业员工能够通过生产行为的日常事务、作业规程和奖励制度等来感受氛围。组织氛围是看不到、摸不着的东西，但可以肯定的是，组织氛围的形成是员工之间不断交流和互动形成的，如果没有人与人之间的互动，氛围也就无从谈起，组织氛围可视为同一组织中各成员分享的认知。组织氛围会因为职业、文化、工作性质的不同，从而形成或粗犷、或严谨、或诙谐的组织特质。

企业生产车间因为员工之间的交互行为形成一种持久的场域空间特质，这种特质可以被视为一种特殊的组织氛围，即在企业生产空间，企业生产员工对生产车间的事件、活动和程序以及那些可能会受到奖励、支持和期望的行为的一种心理知觉。正是由于这种基于组织成员共享的心理知觉，才形成了生产车间中人际关系的一种默契与和谐，才能够形成融洽的车间工作氛围。由于生产操作的过程中拥有很大的重复性和持久性，在工作中高度集中精力和注意力会形成工作场域的紧张氛围或精神压力。为了缓解这种压力，在工作间隙，人们会将车间成员之间才能领会的生活趣事作为闲聊或逗趣的题材，这些题材虽然显得有些世俗或粗犷，但是其中的风趣也只有处于这个场域内的成员才能体味与感受。因为生产车间特有的组织氛围形成的为了释放压力而相互调侃的行为惯习，也是企业文化的有机组成部分。

第二节　学校与职场互换情境下多元影响力的相对优势与不足

因为学校场域与企业场域的社会职能和职业性质不同，它们是两个行为逻辑明显不同的关系空间。我们之所以把学校和企业两个明显不同的关系场域放在一起进行关联性分析对比，是为了校企合作办学，共同培养高素质技术技能人才的社会责任和共同利益，希望能构建一个合作共建、合作共赢、合作共享的互动平台，推动校企合作的深入发展，促进现代学徒制背景中高职学生职业素养的有效形成。

职业素养的重要性在于它在高职学生的职业生涯中扮演着奠基和催化的作用：职业素养是从业者的一种行动内涵与行为品质，既给高职学生的专业发展奠定了基础，又给高职学生的就业生存提供了成长的动力。职业素养的有效形成，不只是通过职业教育和知识学习的途径习得，更重要的是在环境的影响下潜移默化和社会存在的个人感悟。因此，职业素养具有综合、内隐、质化的特点。按照我们对职业素养的结构性分析，职业素养是由专业习得、职业操守、社会能力、人文情怀四个层面构成。其中，专业习得包括专业认知、专业技能和专业意识三个重要因素；专业操守包括专业情怀、职业品质和职业规划三个重要因素；社会能力包括生存能力、合作能力和创新能力三个重要因素；人文情怀包括人生理想、处世态度和审美情趣三个重要因素。这种多层次综合因素构成的职业素养，无论从教育场域的终极关怀还是从企业场域的现实影响来说都是难以完美习得的。

校企深度合作给高职学生有效培养职业素养提供了广阔空间：学校教育用知识的系统学习和技能培养为职业素养的形成提供了应然性的行为逻辑空间，企业生产用操作知识的应用性和实践经验为职业素养的形成提供了实然性的逻辑空间。诚如前面关于学校师生关系和企业生产关系的具体场域特性分析，学校和企业历史性之间有着不同惯习影响力。这些影响力对于学生在作为被教育者和企业学徒之间，在专业发展、岗位意识以及职业素养形成方面都有着各自的优势与不足。厘清和把握各自的特点与效能，可以在现代学徒制的实践与管理过程中实现优势互补，优化现代学徒制促进高职学生职业素养有效形成的生存环境。我们从社会组织的功能、场域空间的特性和惯习的行动逻辑这三个方面作具体分析。

一、学校组织与企业组织影响力的相对优势与不足

学校是以培养人才为基本职能的社会组织，肩负着为社会主义事业培养德、智、体、美等方面全面发展的接班人和劳动者的任务，学校在教育过程中所能提供的学习内容、校园环境与文化氛围，都必须和教育目标保持一致，都必须遵循学生身心发展的规律和学生能够接受与理解的心智发展阶段，总之，学校教育中的影响媒介都是经过选择和过滤的，是一种促进学生全面发展、“追求纯净和完美”的教育环境。这种环境对于学生的学习成长是有益的，对学生的世界观、价值观和人生观的树立都是一种积极向上的助力。

学校教师是将教育目标变成教育行为的承载者，是一种教育影响的具体执行者，所以，教书育人便成为教师职业的内在规定性。为了保证教育过程的严谨和规范，国家将立德树人作为学校教师的根本任务，要求每一个教师要有理想信念，要有道德情操，要有扎实知识，要有仁爱之心，学校教师就是学生人生理想和价值追求的引导者与推动者，学生在教师的指导下生活成长，处于一种被关怀、被保护的生存状态。

为了促进学生综合素养和社会责任感的形成，学校除了文化氛围与教师关怀以外，最重要的途径就是用公共课程的方式，系统有序地对学生进行教育和培养。学校利用思政课程、通识课程、选修课程和实践课程对学生进行观念的、价值的、学术的、人文的、艺术的、科技的全方位的引导，为学生构建一个全面发展的课程框架。这对于学生的专业学习和未来的职业生涯来讲，是学校教育职责所在，而对企业环境来讲，是学校教育的显著优势。

正是因为学校这样有组织、有目的、有计划的教育过程，给了学生更多的社会现实的“过滤性”，让学生对社会现实和社会生存有一种“距离感”，一旦学生脱离了学校环境和教师关怀，在社会中遭遇复杂的违反规则的社会现象，或者遭到重大挫折和困难的时候，就会变得迷茫与无助，就会动摇他们原来的社会认知。所以，学校作为目标导向的选择性环境，对学生的社会适应能力来讲是存在缺陷的。

企业作为一种社会经济组织，通过生产活动和营销活动来为社会提供产品和服务，与社会需求有着天然的紧密关系，是社会现实的真实存在。相对高校中的过滤性环境来说，企业的竞争性、现实性与实效性是一种相对优势。高职学生在企业从事生产实践活动，其操作知识的随机学习、岗位生产的任务指标、人际关系的相互协调，都是以生产效率和产品质量为前提的，都是一种“结果导向”，对学生来说，企业生产的实用性知识与能力的获得对职业认知与岗位能力发展是十分有利的，是相对学校教育的一种隐性优势。

二、学校场域空间与企业场域空间影响力的相对优势与不足

企业是职业行为的现实场域，职业素养在企业得到彰显与完善。因此，企业场域对于高职学生获得必要的职场认知和职业意识有着天然的优势。

首先是企业追求效率的冲击力，企业生产一线中面临的生产任务限时限量，定工定产，容不得迟疑和拖延，所有人关注的就是当下的生产流程、工作任务，从而形成的脚踏实地、面对现实的行为逻辑，比起学校场域的空谈理想、好高骛远的风气，具有影响职业素养有效形成的一种无法替代的优势，是高职学生进入职场的一种全新体验。

其次是企业看重产品质量的内驱力，企业都会推崇和引导职工把产品质量当成大家共同依存的生命线。企业生产中对技术熟练、工作认真负责的工作者有着高度的认同感，不论是领导者、管理者，还是生产者都会非常尊重与信任技术熟练的工人。质量意识、规则意识与工匠精神是企业能够生存和发展的命脉，同时也是职业素养不可或缺的内涵。因此，企业场域所具有的工匠精神和质量意识是相对学校教育场域的天然优势。

再次就是企业分工合作的竞争性，这也是企业与学校场域差异较大的空间特性。学校教学过程的最大特点就是按部就班，在事先制定的教学进度中有条不紊、有先有后地完成教学。关于教学进度和课程内容，学生都是没有话语权的，教师的这种“自由裁量权”，不可能产生“分工合作”的竞争性，尽管教师的课程教学对学生的学习来讲就是“分工合作”：分课程学习，然后形成系统的知识体系。学校的课程之间不能竞争，也不会竞争，课程教学是一种目标导向，是没有直接的产出结果的。企业的竞争性就来源于产出的结果导向，每一道工序都是下一道工序的前提，而每一道工序又是由多个环节相关联，因此，每一次结果都要争取做到合格、合标、合时。工序之间、环节之间、同一个产品的不同车间之间就会形成竞争，会要求大家分工合作的默契。企业的竞争性

对于高职学生形成合作精神和进取精神是一种有益的环境影响力。

三、学校惯习与企业惯习影响力的相对优势与不足

我们在讨论学校惯习与企业惯习的时候指出，惯习是一种历史的存在，是场域关系行动逻辑的依据。从学校师生关系来说，是一种教育与被教育、说教与被说教的垂直关系；从企业生产关系来说，是一种工作任务、生产流程所规定的平行关系。其惯习各有五种具体行为特征。

学校场域的惯习特征是：(1)垂直关系结构——居高临下的师生关怀。(2)自主学习取向——各行其志的学业竞争。(3)宽松文化生活——寻求关注的兴趣发展。(4)控制学习进度——技术学习的师授依赖。(5)提倡民主形式——寄予公平的机会等待。

企业场域的惯习特征是：(1)重视结果产出——不容分说的执行力。(2)讲究产品品质——干活漂亮的竞争性。(3)注重生产经验——固定明晰的师徒关系。(4)保证工艺流程——任务界定的团队合作。(5)调适空间压力——世俗风趣的工作氛围。学校与企业惯习的最大差异就在于学校惯习产生了精神依赖性，企业惯习产生了任务执行力。

所谓学校惯习的精神依赖性，指的是学生对学校活动内容的完全信任和行为指导的过分依赖。学校教育在国家既定教育方针的指引下，以立德树人为根本，以服务发展为宗旨，以促进就业为导向，以正确的教育观念影响和关怀着每一个学生。在这样一种组织氛围里，学校教育活动的价值和意义都是不容置疑的。因此，在各种制度设计下，学生的学业发展、专业规划和职业取向就全部托付给了学校，也就是说，学生对于学校的活动安排是一种“无选择”的信任，以至于形成依赖性：对于学业评价公平的依赖，对于教学技能训练有效性的依赖，对于教育过程合理性的依赖。这种惯习的优势是，能够有效完成各种课程的教学计划，能够有效组织专业理论的系统学习，能够有效达成专业培养目标，能够有效完成各种教育活动。

对于学生职业素养的培养而言，学校的精神依赖无疑在专业习得、职业操守、人文情怀等层面拥有不可替代的价值。例如系统的专业学习、对专业的合理期待、专业的理论积淀、专业的国际视野，就是在企业岗位实践中无法获得的；在技能训练中，学生的综合技能以及竞技能力也难以从企业生产一线以任务为导向的环境中习得。在职业操守方面，虽然企业岗位的工作对职业精神的理解有其独特优势，但是在职业品质和职业规划方面，学校教育的优势更加明显。更为重要的是，在人文情怀方面，人生目标、人生信念、人生价值、社会责任、国家认同、国际理解、人文底蕴、审美体验、审美品鉴等诸多要素的有效习得，都离不开学校教育这个优质的人文环境和教育场域。

学校场域的精神依赖性惯习也有不足，在精心安排的进程和过度依赖的环境里，学生对于变化的、有压力的、需要自己作出抉择的环境或活动任务就很难适应，尤其是对于缺乏指导的工作任务，经常会手足无措、难以应付。丧失主动性和迎难而上的行为能力会给他们的职业生涯带来极为不利的影响。正因为学校场域造成的这种社会适应困难问题，才会有"书呆子""花架子""眼高手低""好高骛远"之说。而企业场域由于生产流程的效率和技术要求，历史性形成的任务执行力就是一种相对学校场域有明显优势的企业惯习。

所谓的任务执行力，就是个人或团队主动地、投入地把具体任务变成结果的一种行动能力。这种执行力有三个特征：一是对完成任务没有丝毫迟疑，二是积极地去面对各种困难，三是遇到挫折从不推卸责任。只有这种坚持和担当，才能够培养出有效的执行力。为了能够顺利完成任务，作为工作流程中的一分子，必须不断地提高生产技术，必须保证每道工序的质量，必须保证生产工期，所以，技术是硬道理，速度是硬道理，相互合作是硬道理。当然，企业在生产任务面前，没有"温文尔雅"，没有"循循善诱"，只有加班加点，自己赶工期，当完不成任务时，只有责罚和减薪。企业效率和任务的冷酷是相对于学校教育活动的负面效应或称为不足，但这也是推动企业发展，或者说这是促进人适应环境、不断成长的动力。正是因为在执行工作任务遇到困难时的灵活应变，在遭遇到技术难关时的一点创意，培养了职业岗位上的应变能力和技术能手，培养出了执行工作任务时克服困难的信心。在不断完成工作任务的过程中，在不断的有效合作中，企业生产场域所形成的社会适应力和质量意识、规则意识、合作意识，是学校场域不可替代的惯习优势，也是高职学生职业素养有效形成不可或缺的影响因素。

综上所述，学校和企业场域的互换能给高职学生职业素养的形成带来多元的、相互交织的、互为补充和消减的影响力。在现代学徒制背景下，高职学生对于不同的现实环境与关系场域能够清晰感知到它们相互间的差异，有着自己的行为取向。

第三节　现代学徒制背景下高职学生对校企场域互换的基本认知

一、现代学徒制试点专业的高职学生岗位适应现状调查

为了了解高职院校现代学徒制试点学校的实施现状，了解试点专业高职学生对现代学徒制的认知情况以及高职学生对职业素养的理解情况，我们以教育部“十三五”重点课题“现代学徒制背景下高职学生职业素养有效性培养探究”研究项目的名义，向教育部第二批现代学徒制试点单位中武汉地区部分高职院校的 5 个试点专业的学生进行了问卷调查。

调查问卷共发放 120 份，收回有效问卷 96 份。这次调查问卷的发放对象既有试点专业一年级的学生，也有在企业岗位上工作的二年级和三年级的学生。具体数据如下：

选项	小计	比例
大一	21	21.87%
大二	70	72.92%
大三	5	5.21%
本题有效填写人次	96	

调查问卷中试点工作主要为财经、建工和铁路等领域的专业岗位，另外也有师范教育领域的学前教育专业学生。其中性别构成为男生53人，女生43人：

选项	小计	比例
男	53	55.21%
女	43	44.79%
本题有效填写人次	96	

在现代学徒制试点专业的招生对象上，其生源性质分为三种：一种是全国统一招生的应届高中毕业生，占调查对象的79.17%；一种是通过技能高考入学的中职毕业生，占调查对象的17.71%；还有少数是从初中直接入校的五年一贯制的大专阶段学生，占调查对象的3.12%。具体统计如下：

选项	小计	比例
技能高考	17	17.71%
全国统一高考	76	79.17%
5年一贯制大专	3	3.12%
本题有效填写人次	96	

从试点学校高职学生的专业、生源构成的情况看，各个学校都在认真探索现代学徒制实施的有效途径，都在以不同的专业、不同的生源类型、不同的合作学习形式，脚踏实地地做好现代学徒制的试点工作。

(一)试点专业学生对现代学徒制了解不够充分

在调查问卷中我们也对现代学徒制试点专业的学生进行了现代学徒制认知的调查。

第 7 题　你了解现代学徒制吗？

选项	小计	比例
了解	40	41.67%
知道一点点	51	53.12%
不了解	5	5.21%
本题有效填写人次	96	

从调查统计的数据看，正在进行现代学徒制试点工作的当事者——在企业岗位上实践学习的高职学生对现代学徒制的实践意义和制度设计能够充分了解的不到 1/2，还有 5%的学生根本不了解，这说明现代学徒制的试点工作由于还没有进入收官阶段，还没有产生实质性的“招生即就业”的效果，各种管理制度和教学活动还没有形成系统，试点工作还在摸索完善之中。另外，具体指导教育实践的教师本身对现代学徒制的培养模式也有一个不断深化认识的过程，在试点过程的管理中，也不能有效地对走向工作岗位的高职学生进行教育引导。

(二)试点专业学生愿意留在合作企业工作

第 8 题　你觉得现代学徒制这种培养模式对你有帮助吗？

选项	小计	比例
有	72	75%
一点点	24	25%
没有	0	0%
本题有效填写人次	96	

第 8 题的统计结果却给我们进行现代学徒制试点工作注入了信心，从实践层面对现代学徒制的制度设计给予了肯定。在试点企业实践岗位学习的高职学生总体上是认可这种学习模式的，有 3/4 的学生认为现代学徒制的培养模式对他们的专业学习和职业发展有促进作用。在调查问卷的第 10 题、第 11 题中，在现代学徒制试点企业岗位实践的学生甚至表示出较强的就业意向。

第 10 题　毕业后，你是否愿意继续到该单位上班？

选项	小计	比例
愿意	54	56. 25%
考虑一下	39	40. 62%
不愿意	3	3. 13%
本题有效填写人次	96	

第 11 题　通过本次现代学徒制试点学习，你是否愿意成为本行业/岗位的专业型人才？

选项	小计	比例
愿意	65	67.71%
考虑一下	30	31.25%
不愿意	0	0%
(空)	1	1.04%
本题有效填写人次	96	

特别值得关注的是，通过岗位实践锻炼的高职学生对自己的专业习得给予了极高的期望，他们不但愿意在实习企业就业，还对自己成为专业型人才充满信心。这正是试行现代学徒制的价值所在，通过以上调查数据的统计分析，我们认为尽管在试点工作中还存在需要不断完善的诸多问题，现代学徒制的人才培养模式是一种有效培养应用型高技能人才的合理途径。

二、现代学徒制试点专业学生对校企场域互换环境因素的基本认知

这次试点专业学生问卷调查的内容除了基本情况和现代学徒制认知情况以外，还设置了试点专业学生对现代学徒制管理行为的态度、对现代学徒制背景下专业学习的基本认知等相关内容。

(一)试点专业学生能够很好地适应企业管理制度

问卷数据统计显示，试点专业学生对企业环境和管理制度几乎100%是适应的，所有学生能够很快融入岗位实践的环境中并成为其中的正式成员。

第13题　你能适应企业的工作环境和学习环境吗?

选项	小计	比例
能	61	63.54%
基本能	35	36.46%
不能	0	0%
本题有效填写人次	96	

第 14 题　你能适应企业的管理制度吗？

选项	小计	比例
能	72	75%
基本能	23	23.96%
不能	1	1.04%
本题有效填写人次	96	

高职学生能够很快融入企业环境，适应企业的管理制度，应该得益于高职教育的办学理念和办学实践。高职院校秉持服务发展、促进就业的办学理念，坚持校企合作、工学结合的办学模式，坚持对接企业需求、对接工作岗位，各专业的人才培养目标清晰明确，这样的办学氛围和教育实践经历让学生对企业生产、对岗位流程不但没有陌生感，没有距离感，甚至还有一种亲近感。正因为学校办学导向上的一贯引导，才使高职学生能够很快融入企业环境。

(二)试点专业学生在企业有着积极的情感体验

如果让学生选择回学校环境继续学业还是继续留在企业实践锻炼，现代学徒制试点专业的学生意见就会出现分歧，其中有一部分学生认为企业的工作氛围更适合自己：

第 33 题　学校和企业的管理制度，你更适应哪一种？

选项	小计	比例
学校	31	32.29%
企业	23	23.96%
都一样	25	26.04%
无法比较	12	12.50%
（空）	5	5.21%
本题有效填写人次	96	

之所以会出现是学校环境优于企业环境，还是企业制度优于学校制度的意见分歧，这与试点专业学生在企业实践过程中的积极体验高度相关：

第 15 题　你在实习过程中是否能顺利完成岗位工作？

选项	小计	比例
能	67	69.79%
基本能	29	30.21%
不能	0	0%
本题有效填写人次	96	

第 16 题　你在实训过程中是否能运用所学专业知识解决实际问题？

选项	小计	比例
能	47	48.96%
基本能	48	50%
不能	1	1.04%
本题有效填写人次	96	

试点专业的学生能够顺利完成工作岗位的任务，是因为他们自己认为基本上能够运用所学专业知识解决实践问题。这里面涉及“实用”与“发展”的关系：企业岗位强调完成工作任务，强调当下的工作能力和技术，而学校教育更看重的是学生继续发展的专业理论积累和未来行业发展需求，我们既要培养和提高学生岗位工作的能力和技术水平，也要兼顾学生拓展适应企业发展和社会进步的专业成长空间，现代学徒制的试点工作恰恰应该在这两个方面取得平衡。试点专业学生的这种分歧应该引起学校管理者和企业管理者的高度重视。

（三）试点专业学生认为企业学习能够提升专业技能与理论水平

由于试点专业的学生对企业实践能力的自信和满足，在对企业岗位的实践活动能否促进专业技能的提升甚至专业理论水平的提升问题上，都持充分肯定的态度。统计显示，对专业技能在实践中得到提升的肯定回答中，57.29%的学生认为有一定的提升，还有40.63%的学生认为有很大的提升，只有2.08%的学生感到没有多大的提升。而关于专业理论知识的提升则基本相同，有60.42%的学生认为有一定的提升，有37.5%的学生感到有很大的提升，2.08%的学生认为没有多大的提升。具体统计情况如下：

第18题 通过现代学徒制的学习，你的专业技能水平如何？

选项	小计	比例
有很大的提升	39	40.63%
有一定的提升	55	57.29%
没有多大的提升	2	2.08%
本题有效填写人次	96	

第 17 题　通过现代学徒制的学习，你的专业理论知识水平如何?

选项	小计	比例
有很大的提升	36	37.50%
有一定的提升	58	60.42%
没有多大的提升	2	2.08%
本题有效填写人次	96	

综上所述，现代学徒制试点专业的学生对于学校与企业场域互换的环境因素，更加认同企业带给他们的成就感和职业生活的信心，也对自己适应企业管理和技术要求充满信心。在现代学徒制的试点工作中应关注如何平衡高职学生专业学习和专业发展的关系，如何引导学生从具体岗位的视角去放眼行业和市场发展、去扩展了解和获取更加前沿的知识和能力的专业视野。

三、学校与企业场域互换给高职学生职业素养有效培养带来机遇与挑战

从本课题的研究目标出发，我们更加关注现代学徒制试点专业的学生对职业素养培养有效性的认知情况。我们在问卷中设计了高职学生对职业素养的认知与理解、在学校与企业场域互换背景下高职学生对培养

职业素养有效性的认知等调查内容。

（一）试点专业学生认同专业素养的综合性并看重社会实践环境的影响作用

调查问卷的统计显示，试点专业学生对我们所列举的关于职业素养要素的内容和培养途径持基本认同态度，赞同率都超过50%。统计数据如下：

第28题　你认为职业素养包含哪些要素？

选项	小计	比例
专业认知	84	87.50%
专业技能	84	87.50%
专业意识	69	71.88%
职业情操	73	76.04%
职业规划	67	69.79%
职业品质	71	73.96%
合作意识	76	79.17%
创新意识	65	67.71%
人文情怀	57	59.38%
其他	2	2.08%
本题有效填写人次	96	

第29题　你认为以下哪些因素有利于职业素养的养成？

选项	小计	比例
自我意识	81	84.38%
学校教育	67	69.79%
企业教育	72	75%
管理制度	76	79.17%
人际关系	73	76.04%
实践活动	70	72.92%
工作环境	71	73.96%
校园环境	48	50%
课程设置	51	53.13%
本题有效填写人次	96	

关于职业素养的构成要素，试点专业学生认同率最高的要素是专业认知和专业技能，达到87.5%，其余依次是合作意识(79.17%)、职业情操(76.04%)、职业品质(73.96%)、专业意识(71.88%)、职业规划(69.79%)、创新意识(67.71%)，均达到65%以上，其中，最低的要素“人文情怀”一项也达到59.38%。可以看出，试点专业学生把职业素养的构成看作一个综合的、全面的因素组成，持比较开放的态度，这与学校教育强调全面发展的观念影响有关。相比之下，试点专业学生更加看重与职业活动直接相关的构成要素，如专业认知、专业技能、合作意识、职业情操与职业品质等，但也觉得职业品质、专业意识、职业规划和创新意识等因素在职业素养中应该有一定的位置。“人文情怀”一项的认同比例相对低一点，可能与操作性岗位的务实倾向给学生的认知冲击有关。由此统计数据所显示的试点专业学生的认知偏好可以看出，学校场域与企业场域的互换对试点专业学生的专业认知和情感取向有较为明显的差异性影响。

上述判断可以从试点专业学生对职业素养影响因素的选择中得到充分的印证。由上表的统计数据分析，除了“自我意识”一项高居第一以外(84.38%)，管理制度、人际关系、企业教育、工作环境、实践活动5项都高于学校教育影响力的认同率，其认同率均超过70%。而管理制度、人际关系、企业教育、工作环境、实践活动等，应该都是与学校教育之外的实践环境，即企业环境的影响相关。因此，当我们问及学校场域与企业场域哪一个更有利于职业素养培养的问题时，有近一半的学生选择了企业环境：

第32题　你认为在学校或企业学习，哪个对职业素养的培养更有利？

选项	小计	比例
学校	12	12.50%
企业	44	45.83%
都一样	18	18.75%
无法比较	17	17.71%
（空）	5	5.21%
本题有效填写人次	96	

上表统计数据显示，试点专业学生在走入职场以后，很快融入企业环境，并从内心里认同企业环境。我们认为，这种趋势既是现代学徒制背景下高职学生职业素养有效培养的一种机遇，也是一种挑战。

我们在前文已经充分论述了学校与企业在组织氛围、场域空间和行为惯习等方面均存在着各自的优势和不足，就职业素养构成要素的全面性来说，学校教育与企业环境应该是一种互补的关系，特别是在社会生态适应和岗位能力培养方面，企业的优势在学生的心目中是不可替代的。如下表：

第 12 题　通过本次现代学徒制试点学习，你希望获得哪些能力的提升？

选项	小计	比例
专业理论知识	74	77.08%
专业技能	80	83.33%
专业意识	52	54.17%
生存能力	55	57.29%
合作能力	55	57.29%
创新能力	61	63.54%
职业能力	69	71.88%
执行能力	62	64.58%
沟通能力	76	79.17%
学习能力	76	79.17%
本题有效填写人次	96	

(二)试点专业学生对企业环境的亲近感将削弱学校教育的影响力

我们之所以认为现代学徒制背景下对高职学生职业素养的有效性培养也将是一种挑战，是基于高职学生对企业环境浓浓的亲近感，这种亲近感将在无形中削弱学校教育的影响力，因为学校教育的理想性和依赖性相对于企业生产空间的现实性和执行力显得虚渺空泛一些，特别是在“招生即就业”的政策导向上，学生在学校教育环境下学习的时间必定会少于企业生产时间，学校教育系统性学习模式的价值在学生身上没有得到有效体现。

据调查统计，现代学徒制试点专业的学习模式有先在学校集中学习一年通识课程和专业核心课程，后二年进入企业在岗位上以师徒形式帮带学习的“校企分段式”教育管理模式；也有在校外生产性实训基地与校内课堂分学期或以月为单位集中学习的“工学交替式”教育管理模式；还有学生直接到企业上班，学校组织教师到企业巡回教学的“学做交融式”教育管理模式。统计数据如下；

第6题　在现代学徒制的培养模式下，你目前的学习形式是什么？

选项	小计	比例
以月为单位，在学校和企业交替学习	20	20.83%
以学期为单位，在学校和企业交替学习	37	38.54%
完全在企业上班，学校不定期到企业给学生辅导	9	9.38%
第一学期在学校学习公共基础课，第二学期直至毕业一直在企业上班，学校不定期到企业给学生辅导	16	16.67%
其他	14	14.58%
本题有效填写人次	96	

上表中“工学交替式”最为普遍，占59.37%，还有直接进入企业工作岗位的“学做交融式”（占9.38%），即便是“校企分段式”（16.67%）都将学校教育的系统性分割开来，因此，学校教育的系统性影响相对减弱，企业环境作为高职学生将来的工作岗位的“归属感”得到强化。如果我们在现代学徒制的试点实践过程中，管理制度不完备，教师指导工

作不到位，专业学生的课程设计不合理，学校场域与企业场域的互换将对职业素养有效培养形成不利影响。

（三）现代学徒制必须处理好试点专业的课程学习与专业实践的关系

我们在本次调查问卷的统计中，明显感到试点专业学生对学校教师指导不力的困惑：

第 24 题　学校有没有给你分配固定的指导老师？

选项	小计	比例
有	72	75%
没有	24	25%
本题有效填写人次	96	

第 25 题　学校给你安排了几个指导老师指导你学习？

选项	小计	比例
1 个	40	41.67%
2 个	16	16.67%
3 个以上	40	41.67%
本题有效填写人次	96	

第 26 题　学校指导教师是否时刻关注你的学业情况？

选项	小计	比例
是	82	85.42%
偶尔	12	12.50%
否	0	0%
（空）	2	2.08%
本题有效填写人次	96	

从统计数据看，在被调查的试点专业中，有接近25%的学生没有指导教师，占总数的1/4，这是一个非常可怕的数据，现代学徒制的试点专业学生本来就没有在高职院校里得到系统的专业学习和训练，完全交由企业在岗培训，这对学生掌握专业知识和有效提升职业素养是一个极大的缺陷，尽管企业环境和指导师傅会提供很好的指导，但这绝不可以完全代替学校系统、全面的教育。

在72个有教师指导的试点专业学生中，得到有效指导的学生也只有85.42%，应该说这个比例对于学校教育的有效性来讲也是偏低的。如果我们把指导教师看作课程指导而不是生活指导的话，那么只有一个教师担任专业指导显然是不够的。统计数据显示，只有一个指导教师的比例占41.67%，有2个指导教师的比例占16.67%，有3个以上指导教师的比例占41.67%。这个数据与我们说的学做融合与工学交替的宗旨是相违的，特别是只有一个指导教师的比例高达41.67%，说明现代学徒制试点专业的课程学习与专业实践的关系问题没有得到有效重视和解决。正因为如此，为保证学校教育的系统性和职业素养培养有效性的策略研究就显得十分必要，课题组的选题方向具有十分重要的现实性和实践指导意义。

第五章　路径与策略：现代学徒制背景下职业素养有效性培养探究

第一节　现代学徒制背景下职业素养有效培养所面临的基本问题

现代学徒制是以学校本位教育和工作本位培训紧密结合为典型特征的新型学徒制度，它是以校企合作为基础，以学生(学徒)培养为中心，以课程学习为纽带，以学校、企业的深度参与和教师、师傅的深入指导为支撑的人才培养模式①。其基本特征是“校企双元育人，学徒双重身份”。

我国现代学徒制的试点工作是一个借鉴西方国家成功经验，不断本土化并在实践中探索完善的过程，目前具有典型意义的现代学徒制人才培养模式有三种形态。一是以江苏省被誉为“德企之乡”的太仓中专为代表，直接引进德国的双元制办学模式，其特征是现代学徒制的实施以企业为主导，企业出资成立培训中心，学校教师与企业经理和培训师共同组成教学团队，可以说是德国双元制在中国的镜像；二是由中国物流与采购联合会牵头，上海现代流通学校和上海顶通物流有限公司联合承办的中英学徒制试点，其特征是以职业能力等级证书为人才培养标准，

① 陈嵩．关于现代学徒制的实践思考[J]．江苏教育，2013(44)：22-25.

由第三方咨询机构对学徒指导工作进行评审和指导，以把控项目开展的进度和质量，可以说这是英国现代学徒制在中国的镜像；三是长春职业技术学院与长春市轨道交通集团以机电一体化技术(城市轨道交通方向)专业为依托进行的本土化现代学徒制试点，其特征是该项目采取“校企共建”模式，由学校与企业双方共建集人才培养、人力资源培训、技术服务、产品生产于一体的“长春职业技术学院长春市轨道交通集团—城市轨道交通学院”，共同制定相关制度，共同进行管理，共享师资、设备和实践(工作)场地。在现代学徒制本土化的实践中，基于企业需求和生产特性，还有“校企协同育人”“企业冠名培养”等多样化办学形态。总之，我国现代学徒制的试点工作在借鉴国外较为成熟的现代学徒制管理经验的基础上，做了大量本土化的实践探索。

我国现代学徒制的试点学校是在校企合作的基础上进行的，是由高职院校发动的以教育本位在先，以企业培训为继的人才培养模式。这与西方国家现代学徒制源自企业的学徒培训传统不同，企业没有培训的动力，是作为合作单位邀请参与到现代学徒制的试点工作之中，因而，企业投入不够，对学徒制存在多方面的疑虑，显得较为被动。现代学徒制在试点过程中遇到的问题集中表现在两个方面：一是在实践层面的工学结合上缺乏系统设计，学生在企业岗位的培训中没有组织好系统的结构化课程，工作和学习分由企业和学校承担，工学结合流于形式；二是管理层面缺乏制度保障，与现代学徒制配套的管理制度诸如师资队伍建设中企业师傅的选拔、培养、考核、激励制度、现代学徒制配套的校企合作制度、学徒学籍管理制度等均有缺失①。结合本课题研究所指向的高职学生职业素养有效培养，目前现代学徒制背景下在职业素养有效培养方面存在场域转换、学习投入、文化融合等校企合作相互掣肘的问题。

---

① 刘静慧，关晶．我国“现代学徒制”实践的现状研究——基于2004—2014年公开文献的数据分析[J]．职教论坛，2015(25)：25.

一、工学交替学习形式带来场域空间相互转换的问题

工学交替的学习形式是现代学徒制的典型形态。有学者把现代学徒制看作一种人才培养模式，其内涵可表述为：以产教融合为办学理念，以培养企业需要的行业人才为目标，在制度保障下，基于工学交替的人才培养方式，企业与学校以及其他利益相关者形成的紧密合作机制的稳定范式①。其中工学交替人才培养方式是最基本的要素。工学交替的具体形式分为渐进式的工学交替模式(即由学校向企业慢慢过渡，至学生最后一年顶岗实习)，这是当前工学交替的主要模式，其次还有日释(即按日交替)或期释(即按周、月或学期交替)的学习形式。

不论采取哪种学习形式，在试点专业学生的具体实践过程中，学校和企业是客观存在的两个相互转换的场域空间。如前所述，企业是一个生产实践场域，是以生产任务为前提而组织起来的场域空间，学生在这个空间内所接受的学习内容是围绕生产技术而进行的实践活动。学校是一个教育实践场域，是以专业导向为前提而组织起来的场域空间，学生在这个空间内所接受的学习内容是围绕系统课程学习而进行的实践活动。不同的场域以不同的实践形态呈现在学生面前，如果没有明确的评价标准，没有统一的培养教育目标，这种影响就是一种剥离的、冲突的、缺乏内在一致性的环境影响。这对高职学生职业素养的有效形成是不利的。

我们知道，职业素养作为人的综合素质的体现，既有在教化的过程中被感知和接受的过程，也有在内化的作用下不断积淀和升华的过程。我们既要认同和发挥外界环境因素对个体职业素养形成的影响作用，又要看到职业素养形成过程中“内因”的决定性作用，既要将职业素养的内容如职业理想、职业意识内化为职业院校学生自己的思想观念和职业

---

① 关晶．现代学徒制办学模式：内涵、现状与发展策略[J]．职教论坛，2018(6)：31-36.

理念，也要将职业院校学生的思想观念转化为外部的实践行为，因此，环境影响的一致性、连续性和系统性显得十分重要。其中，管理制度、人际关系和实践场所是职业素养培养具有隐喻性的重要因素，对高职学生具有潜移默化的影响，由于职业素养的培养以自我习得为主要途径，隐性环境影响力的作用会更加重要。很显然，从显性环境看，企业的管理制度、人际关系和实践场所与学校的管理制度、人际构成以及实践活动是完全不同的场域存在，似乎难以改变，但我们从现代学徒制的制度设计看，正是为了打破这种二维空间的差异，通过校企合作，实现学校与企业的跨界融合，在“双主体、双导师、双向融通”的实践过程中，使管理制度、人际关系和实践场所等隐性环境的影响趋于一致。因此，场域空间转换的问题是现代学徒制试点工作必须正视的问题，实现学校与企业场域空间跨界融合、使环境影响趋于一致是高职学生职业素养有效培养的基本前提。

二、分散指导授课方式带来岗位实践学习投入的问题

学校的课堂学习除了便于集中授课、统一教学进度以外，对于学生来讲，其最大的作用就是能够让其专心致志、集中精力专注于思考和理解，也就是让学生把全部精力投入课堂学习之中。学习投入是学校学习所追求的目标，也是学校学习具有的一种优势。

有学者对学习投入进行了专门研究。美国学者萧费利(Schaufeli)认为学习投入与工作投入相似。工作投入是一种积极的、愉快的，关注于任务的心理状态，这种状态既存在于工作中，也存在于学习活动中，基于工作投入的研究，萧费利提出了学习投入的概念，他认为学习投入是一种持久的、积极的、完整的情感和心理认知状态，这种状态表现为活力、奉献和专注三个维度。其中，活力是指在学习中具有出众的精力与韧性，愿意为学业付出而不易疲倦，面对困难时坚持不懈；奉献指能够全身心地投入学习之中，具有强烈的意义感、自豪感以及饱满的学习热情，并勇于接受挑战；专注则是全身心投入学习并体验到的愉悦感受，

感到时间过得很快，很难将个体与学习分开的一种状态①。

学习投入的程度与环境因素有关，也与自身因素有关，是二者相互作用的结果。依据相关研究，个体因素涉及心理需求满足、动机、主动性人格和自我效能感等因素，环境因素涉及组织氛围、教师、同伴、家庭和社会等因素。对现代学徒制试点专业的学生来讲，影响学习投入的因素，最明显的变化就是学习的组织氛围——学校有组织的课堂教学与企业实践过程中分散指导的差异。

根据我们调查问卷的统计，除了渐进式交替模式中第一学年能够在学校安静系统地进行课堂学习外，其他模式和时间段的校企交替式学习都是以分散式指导即教师个别辅导、答疑的方式进行学习。很显然，学生学习投入的程度一定会大大减弱，学习的专注度、坚持性、愉悦感都会降低，从专业课程学习的角度看，这既不利于专业知识的有效获得，也不利于专业认知、专业意识等职业素养必备要素的习得。这是从学校教育班级授课的立场得出的结论。

我们从调查问卷的统计中也看到另一种答案：几乎所有的试点专业学生都认为通过现代学徒制的学习，专业理论知识和专业技能水平得到较大提升(97.92%)，甚至有接近40%的学生非常肯定自己通过现代学徒制的学习，专业理论知识和技能得到很大提升，而且有45.83%的学生认为企业实践更有利于职业素养的习得和形成。从调查问卷统计的数据看，实践性学习对专业理论学习、专业技能的训练以及职业素养的习得有自身的优势。

基于现代学徒制交替式学习模式的内在规定性和我们对岗位实践学习投入的认知，应该反思学校课程教学与岗位实践学习的差异和各自优势，对现代学徒制的课程类型设计和课程学习方式作适应性的改革和调整，以推动试点专业学生的专业学习和专业素养的有效习得。

① Schaufeli W. B. Martinrz I. M, Marques-Pinto A., et al. Burnout and Engagement in University Students: Across-national Study [J]. *Journal of Cross-Cultural Psychology*, 2002, 33(5): 464-481.

三、智能化时代现代企业文化与学校教育文化的融合问题

对现代学徒制的课程类型设计和课程学习方式作适应性调整不但是解决试点专业学生学习投入问题的需要，更是面对企业智能化、信息化、服务化的转型，现代企业文化的新特征与学校教育惯习下的文化深度融合的需要。

我国传统产业的转型升级通过“互联网+”的技术渗透，推动产业形态向智能化转变，而智能化又带来技术技能人才工作模式的五个根本性转变：一是工作过程去分工化，二是人才结构去分层化，三是技能操作高端化，四是工作方式研究化，五是服务与生产一体化。面对新的工作模式，技术技能人才的知识与能力结构将发生重大变化。有学者认为，新的知识与能力结构至少应该包括四个成分：“精湛的加工技能，对整个生产系统的完整理解与精确控制能力，对相关工业软件的娴熟操作能力并能与特定领域结合起来，以及对特定产品与工艺的深入研究与创新能力。因此，智能化生产系统中的技术技能人才是一种高度复合型人才。”①

这种高度复合型人才在能力结构和内涵上有着鲜明的时代特征。一般来说，人的能力可以划分为专业能力、发展能力和社会生活能力三维能力结构。其中，专业能力指适应专业岗位需求的能力，发展能力指自我学习和更新的能力，社会生活能力是指理解和融入现代生活的能力。彭飞霞撰文指出：“在‘互联网+’时代，由于大数据应用、移动互联、智能化等技术的使用，专业能力向高阶发展。各种产业需要基于“互联网+”开展创新，个人发展能力所囊括的身体能力、思维能力、情感意志能力，尤其是创新能力、获取和使用信息能力成为人才能力结构的关键支撑，而现代企业进行资源整合、开展数字化生产、发展新业务，都

① 徐国庆．智能化时代职业教育人才培养模式的根本转型[J]．教育研究，2016(3)．

需要基于专业能力的创新能力、信息整合和利用能力、资源调动能力，这就促成了人才能力结构需求的变化。”①

现代企业的转型升级促进工作模式转变和人才能力结构变化的同时，也形成现代企业文化的新特征：一是速度文化。这是指现代企业在市场竞争中的决策不是以大小制胜，而是以决策速度的快慢捕捉商机的一种价值取向。速度文化对企业职工的执行力提出更高要求。二是创新文化。信息化时代，创新能力成为企业的生命源泉，现代企业自上而下，每个毛孔都必须充满着创新，以大胆创新来应对明天的不确定性，因此，创新能力是高素质人才的基本要素。三是融通文化，融通文化是指现代企业为适应信息化时代经济形态“能力网络化、制造数字化、组织模块化、工厂家庭化、消费个性化、发展生态化、人际和谐化”的发展趋势而具有的灵活、柔性、快速反应、高效输出的企业个性，融通文化促使现代企业形成制造概念、发现消费、创造消费的能力。这种文化需要专业人才具有合作、共享、跨界等素质。四是学习文化。现代社会是一个学习型社会，只有不断学习才能给企业带来利益和机会。知识的积累在于学习，创新的起点在于学习，环境的适应在于学习，现代企业只能作为一个不断学习的组织，才能够善于创造、提升转型，适应社会和市场的变革需求，正所谓终身学习，永续经营。企业的学习文化也为企业员工的知识更新和专业发展提供了动力和平台。五是多元文化。多元融合是时代特征，是经济全球化的结果。身处这个时代的企业是一个跨文化的群体组织，通过全球化把各种稀缺要素集中在自己手里，通过全球性合作实现最佳的优势互补，在看似有限的市场空间和社会结构中实现资源重组，在更为广泛的范围内完成双赢或多赢的商业运作。现代企业多元文化的实现为企业员工提供了更为广阔的视野和学习氛围。

---

① 彭飞霞.“互联网+”时代职业教育人才培养模式的转型升级[J]. 教育与职业，2018(3).

与现代企业智能化转型带来的人才能力结构的转变以及企业文化新特征对企业员工适应性的影响力相比，学校场域中循序渐进的课程学习、缺乏竞争的教师依赖、技术分割的模拟实训以及缺少创新原动力的学业评价等学校教育惯习，在职业素养培训方面就显得苍白和无力，这是现代学徒制试点专业学生对企业环境具有一种亲近感的重要原因，也是校企合作、产教融合实现优势互补的基础。企业文化与学校文化的有机融合是职业素养有效培养必须实现突破的关键点。

第二节　现代学徒制背景下职业素养有效培养的基本策略

建立现代学徒制是职业教育主动服务当前经济、社会发展要求，打通和拓宽技术技能人才培养和成长通道的战略选择；是推进工学结合、知行合一的有效途径；是提高职业技能和培养职业精神高度融合，培养学生社会责任感、创新精神、实践能力的重要举措。现代学徒制在校企深度融合中实行“双导师”“双主体”“双重身份”的制度构建和管理，就是要以工匠精神为纽带，在高职学生进行学校教育和企业实践的过程中，实现应用型人才培养的优势互补，在校企合作、场域互换中孕育和滋养爱岗敬业、精益求精、坚韧不拔、合作共赢、求实创新的职业精神，提升高职学生职业规划、价值追求、行为判断、执行能力的水平和品质，在全面发展的基础上，具备可持续发展、自主发展的内驱力，也就是终身发展的能力和素养，使高职学生真正成为现代企业和经济转型所需求的高素质人才。

根据我们对高职学生职业素养构成因素和结构特点以及校企场域空间惯习的行动逻辑分析，为切实解决现代学徒制在场域互换、学习投入、文化融合等实践中的问题，我们认为，通过重构职业素养的结构框架以应对场域空间互换，融合学校与企业场域边界以利于教育形成合力，重设以综合素养为核心的课程框架以契合学生发展需求，校企共建考评体系以引导学生不断提升与完善职业素养，是现阶段有效培养高职学生职业素养的基本策略。

一、重构职业素养的结构框架以应对场域空间互换

职业素养是从业者在职业活动中表现出来的综合品质，是职业观念树立、思维方式建立和行为习惯养成三维因素相互作用的结果。职业素养作为从业者的一种行动内涵和行为品质，既为高职学生的专业发展奠定基础，又为高职学生的就业生存提供成长动力。我们在分析和研究职业素养的结构框架时，一般是从结构要素的相对独立性和相互关系进行构架，分为专业习得、职业操守、社会能力、人文情怀四个维度，强调了职业素养内容的全面性和职业素养要素的综合性，是一种静态的分析方式。

从一个在校学生成为从业者的社会角色蜕变过程看，职业素养的形成很显然是环境影响和主体内化相互作用的一个逐步积淀和习得的过程。可以说，职业素养的有效形成既离不开通过职业教育和知识学习的途径习得，也得益于环境影响的潜移默化和社会存在的个人感悟。从这个角度讲，学校教育和企业环境对高职学生职业素养的有效习得都是不可缺少的外在因素和影响力量。

我们知道，学校教育和企业环境是两个不同的场域空间，学校惯习和企业惯习各自有独特的相对优势，为此，高职学生职业素养有效培养的策略，应是充分发挥各自优势，合理构架学校专业培养过程与企业岗位实践活动的职业素养培养和训练的内容，建立相对独立的评价标准，以积极应对场域空间互换的客观现实，有效提升高职学生的职业素养。

职业素养因素构成的分析方式有类别和层次的分析模式。郭春燕(2013)认为，职业素养“是职业人在从事某种职业时所必须具备的综合

素质，包括显性职业素养和隐性职业素养。显性职业素养即职业技能，隐性职业素养包括职业道德、职业情感、职业态度"①。蒋乃平(2012)认为，职业素养可以分为公共职业素养、行业职业素养、岗位职业素养三个层次，公共职业素养是从事任何职业的劳动者都应该具有的素养，是职业人共有的基础性职业素养。不同行业的从业者往往有不同的作风和行为习惯，同一行业的从业者往往有许多共同的作风和行为习惯，这就是行业职业素养。岗位职业素养是针对某一特定岗位的从业者的特殊要求②。这两种分析模式给我们的最大启示是职业素养具有共通性与具体性，可以按类别加以区分。但把职业技能规定为显性职业素养有些牵强和单薄，而且隐性与显性的界限也难以确定。根据学校教育的目标导向和企业生产结果导向的特性，我们认为按照专业培养维度和岗位实践维度划分出知性的职业素养和效能的职业素养两种类型，更能适应现代学徒制学校与企业场域空间互换的现实环境和职业素养形成过程。

所谓知性的职业素养，是指以认知理解和观念认同为前提，通过系统训练而养成的个体认知性职业素养，诸如专业认知、专业技能和专业意识等专业习得性素养，职业情怀、职业规划等职业操守性素养，人生理想、审美情趣等人文情怀特性的素养，都应属于知性的职业素养。知性职业素养类似于共通性的公共职业素养，是奠基性的职业行为素养，应该融进和嵌入学校教育以目标为导向的专业培养过程。

所谓效能的职业素养，是指以外部推动和实践体悟为前提，在具体的生活环境中逐步养成的社会行为性职业素养。诸如执行力、诚信度、忠诚度、责任意识、规范意识、团队精神、创新精神、敬业精神等从业者应具备的行为要素，应该属于效能职业素养。效能职业素养是实践性的职业行为素养，与企业生存环境和工作氛围息息相关，应该存在和形

---

① 郭春燕．高职院校职业素养教育途径探索——无锡南洋职业技术学院职业素养教育实践[J]．南洋职业技术学院论丛，2013(12)．

② 蒋乃平．职业素养训练是职业院校素质教育的重要特点[J]．中国职业技术教育，2012(1)．

成于岗位实践的从业学习过程。

专业培养维度的知性职业素养应该融入通识课程和专业训练之中，并建立相应的评价体系，以保证在校学习阶段奠基性职业素养培养的有效性和达成度；岗位实践维度的效能职业素养应与企业共同制定评价体系，通过制度规范、师徒指导、任务考核来完善高职学生社会性职业素养习得的达成度。

二、融合学校与企业场域边界以利于教育形成合力

重构职业素养的结构框架，确定专业培养和岗位实践两类职业素养的内容和要素，不是为了严格区分学校教育和企业实践的责任，而是为了通过校企合作，更有效地提升高职学生的职业素养。为了避免学校教育注重知性素养而偏重于课堂说教和理论灌输，造成职业素养培养的知行脱节，必须通过校企深度融合，打破学校与企业场域的物理空间，实现学做一体、知行合一。

场域理论把社会场域的构成分为物理空间和意义空间两种存在形式。布迪厄认为，场域是客观关系的系统，而不是实体系统。场域是一个有着特殊规则和经验边界的社会空间，也就是意义空间，是现代社会高度分化的一个社会小世界。它不同于物理空间，而是“关系系统独立于这些关系所确定的人群”①。由教育、卫生、艺术、经济等领域的社会关系构成。如果从学校教育与企业生产的目的看，学校和企业是两个不同的场域空间，有着各自的行动逻辑，但现代学徒制把学校和企业在学徒培养上实现了意义的统一：学校教育对象和企业培养对象合一，师生关系与师徒关系实现统一，也就是说，现代学徒制的试行在客观上打破了学校与企业的场域边界，构成一个因共同培养适应岗位需求人才的意义空间。

---

① 皮埃尔·布迪厄，华康德．实践与反思——反思社会学导论［M］．北京：中央编译出版社，1998：133.

虽然现代学徒制把学校和企业组成了一个新的意义空间，但各自的物理空间和行动惯习还会形成相互合作的边界。目前，现代学徒制所设计的“双主体、双导师、双向融通”的管理模式，实质上就是希望通过制度设计，打破学校和企业的场域边界，促进校企合作的深度融合。

校企合作深度融合的实现路径可以借鉴情景学习理论框架下的实践共同体的建构模式。实践共同体的行动要素有三个：一是具有共同的事业，二是实现参与者相互介入，三是具备共同的技艺库。现代学徒制的校企双方拥有共同目标以及对共同目标的不断协商和认同；校企合作深度融合就是实现参与者相互介入的过程，并形成交互关系的整体性和依赖性；实践共同体所指的共享的技艺库，包括习惯、语言、工具、做事方式、符号、标志、行动或者概念等默会性知识和经验，而校企合作深度融合也就是促进实践经验，特别是默会性知识习得的一种以师徒关系固定的技术技能共享过程，因此，现代学徒制背景下校企合作模式可以看作实践共同体的建构和运作。我们认为，打破学校与企业的场域边界，积极构建基于情景学习的实践共同体，是整合教育影响力，促使学校和企业在现代学徒的培养过程中真正实现合作共建、合作共生、合作共赢、合作共享的最佳选择。

“实践共同体”的提出最早源自莱夫和温格的《情境学习：合法的边缘性参与》一书。“实践共同体这一术语既不意味着一定要共同在场、定义明确、相互认同的团体，也不意味着一定具有看得见的社会性界线。它实际意味着在一个活动系统中的参与，参与者共享他们对于该系统的理解，这种理解与他们所进行的行动、该行动在他们生活中的意义以及对所在共同体的意义有关。”①现代学徒制正是这样一种基于理解、参与、行动的实践共同体，校企合作的实质是没有共同在场和社会性界线的意义空间。

---

① J. 莱夫，E. 温格．情境学习：合法的边缘性参与[M]．王文静，译．上海：华东师范大学出版社，2004：41.

情景学习理论为实践共同体的运作构建了可供分析的框架：合法的边缘性参与到融入的充分参与。意义、实践、共同体和身份构成了学习有机融合的四个要素，它们分别构成了“作为经验的学习（learning as experience）、作为行动的学习（learning as doing）、作为归属的学习（learning as belonging）、作为成长的学习（learning as becoming）”①四个维度。其中，参与作为学习的关键成分，是学习者或指导者亲身投入社会实践或社会活动中的具体途径和形式。“合法的”是前提，“边缘性”是状态，“参与”是关键，“共同体”是外部环境，“身份建构”是价值目标。

所谓“合法的”是指参与者首先要成为共同事业的一员。在现代学徒制试点中校企合作的学校教师、企业指导教师、专业学生、车间师傅、企业主管等都具有学徒制试点工作的“合法性”。

所谓“边缘性”是指参与者距离熟悉、熟练、精通等中心位置的向心性状态。就现代学徒制试点工作的情形看，高职学生以学徒身份参与企业实践，在岗位工作面前是一种边缘性参与；学校教师在校企合作过程中的学业指导也是一种边缘性参与；企业作为人才培养的合作方，在专业人才培养方案的制定和专业课程设置的过程中，只是处在一种边缘性参与状态；企业中被聘用到学校作为实践指导教师的能工巧匠，担任教学任务更是一种边缘性参与。也就是说现代学徒制试点工作的双方都处在一种双向“边缘性参与”状态，这正是校企深度融合要解决的关键所在：从边缘性参与走向充分参与，实现企业文化的充分融合、教育影响的充分融合，这里面就涉及身份建构的问题。

身份建构是实践共同体价值实现的过程，也是实现共同目标的学习过程。身份建构存在身份认同与角色固化两个层次。

身份认同就是认可和同意新角色赋予自身的意义，这个认同的过

① Williams J. *Constructing New Professional Identities: Identity and Learning Within Communities of Practice*[M]. Sense Publishers，2013：25-40.

程，实际上是一个动态的过程，经由制度性认同和建构性认同两个阶段。首先因为制度安排而成为实践共同体的一员，如现代学徒制的合作者，就是因为校企合作培养定向性应用型人才的制度安排而进入这个实践共同体。但这种认同是外在赋予的身份意义，是一种形式上的身份，在实践共同体中，因合法身份而参与，自然处于边缘性。只有具备了相应知识和能力，在信念和情感的支撑下，在实践反思的过程中不断满足已有身份的必要条件，从内心里认同新角色的意义，这才进入建构性认同阶段。建构性身份认同是一种权利的获得：企业岗位实践的学徒从学生身份转变为职工身份，因为具备了一定的操作能力和技巧，因而具有在实践岗位上履行工作责任的权力；学校课堂教学的能工巧匠从职员身份转变为教师身份，因为具备了一定的教育技能和方法，因而具有在专业训练中履行教育责任的权力。实现制度性认同向建构性认同转化的关键动因是实践共同体的制度保障和共同体内合作者的平等交流与互动。只有充分的交流和信任，才能最终完成身份建构，固化自身的角色意识，实现共同体的共同目标。

融合学校与企业场域边界的实现途径就是以实践共同体为载体，设计和完善与现代学徒制配套的校企合作制度，特别是师资队伍建设中指导教师和企业师傅的选拔、培养制度，通过合作研讨、方案协商、资格培训、信息互动，固化他们的身份认同，赋予他们教育教学的权力，提高他们的实践指导能力，在实践共同体的交互行动中，把学校的人生理想教育、全面发展教育、专业知识教育与企业的效用、忠诚、执行力的价值观相结合，形成有利于职业素养生成的教育合力。

三、重设以综合素养为核心的课程框架以契合学生发展需求

实现实践共同体的目标，制度建设是一种保障条件，而专业课程体系的构建是有效提升职业素养的基础条件。现行的专业课程体系包括公共课程、专业课程、拓展课程三个维度，是按照通识性、专业性、相关性的知识体系建构的，其中专业课程主要是基于工作过程开发的实用型

课程。这种课程体系也许可以培养学生较好地掌握生产系统运行的操作技术和应用一般工业软件，但无法同时培养他们掌握精湛的加工技能，也无法培养他们真正具备技术创新能力。这种课程体系在课程结构上功能划分单一，将各种能力分解为各种课程，以期实现某种功能性目标，而不是将工作过程当作整体复杂任务提供给学习者学习与研究，与智能化生产把握全局的工作能力格格不入；同时，这种课程体系的课程内容具有“去人化”倾向，将技术变成脱离人存在的“分离物”，职业教育成为面向“技术”的教育，而将内在的自我和对工作意义的自我认识以及成为真正完满人格的人等因素人为剥离开，使学生处在社会生存的不安感之中，找不到自己的职业发展定位。因此，为满足学生职业生涯的发展需求和适应职业能力的升级需求，必须重设专业课程结构。

重设专业课程结构必须适应企业转型对高度复合的专业性技术技能型人才的需求。我们知道，信息化、全球化、智能化时代促进企业不断转型升级，促使专业人才的就业趋势呈现流动性和变通性，人才的知识结构同样面临转型升级。

智能化生产的实现主要依靠两个方面的技术，即物联网技术和大数据技术。由于智能化生产是一种“高度集成式”生产，企业员工的工作范围大大扩大，生产管理需要融技术理论与技能操作于一体，需承担整条生产线甚至一个车间的生产监控，智能化生产尤其需要能熟练应用工业软件的复合型人才，人才需求层次整体呈上移趋势。在这种智能化生产系统中，服务与生产融为一体，技术技能人才将直接面向客户进行生产，产消观念和形式的转变使共建、互动、开放、生态等“互联网+”的思维意识变得更加重要，感知生活、感知社会、感知变化成为信息化时代的重要能力，可以说，信息化、全球化、智能化时代的全人标准从道德意义上的“全人”向社会意义的“全人”转变，在可以预见的将来，职业素养培养的重要性将在人才知识结构的转型升级过程中日益凸显，通用能力、职业能力和社会能力成为高职学生专业发展的客观需求。

职业素养的培养不但是知识结构转型升级的需要，也是专业人才可持续发展的需要。现代社会一个人一生变换职业的频率或更新职业技能的要求在不断增加，这对人的可持续发展提出了挑战。在一些实行现代学徒制的国家中，如何运用国家干预，与企业利益相制衡，保障学徒的可持续性发展，已经成为现代学徒制培养的制度决策者必须考虑的问题。为了保护学员职业发展的流动性，几乎所有国家的现代学徒制培训标准中，除实践技能外，都包括了普通教育与技术理论教育。比如英国每个学徒制框架都要求包含能力本位要素(即职业技能)、知识本位要素(即技术理论基础知识)以及关键技能要素；荷兰的学徒制也包括社会/文化的、普通/技术的(确保继续学习的可能)以及职业的三个维度。

重设专业课程结构，我们建议以综合素养为核心重构课程框架。按照现代学徒制学校与企业场域互换的教育形态，将课程结构分为社会基础课程、个人发展课程、职业技术课程三大类。

社会基础课程是指学习者适应社会生活所需要的基础知识和能力课程，包括思想品德教育课程、社会生存教育课程、人文素质课程等。其中，正确的人生观、价值观、世界观、人文关怀、理想和信仰教育、体育、英语、信息技术和法律法制教育是核心内容。

个人发展课程指的是身心健康课程、意识情感课程、学习能力培养课程、创新创业课程等与个人发展密切相关的课程，是解决“养成怎样的人”问题的课程，这是职业能力的一种通识性教育，也是职业素养中的知性素养培养。信息化、全球化、智能化时代是一个创新创业时代，职业人的身心健康、坚定意识、学习力是创新创业的基础，特别是在大众创业、万众创新的社会局面下，更需要从个人发展的角度设置相关课程，以关注学生职业生涯的可持续发展。

职业技术课程指的是获取与专业相关技能的课程。这类课程在目前高职院校的课程体系中开设得比较充分，也得到了充分的重视。我们主张在以工作任务开发技能型课程的同时，应结合智能化生产的实践需要，研发能够理解与精确控制整个生产系统、娴熟操作相关工业软件、能对特定产品与工艺进行深入研究与创新的综合能力性课程。信息化时代的技术技能处于社会精细分工与跨专业、跨行业并存的发展变化之中，对职业适应性的要求明显提升。因此，职业技术课程需要把握宽口径与职业适应之间的平衡，帮助学习者形成既能满足一定社会需求，又有发展空间的综合能力。

以上三类课程的划分与现行的公共课程、专业课程、拓展课程相比，好像是课程体系名称的变化，其实这是教育理念的变化，是适应现代学徒制校企场域互换的教育形态的变化。这三类课程不是从通识性、专业性、相关性的知识体系立场建构的，而是从实践共同体的目标出发，以实践为基点，把知识、技能与人的发展相结合，围绕社会能力、方法能力、职业能力而建构的课程体系，其最核心的价值是切实培养学生综合素养，以应对信息化、全球化、智能化时代对复合型技术技能人才的需求。

四、校企共建考评体系以引导学生不断提升与完善职业素养

在实践共同体的建设过程中，完备的课程体系和制度建设是保证人才培养质量和有效提升职业素养十分重要的基础条件。但要实现现代学徒制人才培养目标、发挥课程学习和制度保障的作用，最关键的是对学生在实践共同体中学习成效考评体系的建设，也就是通过过程评价和结果评价，有效建立校企合作共赢共享的评价机制，兼顾学生发展和企业发展的双方长远利益，不断完善职业素养，高效优质地促进学生就业。

现代学徒制校企合作实践共同体目标达成度的评价体系应实行“12345”考评模式，即突出一个关系、兼顾两方诉求、构建三种机制、确立四类模块、制定五阶标准。

（一）突出一个关系

突出一个关系，即凸显现代学徒制人才培养模式的最核心要素——师徒关系。

现代学徒制的核心要素是师徒关系的有效建立和互动。在信息化、

智能化时代，许多生产岗位都将被机器替代，从培养复合型技术技能型人才的终极目标考虑，凡是能被机器所替代的行业是不适合开展学徒制的，只有选择那些需要通过"人与人"的"技术技能传承以及工匠精神熏陶"的行业岗位，才有益于现代学徒制的开展，也就是说现代学徒制的师徒关系是以实践经验或称为"默会知识"传授和影响为特征的一种师授关系。因此，这种师徒关系的良性度和紧密度在很大程度上决定了徒弟的成才率，也在很大程度上决定了学徒留任企业的意愿。

落实师徒关系既要选择好师傅也要选拔好学徒。在现代学徒制实践中，学徒职业生涯规划的引导和职业素养的养成和岗位技能的培养相比，更应具有优先性。在企业师傅选任上，除了以技术过硬、经验丰富为选择依据以外，要选择对企业忠诚，把本岗工作当作事业来做的德艺兼备的员工担任指导师傅。为了调动师傅传授技术技能的积极性，应该配套设立企业师傅带徒的培训制度、津贴制度和奖励制度。在学徒的选拔上，除常规的面试、笔试和技能测试外，还增加了职业性向分析，目的就是选拔对技术专业岗位有直接兴趣并具有一定职业理想的学生，这对提高学徒的企业岗位留任率、对现代学徒制的可持续开展起着关键的作用。

（二）兼顾两方诉求

兼顾两方诉求，也就是明确学徒培养定位，兼顾企业和学生双方的利益，既要考虑企业用人的现实需要，更要着眼于学徒的可持续发展。

现代学徒制是以教育为首要目的的人才培养制度，以高效培养技术技能型人才为基本指向。企业招收学徒虽然有着经济上的考虑，但企业有义务帮助学徒在最短的时间内完成职业技能的养成。如果企业仅仅服务于自身和眼前的需要，而不考虑学徒岗位能力的迁移性培养，那么这种学徒制还是落臼于传统学徒制，不具现代特征。因此，现代学徒制合作企业不能把学徒关系定位为岗位技能训练，而是要充分关注学生的可持续发展及职业流动需求，强化基本素质、通用技能以及基础理论的培养，并与国家职业资格体系相融通。

现代学徒制中担负教学培训任务的教师或师傅不是一个人、两个人，而是一个由很多人组成的师资团队，包括学校里不同课程的授课教师以及企业里不同岗位和工作任务的师傅。因此，为有效兼顾和整合企业用人和学生发展的需求，校企双方要在正式开展学徒制合作之前，进行教学组织的结构化设计。校企双方应在成立专业指导委员会的基础上，循环开展学徒岗位描述、典型任务分析、学徒能力定位、项目课程固化，明确职业素养和基础技术技能要求，并基于企业自身实际进行教学设计和教学组织。通过以上环节的闭环操作，进一步明确学徒制培养定位，从而保证学徒培养的可操作性和可控性，有效实现现代学徒制人才培养目标。

(三)构建三种机制

构建三种机制，即合理构建校企深度合作的协作机制、培训机制和激励机制。

校企合作协作机制的建构是在一定的组织框架下进行制度设计的过程。现代学徒制试点工作中学生学习投入和校企文化融合的问题，实际上就是校企协作机制建构的问题。校企协作机制包括实践基地合作模式、校企双主体实现模式、学徒岗位学习模式、课程资源建设模式等几个方面协作机制的制度建设。首先是实践基地合作模式。目前，70%的学校以企业场域作为实践基地为主要形式，其次是以教育集团的行业共享形式，而其中最能发挥基地作用的是校中厂和厂中校的实践基地建设模式。校企双主体实现模式主要指人才培养方案制定、学徒岗位安排以及学徒绩效考核中学校和企业充分合作与参与的制度建设。学徒岗位学习模式指现代学徒制试点学校与企业学生的交替学习制度，目前有近一半的试点学校采用渐进式的工学交替模式(即由学校向企业慢慢过渡，直到学生最后一年实行顶岗实习)，部分学校采用期释(即按周、月或学期交替)或日释(即按日交替)的形式，还有极少数学校采取校企两段式分段教学的形式。课程资源建设模式指工作场所或企业的培训材料开发的建设模式，目前有学校牵头，行业、企业为主制定与学校为主，行业、企业共同参与两种开发模式，也有极少学校采用独立开发模式。

我国地域广阔，东西部发展不平衡，行业之间发展水平差距较大，现代学徒制试点工作起步不久，校企合作的协作机制建设应该允许多元化、多样化。但不论采用何种基地建设、主体参与、学徒学习和资源开发模式，都必须建立与之配套的、有利于实现人才培养目标的合作制度和考核机制，充分发挥校企协同育人的作用。

校企合作的培训机制是指合作企业增设或者有效发挥已有培训功能的制度建设。校企合作的培训机制包括师资培训、岗位培训和流程培训模式等内容的制度建设。师资培训应该包括企业和学校双方的指导人员，企业指导人员应包含岗位师傅与实践课程指导教师两类人员，学校指导教师也包含授课教师和辅导员两类人员。培训内容包括教育观念、指导策略、评价标准、考核办法等，其目的是提高现代学徒制人才培养目标的实效性。岗位培训是指企业在工作场域为学徒设置供集中讲解、练习的工位或空间，这是为了在不影响工作进程和生产秩序的前提下，帮助学徒规范进入或纠正错误的实践场域应对策略，也是合作企业为培养优质员工应该付出的教育成本。流程培训是指用可观察、可分解、可阅读的生动图文形式对学徒进行工作流程、操作规程、技术细节的岗前学习或自我检视的培训制度。建立培训机制是针对我国大部分企业没有设置企业内部培训功能而作为现代学徒制建立考评体系的补充型策略，应该引起学校和企业的高度重视。

校企合作的激励机制是指落实现代学徒制师徒关系，激励教和学两个维度积极性的框架设计和制度建设。对于师傅的激励除了发放师傅带徒津贴以外，更重要的是要从职业素养培养、职业规划引导和技术技能传承几个方面设置优秀学徒师傅的评选制度，提高学徒的出师质量。有条件的企业还应该将学徒的留任率、学徒到岗后成长水平与师傅挂钩，从企业和学徒双方可持续发展的利益建设激励机制。对于学徒的激励除了设置学徒津贴以外，应该从学徒的职业规划和专业成长角度设置学费返还、提前出师、技能称号等制度，提高学生的入职期望和专业成就感。

（四）确立四类模块

确立四类模块，即在人才培养方案的课程体系框架下，现代学徒制试点专业根据行业发展、学生发展和岗位能力需求，从工学交替的可行性角度以及学习目标出发，确立职业素养模块、基础技术技能模块、岗位技术技能模块和可持续发展模块四个模块。

在四类模块中，基础技术技能模块与可持续发展模块是从夯实基础、立足发展的相互关联性出发，把通用性、基础性的职业技能从岗位技术技能的操作培训中分离出来，为学生的职业拓展和迁移打下基础，同时从学生的职业期待出发，开设学生可选择的方向性课程，与课程体系中的个人发展相关课程结合组成可持续发展模块，满足学生多样化就业需求。而岗位技术技能模块是为了落实试点专业学生在合作企业的具体工作场域中，熟练掌握工作流程的操作技能，成为合作企业的后备人才，这也是兼顾企业和学生双方利益原则的具体体现。职业素养模块是从课程体系中社会基础课程和个人发展课程内，依据知性素养和效能素养的分类特征组合而成。

以上四类模块在具体的组织实施过程中，要将学习课程、学习地点、学习形式、学习阶段以及教师身份等要素列为横轴，把四个模块列为纵轴，成为表格式的表达形式。根据学习阶段的交替要求，各模块既有在校学习内容，也有企业培训内容；既有授课形式，也有实践形式；既有学校教师授课，也有企业人员授课，甚至共同执教。四类模块的划分是根据学生学习目标设置的，与课程体系按照人才培养目标的划分既有联系也有区别。

（五）制定五阶标准

制定五阶标准，即根据现代学徒制试点专业学生的学习进程和技术技能掌握的成熟度，制定始点考核、日常考核、阶段考核、出师考核和优秀考核五级台阶的考核标准，既注重过程性评价，也体现达成度评价，全面考核学生的实践能力和专业水平。

始点考核是学徒刚进入企业工作岗位时所作的建档性起点考核，目的是全面了解学生的基础素质、职业性向和专业条件，为制定岗位培训和师徒学习目标作参照。考核分为基本情况调查和职业性向测评两个内容，调查内容包括专业学习情况、已有实践技能和个人的兴趣志向等；职业性向测评可采用通用的职业性向测评表，也可根据行业特点增设相关内容，由学校和企业共同主持测评。

日常考核为过程性考核，重点是记载职业素养的具体表现，要在行为规范、操作规范和质量意识上拟定考核标准，体现引导性和形成性，由师傅随机记载。

阶段考核可以按学期进行，也可按工学交替的阶段进行考核，侧重岗位技术技能学习和基础技能运用情况的考评，实行等级评价，由企业师傅、学校教师与主管人员三方组成考评小组。

出师考核和优秀考核都是终结性评价，应该参照行业标准和企业自身的标准，由企业师傅和主管人员、学校教师与行业协会人员组成三方考评小组，实行证书制评价。出师考核与优秀考核的区别是自主性申请的差别，出师考核是学习期满，正常时间进行出师前的合格性考评；而优秀考核是由学徒自己申请提前进行出师考核或者申请高级别的资格考核。提前考核通过者为优秀学徒，未通过只能参加出师考核；申请高级别资格考试由企业核准参加行业组织的资格证考核，取得证书者为优秀学徒。

结　　语

2019年5月14日教育部办公厅发布了《关于全面推进现代学徒制工作的通知》，旨在总结现代学徒制试点经验，全面推进现代学徒制。以此为标志，我国现代学徒制从试点工作走向全面推广的新阶段。

《关于全面推进现代学徒制工作的通知》(以下简称《通知》)指出，全面推进现代学徒制的工作目标是："以习近平新时代中国特色社会主义思想为指导，全面贯彻党的教育方针，落实立德树人根本任务，深化产教融合、校企合作，健全德技并修、工学结合的育人机制和多方参与的质量评价机制，深入推进教师、教材、教法改革，总结现代学徒制试点成功经验和典型案例，在国家重大战略和区域支柱产业等相关专业，全面推广政府引导、行业参与、社会支持、企业和职业学校双主体育人的中国特色现代学徒制。"《通知》中就现代学徒制的成功经验作了非常精练的表述，即深化基本模式，健全两种机制，深入三教改革，全面推广政府引导、行业参与、社会支持、企业和职业学校双主体育人的中国特色现代学徒制。

教育部等六部门联合发布的《职业学校校企合作促进办法》(2018年2月8日)开宗明义指出："产教融合、校企合作是职业教育的基本办学模式，是办好职业教育的关键所在。"文件以法规的形式将产教融合、校企合作确定为职业教育的办学模式，是对职业教育规律性的认知，是区别于普通教育的标志性特征。《通知》以《职业学校校企合作促进办法》为指导，提出在现代学徒制的办学实践中，必须进一步深化职业教育基本办学模式，凸显校企合作、产教融合的基本特征。天津轻工职业技术学院作为校企合作办学的典型，把产教融合、校企合作办学模式具体化为校企共需、契约共受、基地共建、机构共管、人才共育、利益共享的“六共模式”，并率先成功实行校企合作董事会、校企合作执行委员会、专业建设委员会“三级贯通式”校企合作体制和机制，在产教融合方面，推行“四中心一融合”，以共赢为目的，以资源为基础，以服务获支持。所谓“四中心”即校企共建技能人才储备中心、技术协同创新中心、技术产品推广中心和企业员工培训中心，所谓“一融合”即在学校专业建设规划中融入行业龙头企业的发展战略需求。天津轻工职业技术学院校企合作办学的具体实践为职业教育产教融合、校企合作办学模式给出了最清晰的注脚。

现代学徒制必须建立健全的两种机制是德技并修、工学结合的育人机制和多方参与的质量评价机制。两种机制的建立从过程和结果两个方面给现代学徒制人才培养质量提供保障。

校企合作协同育人以工学结合为基本途径，以德技并修为价值取向，其中德的意义在于培养学生的专业精神、职业精神、工匠精神。我们认为，三种精神的行为载体就是职业素养的习得和行为养成，在现代学徒制的实践过程中，从工学交替场域互换的学习形态出发，以“六共”为原则构建实践共同体，融通学校和企业的物理边界，共同制定人才培养方案，重构以职业素养为重心的课程框架，促进身份认同和充分参与，是实现学徒制培养目标、健全校企协同育人机制的合理路径。

现代学徒制的校企合作是一种跨界的办学模式，涉及多方利益，因此，《通知》对质量评价机制的建立特别提出应是多方参与的质量评价体系。教育部职成司负责人在解读六部门联合发布的《职业学校校企合作促进办法》时指出，针对职业教育在校企合作办学中校企合作运行机制不顺畅、合作协议不规范、育人效果不明显的现状，校企合作、深度融合应该建立校企主导、政府推动、行业指导、学校企业双主体实施的合作机制，开展共同育人、合作研究、共建机构、共享资源等方式的合作活动。因此，现代学徒制的运行机制是政府引导、行业参与、社会支持、企业和职业学校双主体育人，多方利益涉及学校、企业、行业、政府和家庭。其中，学校和企业的主导作用首先就是积极做好标准体系建设和教学，为多方评价提供依据。《通知》明确规定，“按照专业设置与产业需求对接、课程内容与职业标准对接、教学过程与生产过程对接的要求，校企共同研制高水平的现代学徒制专业教学标准、课程标准、实训条件建设标准等相关标准，做好落地实施工作”。在标准建设的基础上，我们建议按照“12345”评价模式构建评价体系，保障质量评价机制的落地实施。

实现企业和职业学校双主体育人，发挥校企共同主导的作用，除了标准建设以外，必须推动教师、教材、教法三种改革。关于“三教”改革，《通知》从双导师团队建设、教学资源建设和培养模式改革三个方面给出了明确的方向和改革内容。在教师方面，现代学徒制的实践要“推广学校教师和企业师傅共同承担教育教学任务的双导师制度，校企分别设立兼职教师岗位和学徒指导岗位，完善双导师选拔、培养、考核、激励等办法，加大学校与企业之间人员互聘共用、双向挂职锻炼、横向联合技术研发和专业建设的力度，打造专兼结合的双导师团队”。我们可以把建设双导师制度、设立兼职岗位与指导岗位、完善选拔、培养、考核、激励办法、加大互聘共用和横向联合的管理措施理解为现代学徒制实践共同体建设的基本内容，是企业人员与学校教师在场域互换、工学交替的学习指导过程中，从边缘性参与走向充分参与，实现产教深度融合、学徒顺利成长。

现代学徒制的教材建设其实是一种教学资源的开发和利用。《通知》指出，要“充分利用生产性实习实训基地、技能大师工作室、工程技术研究中心、协同创新中心等，发挥校企双方的场所、设备、人员优势，共同开发一批新型活页式、工作手册式教材并配套信息化资源，及时吸纳新技术、新工艺、新规范和典型生产案例，形成共建共享的教学资源体系”。在现代学徒制的教学指导过程中，教师下企业进行教学指导或者企业岗位上的师徒指导都是一种分散式的组织形式，采用活页式、工作手册式教材是在工学交替和场域转换的语境下，提高岗位学习投入度的有效形式。我们知道，企业是以生产任务为前提而组织起来的场域空间，学生在这个空间内所接受的学习内容是围绕生产技术而进行的实践活动；而学校是以专业导向为前提而组织起来的场域空间，学生在这个空间内所接受的学习内容是围绕系统课程学习而进行的实践活动。学校的系统性知识不适应分散教学，企业的默会性知识又缺少一种物化的载体，只有基于双方的场所、设备、人员优势，吸纳新技术、新工艺、新规范和典型生产案例，共同开发活页式、工作手册式教材，设置培训岗位，才能充分发挥校企合作、人才共育的作用。

如前所述，学校教育的惯习，如循序渐进的课程学习、缺乏竞争的教师依赖、技术分割的模拟实训以及缺少创新原动力的学业评价等，在企业实践的鲜活经验面前都显得苍白无力。现代学徒制试点专业学生对企业环境具有一种亲近感，就是源于企业中执行力、责任意识、团队精神、敬业精神等企业文化的感召力。现代学徒制的实践活动必须改革学校原有的教学模式，打破学校和企业的空间边界，使之适应工学交替、场域互换的学习语境。《通知》指出，推广现代学徒制，要进行人才培养模式的改革，“坚持德技并修、工学结合、知行合一，按照企业生产和学徒工作生活实际，实施弹性学习时间和学分制管理，育训结合、工学交替、在岗培养，积极探索三天在企业、两天在学校的‘3+2’培养模式，着力培养学生的专业精神、职业精神和工匠精神，提升学生的职业道德、职业技能和就业创业能力”。

《通知》为我们创新人才培养模式、培养复合型技术技能人才指明了方向，明确了建设目标。在全面推广现代学徒制的进程中，有效培养高职学生的职业素养应该是建设中国特色现代学徒制的应有之义。

本课题组在深入分析职业素养的结构构成、现代学徒制的制度实践、校企合作场域互换的惯习特性，以及对现代学徒制试点专业学生的问卷调查基础上，归纳了现代学徒制在高职学生职业素养培养的实践过程中所面临的场域互换、学习投入、文化融合等问题，系统地提出了通过重构职业素养的结构框架以应对场域空间互换、融合学校与企业场域边界以利于教育形成合力、重设以综合素养为核心的课程框架以契合学生发展需求、校企共建考评体系以引导学生不断提升与完善职业素养四个相互联系、互为条件的应对策略。课题研究成果为全面推广现代学徒制，完善深度融合、校企合作人才培养模式具有积极的实践指导意义。

附录一　武汉市武昌丁字桥幼儿园学徒制工作总结

欣　喜

欣　喜

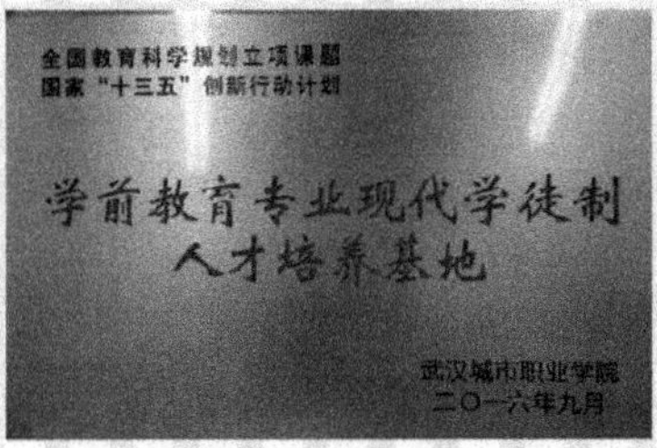

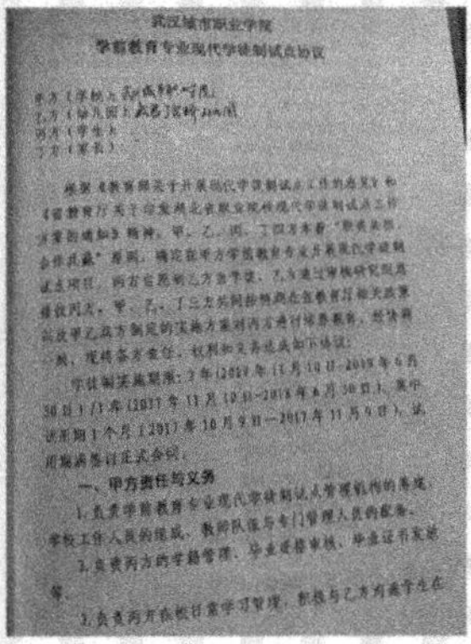
武汉城市职业学院
学前教育专业现代学徒制试点协议

一、甲方责任与义务

培　养

拟定计划

武昌丁字桥幼儿园与武汉城市职业学院
学前教育专业“学徒制”人才培养方案

分步实施

培　养

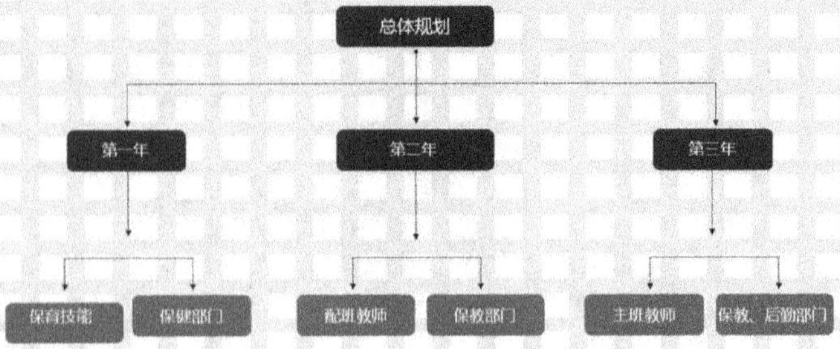

培　养

保育

培　养

教育教学

培　养

主班教师

培　养

荣誉证书

[illegible]老师：

在2017年参与武汉市头脑奥林匹克竞赛活动中表现积极，特获“积极贡献奖”

特发此状　以资鼓励

丁字桥幼儿园

2017年12月

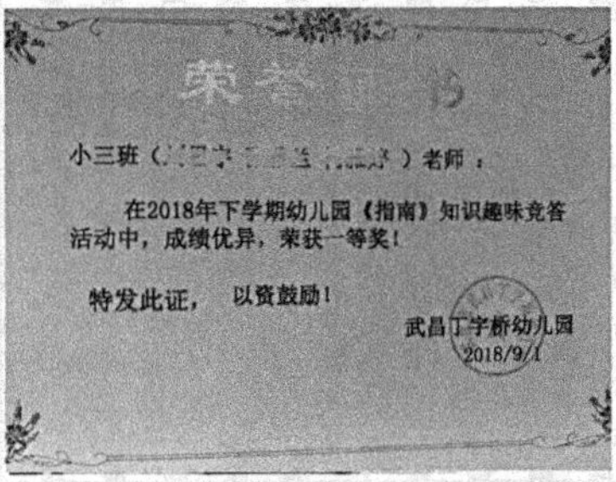

荣誉证书

小三班（[illegible]）老师：

在2018年下学期幼儿园《指南》知识趣味竞答活动中，成绩优异，荣获一等奖！

特发此证，　以资鼓励！

武昌丁字桥幼儿园

2018/9/1

个人成长　　　　集体荣誉

突　破

遇到瓶颈

招生即招工对未来教师的培养？

突破途径？

签订聘用老师合同

如何突破？

面对未来的教师我们能做些什么？
要做些什么？

突　破
各项交流学习

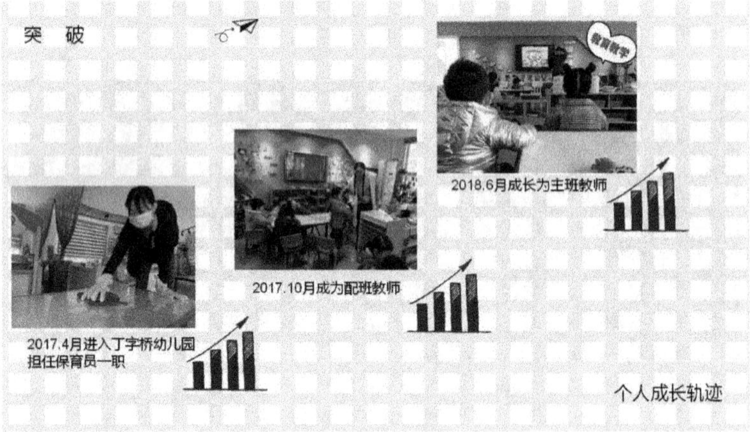
突　破
2017.4月进入丁字桥幼儿园
担任保育员一职
2017.10月成为配班教师
2018.6月成长为主班教师
个人成长轨迹

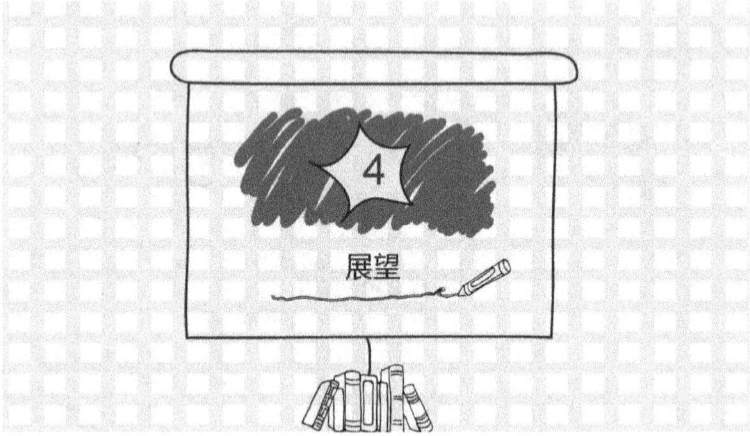
4
展望

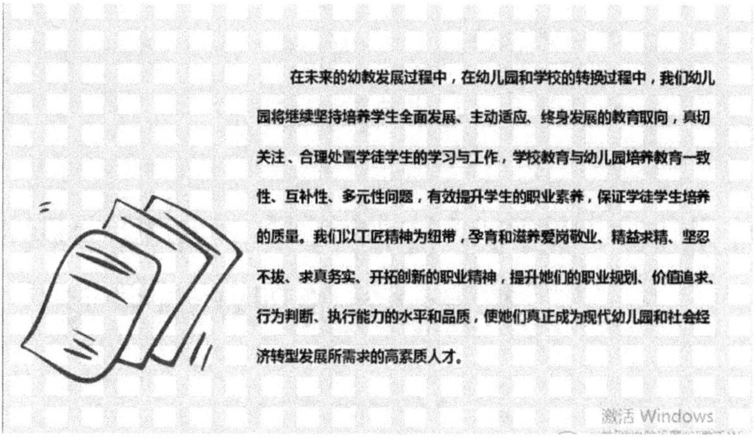
在未来的幼教发展过程中，在幼儿园和学校的转换过程中，我们幼儿园将继续坚持培养学生全面发展、主动适应、终身发展的教育取向，真切关注、合理处置学徒学生的学习与工作，学校教育与幼儿园培养教育一致性、互补性、多元性问题，有效提升学生的职业素养，保证学徒学生培养的质量。我们以工匠精神为纽带，孕育和滋养爱岗敬业、精益求精、坚忍不拔、求真务实、开拓创新的职业精神，提升她们的职业规划、价值追求、行为判断、执行能力的水平和品质，使她们真正成为现代幼儿园和社会经济转型发展所需求的高素质人才。
激活 Windows

附录二　现代学徒制背景下高职生职业素养培养的现状调查表

您好，本问卷是教育部“十三五”重点课题“现代学徒制背景下高职生职业素养有效性培养探究”的研究项目之一，旨在了解高职院校现代学徒制试点学习学生对职业素养的基本认知，以及职业素养培养的实际状况。本问卷实行匿名填写，所有数据信息仅用作课题研究，绝不会泄露您的个人信息，请您放心填写。

本次调查的内容对课题的研究十分重要，希望您能仔细阅读题目，按照自己的真实感受和实际情况填写，为本课题的研究提供真实可靠的数据。谢谢您的参与！

教育部重点课题研究组

2018 年 4 月 13 日

一、个人基本信息

1. 你的性别？[单选题] *

○男　　　　○女

2. 你目前的年级是？[单选题]

○大一　　　　○大二　　　　○大三　　　　○大四

3. 你的工作岗位是：[填空题]

____

4. 你是通过什么途径进入大学？[单选题] *

○技能高考　　○全国统一高考　　○5 年一贯制大专

5. 你目前住哪里？[单选题]

○学校宿舍　　○单位提供的宿舍　　○其他____________

6. 在现代学徒制的培养模式下，你目前的学习形式是？[单选题]

○以月为单位，在学校和企业交替学习

○以学期为单位，在学校和企业交替学习

○完全在企业上班，学校不定期到企业给学生辅导

○第一学期在学校学习公共基础课，第二学期直至毕业一直在企业上班，学校不定期到企业给学生辅导

○其他____________

二、对现代学徒制的认知

7. 你了解现代学徒制吗？[单选题]

○了解　　○知道一点点　　○不了解

8. 你觉得现代学徒制这种培养模式对你有帮助吗？[单选题]

○有　　○一点点　　○没有

9. 单位是否支持现代学徒制学徒的学习？[单选题] *

○支持　　○一般　　○不支持

三、专业发展的期望值

10. 毕业后，你是否愿意继续到该单位上班？[单选题]

○愿意　　○考虑一下　　○不愿意

11. 通过本次现代学徒制试点学习，你是否愿意成为本行业/岗位的专业型人才？[单选题]

○愿意　　○考虑一下　　○不愿意

12. 通过本次现代学徒制试点学习，你希望获得哪些能力的提升？[多选题] *

□专业理论知识　□专业技能　□专业意识
□生存能力　□合作能力　□创新能力
□职业能力　□执行能力　□沟通能力
□学习能力

四、单位环境的适应度

13. 你能适应企业的工作环境和学习环境吗？[单选题]

○能　○基本能　○不能

14. 你能适应企业的管理制度吗？[单选题] *

○能　○基本能　○不能

15. 你在实习过程中是否能顺利完成岗位工作？[单选题]

○能　○基本能　○不能

16. 你在实训过程中是否能运用所学专业知识解决实际问题？[单选题]

○能　○基本能　○不能

17. 通过现代学徒制的学习，你的专业理论知识水平如何？[单选题] *

○有很大的提升　○有一定的提升　○没有多大的提升

18. 通过现代学徒制的学习，你的专业技能水平如何？[单选题] *

○有很大的提升　○有一定的提升　○没有多大的提升

19. 你认为哪种考核方式比较适合你？[单选题] *

○岗位技能考核　○理论知识考核　○其他考核方式

五、对单位指导师傅和学校指导老师的满意度

20. 单位有没有给你分配固定的指导师傅？[单选题]

○有　○没有

21. 单位给你分配了几个指导师傅指导你学习？[单选题] *

○1 个　○2 个　○3 个以上

22. 单位的指导师傅是否定期对你进行指导评价？[单选题]

○是　　　　○偶尔　　　　○否

23. 单位指导师傅指导你学习的态度如何？[单选题] *

○热心　　　　○不太热心　　　　○不热心

24. 学校有没有给你分配固定的指导老师？[单选题]

○有　　　　○没有

25. 学校给你安排了几个指导老师指导你学习？[单选题] *

○1 个　　　　○2 个　　　　○3 个以上

26. 学校指导老师是否时刻关注你的学业情况？[单选题]

○是　　　　○偶尔　　　　○否

27. 学校指导老师指导你学习的态度如何？[单选题] *

○热心　　　　○不太热心　　　　○不热心

六、对职业素养的理解

28. 你认为职业素养包含哪些要素？[多选题]

□专业认知　　　　□专业技能　　　　□专业意识

□职业情操　　　　□职业规划　　　　□职业品质

□合作意识　　　　□创新意识　　　　□人文情怀

29. 你认为以下哪些因素有利于职业素养的养成？[多选题] *

□自我意识　　　　□学校教育　　　　□企业教育

□管理制度　　　　□人际关系　　　　□实践活动

□工作环境　　　　□校园环境　　　　□课程设置

30. 关于职业素养的构成要素，你的其他理解是：[填空题]

____

31. 关于职业素养的养成因素，你的其他理解是：[填空题]

____

七、学校和企业的比较

32. 你认为在学校或企业学习，哪个对职业素养的培养更有利？[单选题]

○学校　○企业　○都一样　○无法比较

33. 学校和企业的管理制度，你更适应哪一种？[单选题]

○学校　○企业　○都一样　○无法比较

34. 对于职业素养的培养，你认为学校和企业应该采取何种管理方式比较好？[单选题]

○学校为主，企业为辅

○企业为主，学校为辅

○学校和企业共同管理

附录三　高职学生职业素养有效性培养访谈提纲

访谈引导语：

您好，我们是教育部重点课题“现代学徒制背景下高职生职业素养有效性培养探究”的研究组成员。为了探究提升高职学生职业素养的有效性培养路径、为社会培养“德技双馨”全面的可持续发展的高素质技能型专门人才，我们需要对现代学徒制背景下高职学生职业素养教育的现状进行调查，想占用您几分钟时间做一个简短的访谈。本次访谈实行匿名制，所有访谈内容仅用作课题研究。在访谈过程中，我们会使用录音笔将整个访谈内容记录下来，但请您放心，我们绝不会泄露您的个人信息。本次调查的内容对课题的研究十分重要，希望您能根据实际情况回答，为本课题的研究提供真实可靠的数据。谢谢您的帮助！

一、对学校人员的访谈内容

1. 请问您在学校担任什么职务？
2. 目前贵校现代学徒制试点工作的运行情况如何？
3. 您对学生的专业发展情况如何评价？
4. 您对企业的指导情况如何评价？
5. 您认为现代学徒制对高职生职业素养的提升优于在校学习吗？
6. 您能从有利于学生发展的角度来评价一下现代学徒制的利弊吗？

二、对企业人员的访谈内容

1. 请问您目前担任什么职务？
2. 您对现代学徒制试点学生的总体评价是怎么样的？
3. 贵单位在工作岗位上主要对学生提供哪些专业指导？
4. 您认为，在企业由师傅带着学生学习，能替代学校教育吗？
5. 您认为，一个职业人应该具备哪些素质？
6. 您认为，在人生价值观方面，企业环境对学生有负面影响吗？

附录四　现代学徒制实践中高职生对职业素养培养的认知

一、调查对象与问卷设计

(一)调查背景与缘由

调查问卷是教育部“十三五”重点课题“现代学徒制背景下高职生职业素养有效性培养探究”的研究项目之一，旨在了解高职院校现代学徒制试点学校学生对职业素养的基本认知，以及职业素养培养的实际状况，探究提升高职学生职业素养的有效性培养路径，为社会培养“德技双馨”全面的可持续发展的高素质技能型专门人才。

(二)问卷设计思路与内容构成

问卷从学生的视角设计，以客观题形式展现，设计了 7 大类、34 小题。问卷从学生对现代学徒制的认知、专业发展的期望值、企业环境的适应度、对单位指导师傅和学校指导老师的满意度、对职业素养的理解、学校和企业的比较六个方面着手调查。了解学生通过现代学徒制试点学习获得哪些能力，获得的能力是否能解决实际问题，以及学生对职业素养的构成要素和影响因素的理解。通过调查，了解高职学生参加现代学徒制试点学习的意愿。

(三)调查对象与方式

问卷调查的对象为武汉城市职业学院现代学徒制试点班学生，问卷随机发放，收到有效问卷 96 份。

二、问卷统计与分析

(一)基本信息的统计与分析

从年级来看，分布在三个年级，其中大一学生 21 人，占比 21.88%；大二学生 70 人，占比 72.91%；大三学生 5 人，占比 5.21%。从学生性别看，男生 53 人，占比 55.21%；女生 43 人，占比 44.79%。从学生生源结构看，技能高考生 17 人，占比 17.71%；普通高考生 76 人，占比 79.16%；5 年一贯制考生 3 人，占比 3.13%。

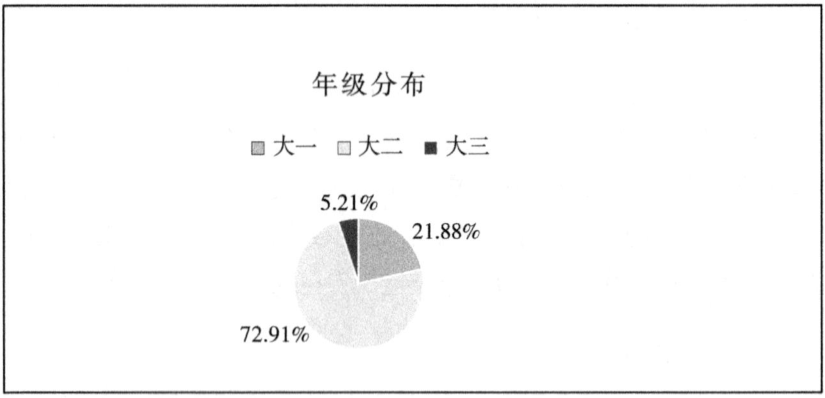

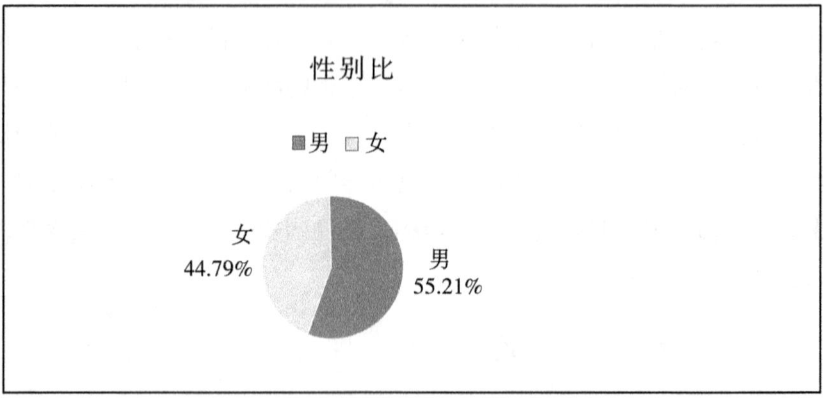

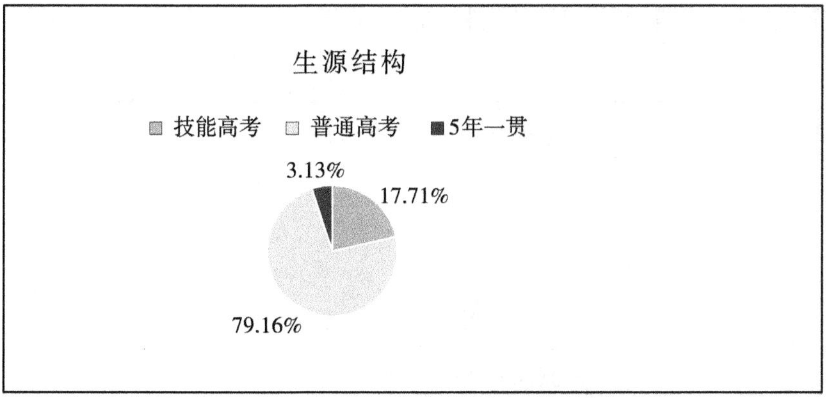

从学习形式来看，大部分学生以学期为单位，在学校和企业交替学习，有37人，占比38.54%；以月为单位，在学校和企业交替学习的有20人，占比20.83%；第一学期在学校学习公共基础课，第二学期直至毕业一直在企业上班，学校不定期到企业给学生辅导的有16人，占比16.67%；完全在企业上班，学校不定期到企业给学生辅导有9人，占比9.38%；其他形式有14人，占14.58%。

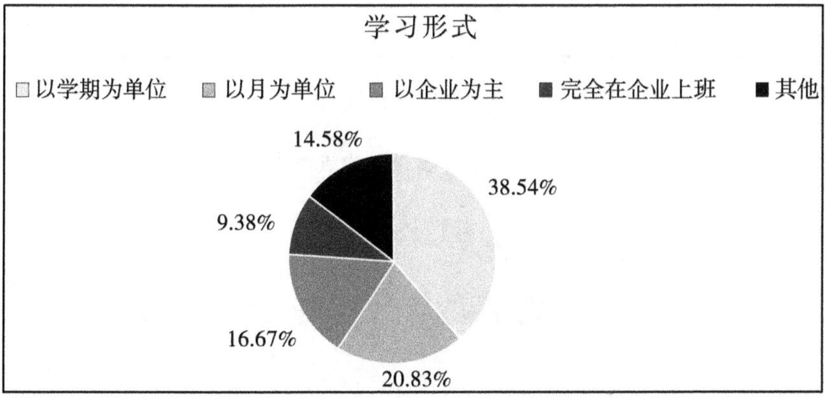

(二)对现代学徒制的认知与认同情况统计与分析

从认知情况看，了解现代学徒制的有40人，占比41.67%；知道一点点的有 51 人，占比 53. 12%；完全不了解的只有 5 人，占比 5. 21%。看来大部分学生知道现代学徒制这种培养模式。

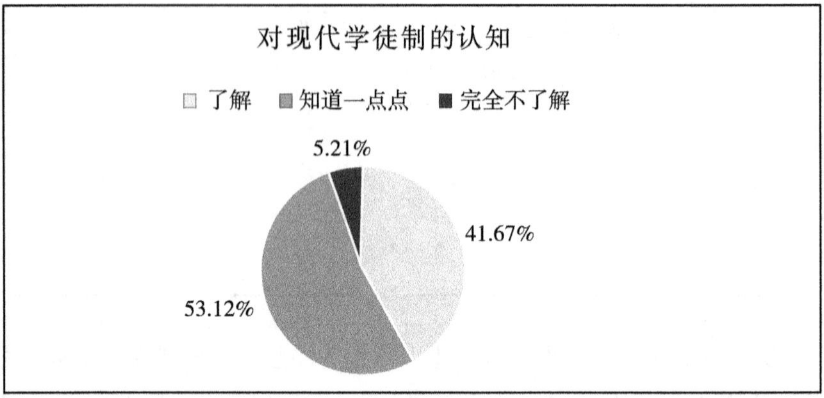

从学生认同情况看，72 人认为现代学徒制这种培养模式对自己有帮助，占比 75%；24 人认为有一点点帮助，占比 25%。从单位认同情况看，68 人选择单位支持现代学徒制学徒的学习，占比 70. 83%，28 人不明确，没有人选择不支持。由此可以看出学生和用人单位一致认同现代学徒制这种培养模式。

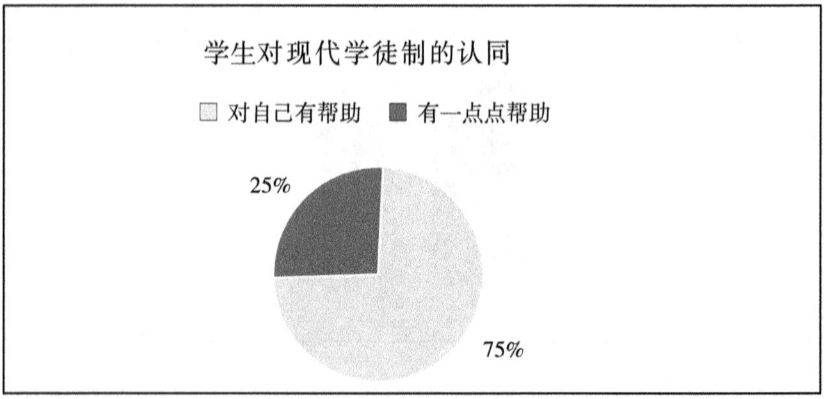

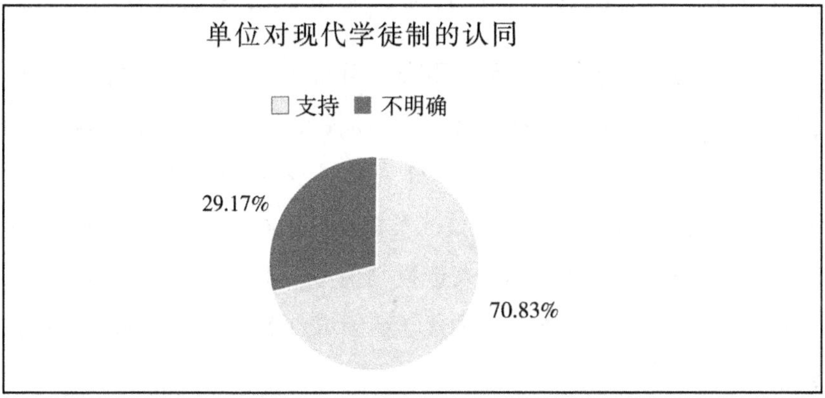

从就业态度来看，有 54 人明确表示毕业后愿意继续到该单位上班，占比 56. 25%；39 人表示可以考虑，占比 40. 62%；只有 3 人不愿意。在是否愿意成为本行业/岗位的专业型人才的选择上，有 65 人明确表示愿意，30 人考虑，1 人没填，没有人选择不愿意。由此可以看出，通过现代学徒制的试点学习，学生提高了就业能力，树立了就业信心，愿意主动就业。

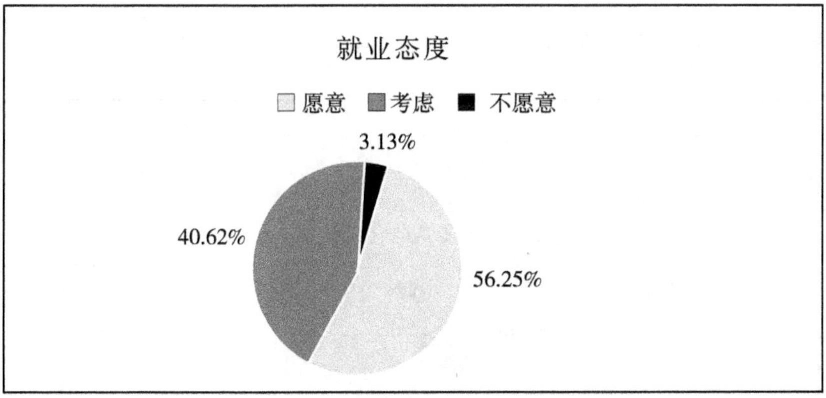

(三)对现代学徒制管理行为认同情况的统计与分析

在是否适应企业的工作环境和学习环境上，61 人选择适应，35 人选择基本适应，没有人选择不适应，适应占比 100%。在是否能适应企业管理制度上，72 人选择适应，23 人选择基本适应，适应占比 99%。在考核方式上，65 人选择岗位技能考核，占比 67. 71%；21 人选择理论知识考核，占比 21. 88%；10 人选择其他考核形式，占比 10. 41%。由此可以看出学生目前基本适应现代学徒制试点下的企业管理制度和考核方式。

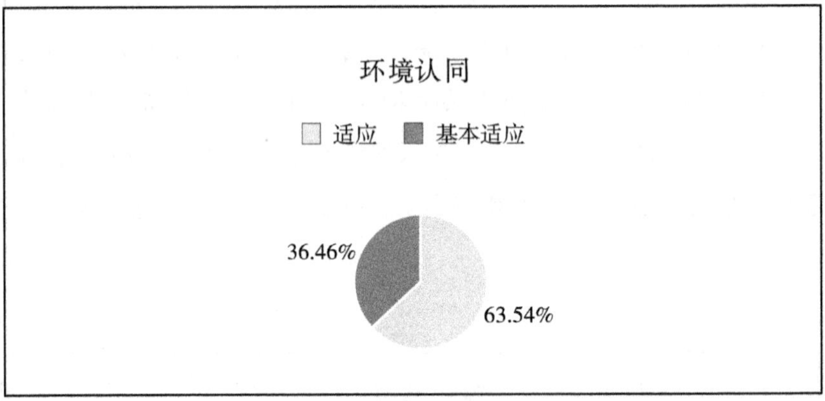

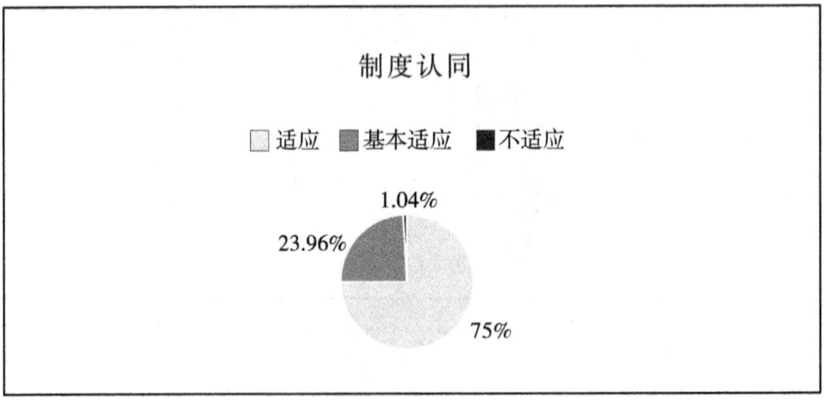

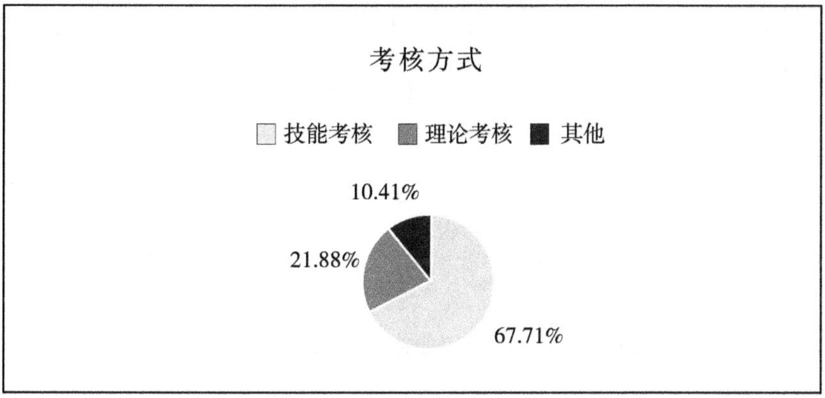

在是否有固定指导师傅上，75 人选择有，占比 78. 13%，21 人选择没有，占比 21. 87%。在分配了几个指导师傅的选择上，60 人选择 1 个，占比 62. 50%；19 人选择 2 个，占比 19. 79%；17 人选择 3 个以上。在指导师傅是否定期进行指导上，73 人选择是，占比 76. 04%，22 人选择偶尔，只有 1 人反映没有指导。在指导师傅的指导态度上，69 人选择热心，占比 71. 87%，只有 8 人选择不热心。可以看到大部分企业认真遴选了指导师傅，分配的师傅大部分也很负责，但还是有部分企业流于形式，没有做好现代学徒制试点工作，学校要在企业选择上加强考核和监督，才能把现代学徒制试点工作落到实处。

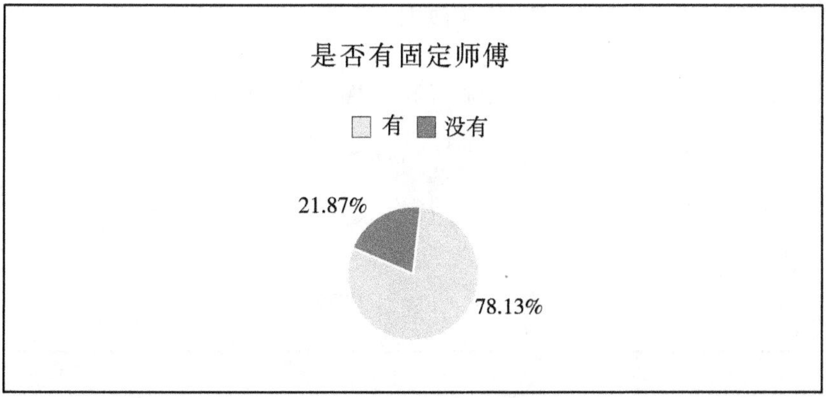

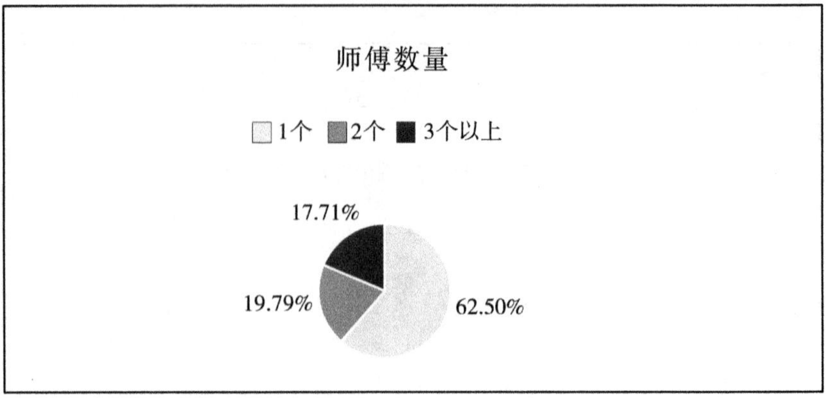
师傅数量
1个
2个
3个以上
17.71%
19.79%
62.50%

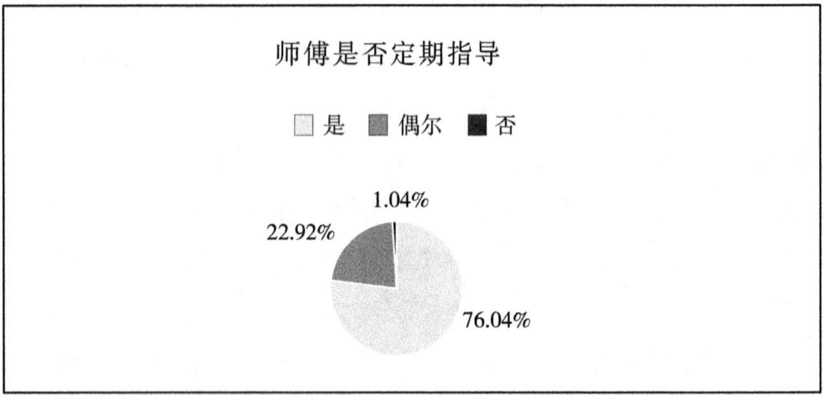
师傅是否定期指导
是
偶尔
否
1.04%
22.92%
76.04%

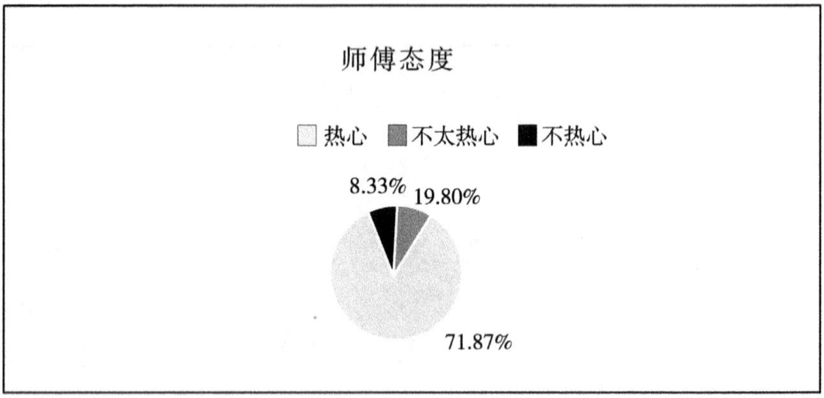
师傅态度
热心
不太热心
不热心
8.33%
19.80%
71.87%

在学校有没有分配固定指导老师上，72 人选择有，占比 75%，24 人选择没有，占比 25%。在学校安排了几位指导老师的选择上，40 人选择 1 个，占比 41.67%；16 人选择 2 个，占比 16.67%；40 人选择 3 个以上，占比 41.67%。在指导老师是否关注自己上，82 人选择是，占比 85.42%；12 人选择偶尔；2 人没选。在指导老师的态度选择上，92 人选择热心，占比 95.83%，4 人选择不太热心。可以看到学校在现代学徒制试点管理工作方面还有待进一步提升，在安排指导老师上要明确标准，分配责任心强的指导老师。

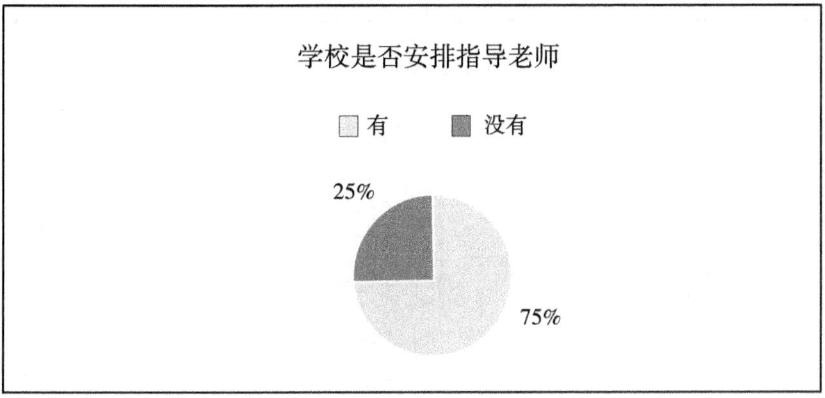

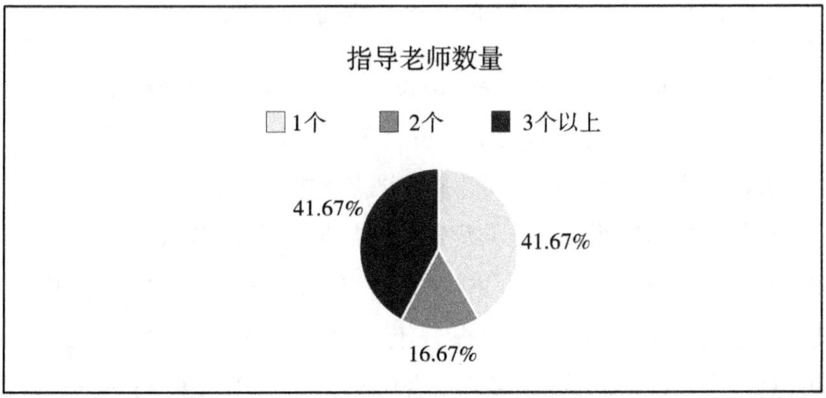

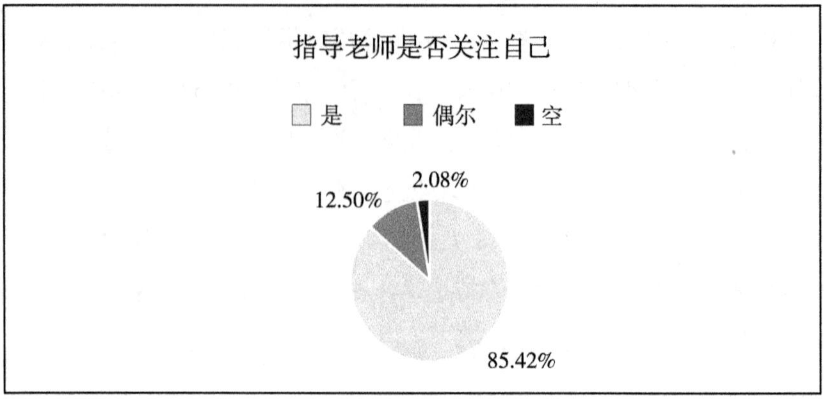

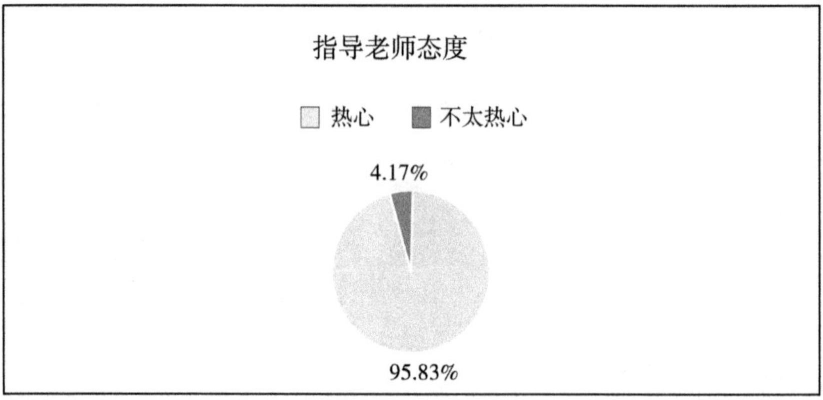

（四）现代学徒制背景下的专业学习情况统计与分析

在实习过程是否能顺利完成岗位工作上，67 人选择能完成，占比 69.79%；29 人选择基本能完成，占比 30.21%；没有人选择不能完成。由此可以看出学生能适应现代学徒制试点下的岗位工作。

在是否能运用所学专业知识解决实际问题上，47 人选择能，占比 48.96%；48 人选择基本能，占比 50%；只有 1 人选择不能。在现代学徒制学习对专业技能水平的提升上，39 人选择有很大提升，占比 40.63%；55 人选择有一定提升，占比 57.29%。这反映出通过现代学徒制试点学习，学生实践能力得到了提升。

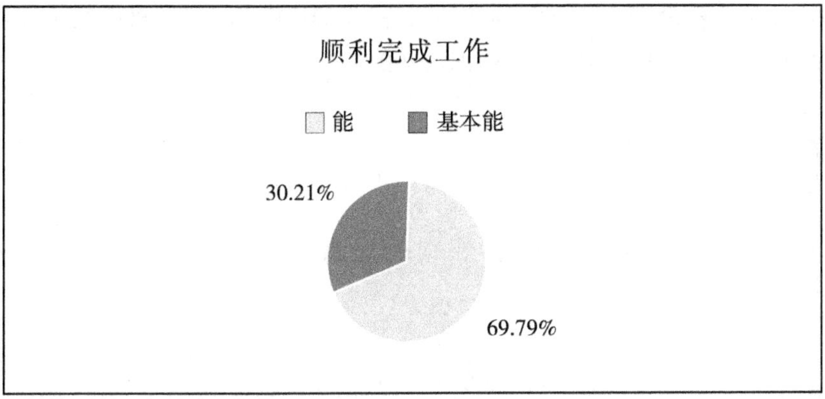
顺利完成工作
能
基本能
30.21%
69.79%

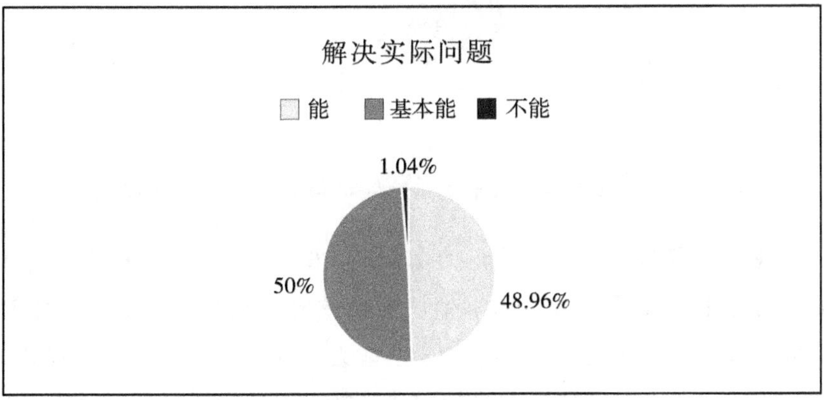
解决实际问题
能
基本能
不能
1.04%
50%
48.96%

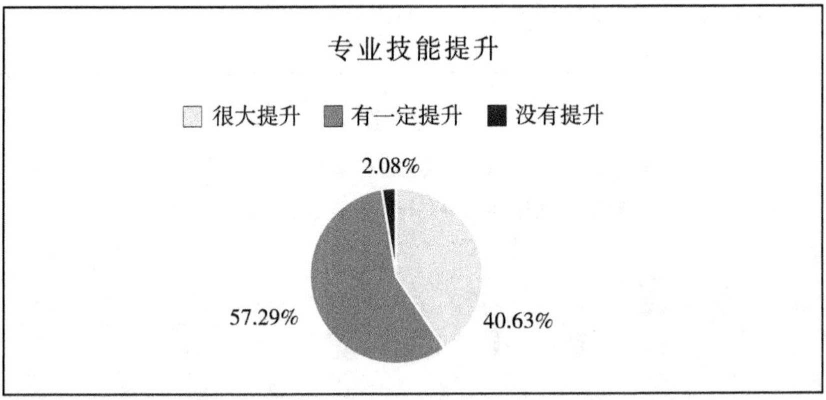
专业技能提升
很大提升
有一定提升
没有提升
2.08%
57.29%
40.63%

在专业理论知识的提升方面，有 36 人选择有很大提升，占比 37.50%；有 58 人选择有一定提升，占比 60.42%。这反映现代学徒制试点学习也促进了学生理论知识水平的提升。

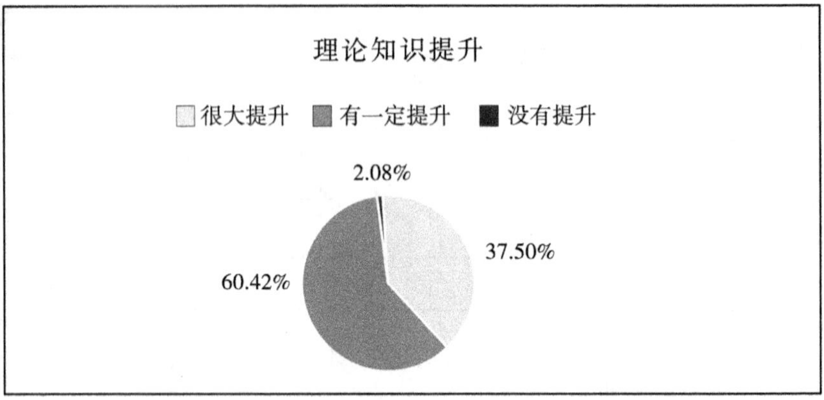

（五）高职学生对职业素养的认知与接受情况统计与分析

在学生希望获得哪些能力上，有 80 人选择专业技能，占比 83.33%，比重最大。这说明学生认为最重要的职业能力是专业技能。同时还有 76 人选择了沟通能力和学习能力，占比 79.17%。这反映出学生认为学习和沟通也是很重要的职业技能，希望通过现代学徒制的学习，锻炼自己的学习和沟通能力，加快融入社会。

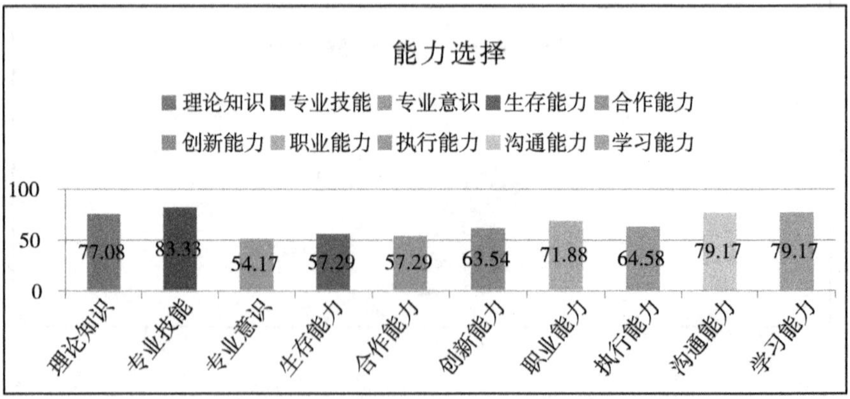

在职业素养包含哪些要素方面，84 人选择专业认知和专业技能，占比 87.50%，比重最大。这反映出学生认为好的职业素养需要理论和实践相结合，这实际上也是现代学徒制的学习形式和精髓。

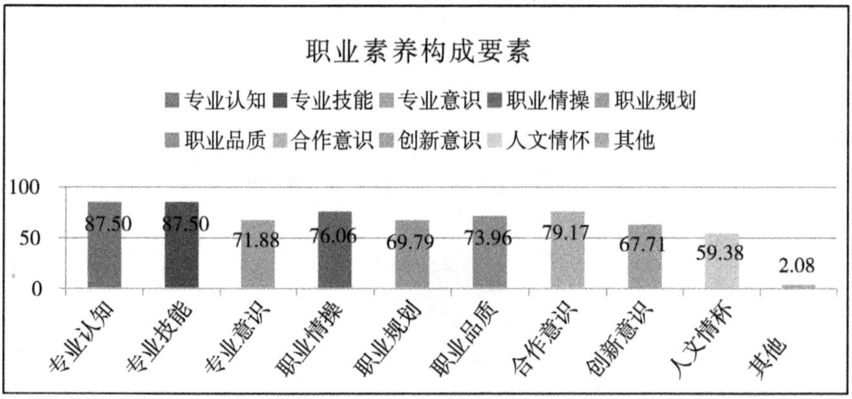

在哪些要素有利于职业素养的养成方面，81 人选择了自我意识，占比 84.38%，比重最大。这反映当代大学生自我意识强，已经意识到自己是有独立性的人。通过现代学徒制的学习，可以认清差距，开始由家长、老师帮助规划职业理想，向主要依靠自己来主动规划进行转变。

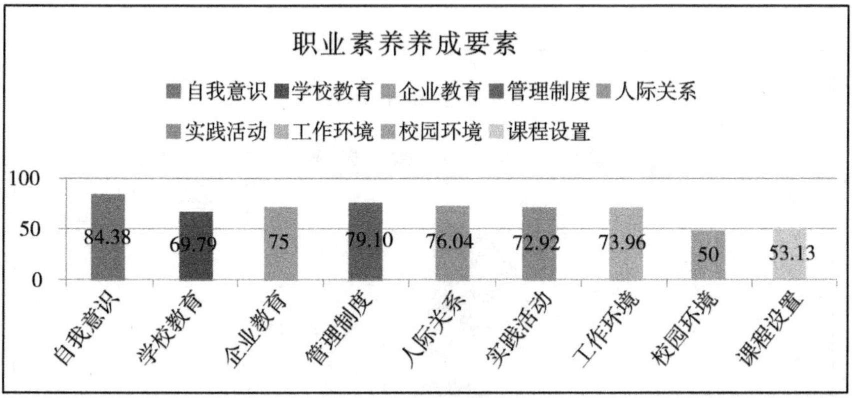

(六)校企合作培养职业素养的效果比较统计与分析

在职业素养的培养过程中选择哪种管理方式上，54 人选择学校和企业共同管理，占比 56. 25%。大部分学生选择共同管理，说明学生目前比较认同现代学徒制试点学习的培养方式。

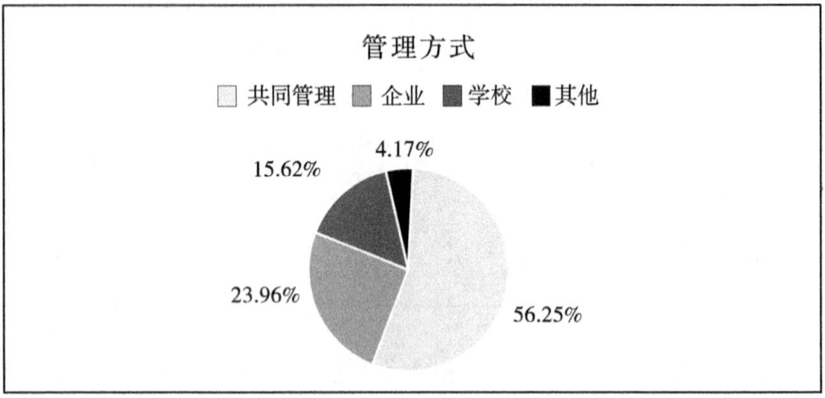

在哪里学习对职业素养的培养更有利方面，44 人选择了企业，占比 45. 83%；12 人选择了学校，占比 12. 50%。这反映学生认为在现代学徒制试点的背景下，企业是更好的学习培养场所，这也与学生认为专业技能是最重要的职业能力相契合，因为在企业可以锻炼和提升他们的专业技能。

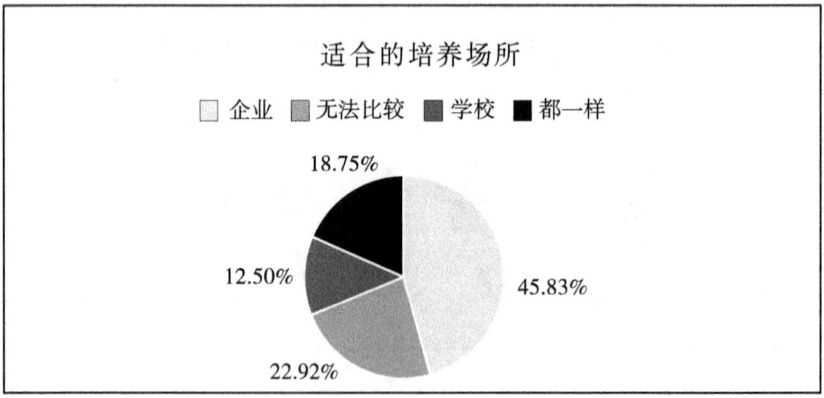

在更适应哪里的管理制度方面，31 人选择学校，占比 32. 29%；23 人选择企业，占比 23. 96%；25 人选择都一样，占比 26. 04%。这反映学生适应环境的能力还比较强，通过现代学徒制试点学习，能较快进入和转换角色。

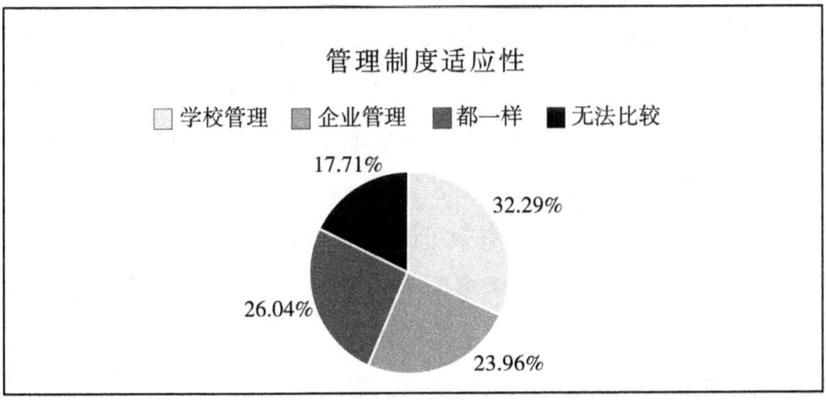

三、现代学徒制实践中高职学生对职业素养培养的基本认知

(一)现代学徒制背景下高职学生的专业学习状态

1. 现代学徒制主要实行“订单培养模式”

课题组在调查中发现，大部分学生以学期为单位，在学校和企业交替学习，这种模式是由学校和企业共同制定人才培养方案，共同开发课程，共同进行管理，企业主要培养自己未来的员工，学生毕业后经考核可直接进入企业工作。学生分六个学期，交替在学校学习及到企业锻炼。这是现在普遍实行的“订单培养模式”。

2. 学生认同现代学徒制这种培养方式

课题组在调查中发现，大多数学生认为现代学徒制可以丰富专业知识、提高专业技能、提高学习效果、获得工作机会，可见学生有参加现代学徒制的热情和愿望。

现代学徒制是深化校企合作、产教融合，推动职业教育改革创新的一种重要形式，需要企业的大力支持。从调查来看，绝大多数学生认为用人单位支持现代学徒制试点，积极配合学校做好技能教学，学生毕业后愿意继续到该单位就业。

3. 学生适应现代学徒制管理模式与考核方式

课题组在调查中发现，大多数学生适应现代学徒制管理模式，希望学校和企业共同进行培养，但偏向企业占用的培养时间更多。大多数学生认可现代学徒制的考核方式，认同理论知识考核与岗位技能考核相结合，但希望岗位技能考核比重加大。

4. 学生适应现代学徒制背景下的岗位工作

课题组在调查中发现，大多数学生适应现代学徒制背景下的岗位工作，能运用所学专业知识解决实际问题。通过现代学徒制试点学习，促进了理论知识水平和实践能力的提升。

(二)现代学徒制背景下高职学生对职业素养培养的认知

课题组在调查中发现，学生认为最重要的职业能力是专业技能，说明高职学生对现代学徒制有了初步的认识，大多数学生认为现代学徒制是一种很好的人才培养模式，有参加现代学徒制试点学习的热情和愿望。

课题组在调查中发现，学生认为职业素养包括专业认知和专业技能，学生认为好的职业素养需要理论和实践相结合，认为自我意识有利于职业素养的养成。学生已经意识到现代学徒制“招生即招工，入校即入职”这一特征。

课题组认为既然学生认可现代学徒制这种培养模式，学校和企业就应尽快建立育人共同体。

1. 尽快推进校企合力设计实施方案

校企在把握现代学徒制内涵的基础上，应合力设计实施方案。第一，共同制定学徒制招生方案和招生简章，共同开展招生宣传，进行招生招工面试，签订校企合作协议。第二，结合学校的办学理念和专业结构特点，成立试点工作领导机构，成立由学校领导、企业负责人、专业教师等组成的学徒制专项工作组，明确工作职责。第三，更新理念，统一思想，让全体师生、家长、企业深刻理解试点工作的重大意义和精髓，以便稳妥地开展试点工作；更新学校领导的管理理念，把学生发展放在首位，签订现代学徒制的《校企合作协议书》《培养保障协议书》《就业保障协议书》等，消除学生的担忧和企业的疑虑。第四，合理选择试点专业。学徒制实施具有一定的专业适用范围。学校应结合自身特点，选择学校重点建设专业、示范性专业、专项资金扶持专业等作为试点。第五，在培养方案中注重学徒的可持续发展，为有效解决现代学徒制实施中学生就业与可持续发展的问题奠定基础。

2. 实行校企共同参与的教学管理模式

职业教育是“跨界”教育。根据现代学徒制“双重身份，双主体培养，双元管理育人”的特点，需实行校企共同参与的教学管理模式，创新和深化“优势互补、利益共赢”的人才培养模式。

第一，加强学徒制日常运行管理制度建设，如校企定期例会制度、学徒实习制度、学徒上班考勤制度、学徒评价考核办法等。

第二，共同制定教学文件，包括合作课程标准、岗位能力标准、职业资格系列标准、教学大纲、教学计划、教师教学与考核制度、学生管理与考核办法、师傅标准、学徒标准等，确保教学文件符合校企实际。

第三，共同实施课程建设与管理。校企从行业和企业的实际需求出发，携手构建符合行业和企业工作流程、岗位标准与任务要求，并与职业资格证书相衔接的课程体系。一方面，学校可将专业知识技能、企业岗位需求、能力素质要求等合理转化到人才培养课程体系中，优化课程建设内容，积极开发符合学校实际、体现专业特色、融入行业和企业新技术和新标准的校本课程；另一方面，把学校实践教学环节嵌入企业生产实践中。校企共同推进实训教学的深入开展，培养学生的专业应用能力、综合职业能力和职业素质，进一步深化产教融合。

第四，共同建立考核体系。校企应细化试点专业实施过程中的考核项目，强化推进过程中的教学管理与实施、师生满意度、企业满意度等系数的考核与评估，形成完备的考核体系。

第五，实现“管理、考核、服务三位一体”的信息化管理。校企共同建设现代学徒制项目专题网站、学徒管理服务平台，共同开发“微技能”，开设“微课堂”；建立和实施相应的网络学习、考核评价及反馈监督制度，推动现代学徒制的健康发展。

3. 发挥校企联合教研室的引导作用

校企联合教研室可由教授、讲师、学科带头人或骨干教师、“双师型”教师、工程师、技术骨干、实践经验丰富的师傅、高工、技师等人员组成。联合教研室可以在制度构建、标准制定、课程建设、教材编写、课题研究、开展培训、技术攻关、师资队伍建设等方面组成教科研团队，共同致力于现代学徒制项目建设的研究和推进。通过联合教研室的引导、变革学校教育教学模式，促进理论教学与实际生产的深度结合，优化学校专业师资队伍和企业工程技术队伍的结构，提高教师“双师化”比例，促进毕业生更快达到岗位要求，实现企业需求与人才培养的无缝对接。

(三)现代学徒制背景下高职学生职业素养培养有效性的评价

课题组在调查中发现，高职学生大力支持现代学徒制试点，他们迫切期望提高自己的职业技能和综合素质，学生的适应能力也很强，学生对现代学徒制有美好的构想。但在实际试点过程中，又觉得学校和企业联系不紧密、学校或企业不够重视、师资(师傅)力量不强，构想和现实有落差。

课题组认为，要解决这个问题，首先要发展符合学校实际的“特色”现代学徒制。在国家和地方政府出台相关政策、法规的保障下，学校应适应时代发展趋势，尽快调整办学理念，树立品牌意识，根据所在地区的区域经济和自身的办学特色，选择合适的专业和企业，积极稳妥地开展现代学徒制的试点工作，并在实践探索中不断总结、创新，摸索出一套适合自己的现代学徒制推进模式，建立具有自身特色的现代学徒制。

其次要加强校内外实训基地建设。实训基地是现代学徒制实施的重要保障。学校加强实训基地建设，要突出实践性，可把专项基础技能实训基地建成师徒工作室，集教学、培训、技能鉴定、部分生产功能于一体，使技能训练常态化、师徒交流便捷化。也要突出示范性，以深度合作的大型企业为重点，建设示范性实训基地，全面带动顶岗实习基地建设。在此基础上，努力拓展实训基地功能。校内实训基地既是教学培训场所，也是师徒工作场所，要对外开放，使其成为学生学习技能的主课堂、教师锻炼与施展才能的主阵地、学校服务社会的主渠道、学校联系社会的立交桥。校外实训基地在注重生产功能的同时，要强化教学功能，可通过现场教学、现场录像等方式把企业的生产过程及时有效地转化为教学过程。实训基地在为学校服务的同时，也需更好地为合作企业服务，成为其人才培养基地，以进一步增强合作动力。

再次要加强专兼结合的师资队伍建设。专兼结合的师资队伍建设是确保现代学徒制人才培养质量的关键。学校要打通校企间人才流动的渠道。把企业优秀的管理人才、技术能手、能工巧匠引入学校作为兼职教师，并在教学任务、职责考核等方面提出明确要求。兼职教师承担教学活动前，学校可组织他们进行教学理论和教学方法的培训，以增强其教学责任感，提高教学水平。学校要与企业共同搭建人力资源合作交流平台，让专业基础扎实、教学水平高、科研能力强但缺乏锻炼的教师下企业实践，加强与企业师傅的交流，积累企业实践经验。学校需建立健全专兼教师绩效考核制度，将指导教师的企业实践和技术服务纳入教师考核并作为评选先进、晋升职称的重要依据，对企业师傅教学任务的完成情况也应纳入考核，对优秀师傅给予奖励和增加带徒津贴。

高职学生支持学校和企业共同培养、管理和考核，但希望学校和企业紧密联合、加强理论知识与专业技能的匹配、完善考核方式。从学生对职业素养有效性评价、毕业后的就业去向和对试点班学生访谈及学生的实际表现看，面对课程的改革、高标准技能需求、长时间的操作，部分学生缺乏韧劲，不能吃苦耐劳，这需要学生提升自己的努力程度。

课题组认为，首先需要强化学生职业道德和职业精神的培养。一是学校应坚持以人为本，借助宣传栏、专题讲座、宣讲会、培训等多种形式做好宣传工作。二是学校要坚持德育，加强学徒的忠诚度教育和感恩教育，把社会主义核心价值观、企业优秀文化理念融入人才培养全过程。加强实践育人，增强学徒的道德责任意识，调整其就业心态，培养其为企业发展出力的责任感和忠诚度。三是学校要积极引导学生制定职业生涯规划，让学生明确自己的权责，增强学生完成学业后回企业履行义务的意识，增强归属感。四是学校需关怀学生的成长与发展状况，了解不同学生的利益诉求。总之，推行现代学徒制是一项多方共同参与的过程，需要政府的支持、社会的认可、行业和企业的扶持、学校的重视和学生的努力，明确各方的权、责、利，找到共同的利益诉求点再形成合力。

其次是制定专门的国家政策、法规。制定和完善相关的法律法规和实施细则，需要政府成立由多部门构成的工作领导小组，通过出台专门的配套的法律法规，规范教育行政部门、高职院校、各行业、企业主管部门及财政税收部门等各方的权责，为试行和推广现代学徒制提供法律保障与政策扶持。同时需要营造企业参与职业教育的大环境。一方面，采取具体措施对企业加盟学徒培训进行鼓励，如给予减免税收、经费补贴、贴息贷款、奖励等优惠和扶持政策，调动企业积极性；另一方面，加强宣传和引导，让企业充分认识现代学徒制对于行业、企业和经济、社会发展的重大意义，增强企业的服务意识和社会责任感。

再次，组建职教集团，整合教育资源，发挥职教集团在推动现代学徒制、实现产教结合方面的优势。然后需要健全政府职责和质量监管体系。为确保现代学徒制的顺利实施，需健全政府职责和质量监管体系。一是提供专项资金支持。校企间的活动、学徒制课程开发、相关培训均需资金支持。二是推进制度改革。针对职业教育的特殊性，政府要鼓励学校打破学年制和学时制限制，进行弹性学制、学分制的变革，使学校真正以培养高素质劳动者和高技能人才为办学目标。三是制定严格的知识与技能标准。政府要支持教育部门与劳动部门、企业、学校的合作，制定学生毕业时的知识与技能标准，为企业界服务。四是加强媒体宣传，使校企合作、工学结合的现代学徒制成为学校教育改革的重要一环。

参考文献

[1]祁占勇，等．我国职业教育政策的变迁逻辑与未来走向[J]．华东师范大学学报(教育科学版)，2018(1)：104-111.

[2]李倩．改革开放以来我国职业教育政策：发展历程、变迁逻辑及未来展望[J]．中国职业技术教育，2018(6).

[3]杨金土．20世纪我国高职发展历程回顾[J]．中国职业技术教育，2017(9)：49.

[4]马克斯·韦伯．经济与社会(上卷)[M]．林荣远，译．北京：商务印书馆，1997：56.

[5]庞学光．一个理想的教育世界——学校教育哲学导论[M]．天津：天津教育出版社，2011：54.

[6]唐锡海．职业教育技术性研究[D]．天津大学教育学院，2014.

[7]刘宇文．论社会本位思潮对教育的影响[J]．高等教育研究，2005(9)：40-45.

[8]廖忠明．论当代职业教育实现社会本位与个人本位价值取向的统一[J]．职教论坛，2010(10)：75.

[9]李玉静．"中国特色、世界水平"职业教育体系的应为与何为[J]．职业技术教育，2014(34)：1.

[10]王凤基．基于人的全面发展理念的高职教育课程体系构建与实践[J]．高等职业教育探索，2018(17)：72-73.

[11]杨宏．基于就业导向的高职学生职业素养培养研究[D]．山东师范

大学，2014.

[12]彭娟．论高等职业教育职业素养培养目标与结构要素[J]．高教论坛，2012，8(8)：125-126.

[13]肖润花．高职院校学生职业素养培养的内涵体系构建[J]．江西青年职业学院学报，2014，23(2)：57-59.

[14]宗美娟．论高职学生职业素养的内涵及其实现[J]．职业时空，2013，9(6)：14-18.

[15]毕树沙．论职业院校学生职业素养培养的十大关系[J]．长沙航空职业技术学院学报，2018，18(2)：1-3.

[16]杨玉芹．从职业能力到职业素养：当代职业教育发展的价值超越[D]．渤海大学，2012.

[17]周曦．现代学徒制视域下高职学生职业素养培养的实践探索[J]．浙江工商职业技术学院学报，2016，15(3)：62-63.

[18]W. G. Ouchi. *Theory Z：How American Business Can Meet the Japanese Challenge*[M]. Reading，M A：Addison-Wesley，1981：38.

[19]T. E. Deal，A. A. Kennedy. *Corporate Cultures：The Rites and Rituals of Corporate Life*[M]. Reading，M A：Addison-Wesley，1990：52.

[20]托马斯·J. 彼得斯，小罗伯特·H. 沃特曼. 成功之路——美国最佳管理企业的经验[M]. 北京：中国对外翻译出版公司，1985.

[21]威廉·大内．美国企业界怎样迎接日本的挑战[M]．北京：中国社会科学出版社，1988.

[22]陈悦．CC汽运公司战略转型期的企业文化优化研究[D]．广西大学，2018.

[23]赵凯卉．企业文化创新对企业管理创新的影响力[J]．中国市场，2018(24)：169-170.

[24]韩学芹．现代学徒制模式下高职学生职业素养培育探赜[J]．学工视窗，2016(535)：69-92.

[25]符强．双主体育人模式下高职学生职业素养培养研究[J]．机械职

业教育，2019(1)：39.

[26]杨玉芹．从职业能力到职业素养——当代职业教育发展的价值超越[D]．渤海大学研究生院，2012.

[27]徐志勇．现代学徒制背景下高职职业素养教育探索[J]．北京经济管理职业学院学报，2016，31(3)：55-56.

[28]徐国庆．智能化时代职业教育人才培养模式的根本转型[J]．教育研究，2016(16)：72-78.

[29]王星．现代中国早期职业培训中的学徒制及其工业化转型[J]．北京大学教育评论，2016(3)：84-103.

[30]吴吟颗，秦炳旺．论职业教育现代学徒制中的师徒关系[J]．职教论坛，2016(29)：5-9.

[31]宋德军．基于知识更新的高新企业动态能力研究[D]．河南科技大学，2011.

[32]CEDEFOP. *Vocational Education and Training in Germany* [M]. Luxembourg：Office for Official Publications of the European Communities，2007.

[33]DCSF & DIUS. World-class Apprenticeships：Unlocking Talent，Building Skills for All[R]. London：DCSF & DIUS，2008.

[34]关晶，石伟平．西方现代学徒制的特征及启示[J]．职业技术教育，2011(11).

[35]Diane-Gabrielle Tremblay & Irene Lebot. *The German Dual Apprenticeship System Analysis of Its Evolution and Present Challenges* [R]. Montreal：Teleuniversite，Universitedu Quebec，2003，13.

[36]赵鹏飞．现代学徒制人才培养的实践与认识[J]．中国职业技术教育，2014(21)：150-154.

[37]陈冬梅．高职院校现代学徒制人才培养模式研究[J]．教育理论与实践，2015(30)：31-32.

[38]皮埃尔·布迪厄，华康德．实践与反思——反思社会学导论[M].

北京：中央编译出版社，1998.
[39]刘少杰. 后现代西方社会学理论[M]. 北京：社会科学文献出版社，2002.
[40]陈嵩. 关于现代学徒制的实践思考[J]. 江苏教育，2013(44)：22-25.
[41]刘静慧，关晶. 我国"现代学徒制"实践的现状研究——基于2004—2014年公开文献的数据分析[J]. 职教论坛，2015(25)：25.
[42]关晶. 现代学徒制办学模式：内涵、现状与发展策略[J]. 职教论坛，2018(6)：31-36.
[43]Schaufeli W. B. Martinrz I. M.，Marques-Pinto A.，et al. Burnout and Engagement in University Students：Across-national Study[J]. *Journal of Cross-Cultural Psychology*，2002，33(5)：464-481.
[44]徐国庆. 智能化时代职业教育人才培养模式的根本转型[J]. 教育研究，2016(3).
[45]彭飞霞."互联网+"时代职业教育人才培养模式的转型升级[J]. 教育与职业，2018(3).
[46]郭春燕. 高职院校职业素养教育途径探索——无锡南洋职业技术学院职业素养教育实践[J]. 南洋职业技术学院论丛，2013(12).
[47]蒋乃平. 职业素养训练是职业院校素质教育的重要特点[J]. 中国职业技术教育，2012(1).
[48]J. 莱夫，E. 温格. 情境学习：合法的边缘性参与[M]. 王文静，译. 上海：华东师范大学出版社，2004：41.
[49]Williams J. *Constructing New Professional Identities：Identity and Learning Within Communities of Practice*[M]. Sense Publishers，2013：25-40.